公路工程标准规范解读系列丛书
《公路工程预算定额》(JTG/T 3832—2018)
《公路工程概算定额》(JTG/T 3831—2018) 配套用书
《公路工程估算指标》(JTG/T 3821—2018)

公路工程材料价格使用手册

交通运输部路网监测与应急处置中心

方 申 邹苏华 主编

人民交通出版社股份有限公司
China Communications Press Co.,Ltd.

律师声明

本书所有文字、数据、图像、版式设计、插图等均受中华人民共和国宪法和著作权法保护。未经人民交通出版社股份有限公司同意,任何单位、组织、个人不得以任何方式对本作品进行全部或局部的复制、转载、出版或变相出版。

任何侵犯本书权益的行为,人民交通出版社股份有限公司将依法追究其法律责任。

有奖举报电话:(010)85285150

北京市星河律师事务所
2017 年 10 月 31 日

图书在版编目(CIP)数据

公路工程材料价格使用手册 / 方申,邹苏华主编
. — 北京:人民交通出版社股份有限公司,2019.1
ISBN 978-7-114-15325-9

Ⅰ. ①公… Ⅱ. ①方… ②邹… Ⅲ. ①道路工程—建筑材料—手册 Ⅳ. ①U414-62

中国版本图书馆 CIP 数据核字(2019)第 002672 号

Gonglu Gongcheng Cailiao Jiage Shiyong Shouce

书 名:	公路工程材料价格使用手册
著 作 者:	方 申 邹苏华
责任编辑:	潘艳霞 牛家鸣 石 遥
责任校对:	张 贺
责任印制:	张 凯
出版发行:	人民交通出版社股份有限公司
地 址:	(100011)北京市朝阳区安定门外外馆斜街 3 号
网 址:	http://www.ccpress.com.cn
销售电话:	(010)59757973
总 经 销:	人民交通出版社股份有限公司发行部
经 销:	各地新华书店
印 刷:	中国电影出版社印刷厂
开 本:	787×1092 1/16
印 张:	25
字 数:	591 千
版 次:	2019 年 1 月 第 1 版
印 次:	2019 年 4 月 第 2 次印刷
书 号:	ISBN 978-7-114-15325-9
定 价:	130.00 元

(有印刷、装订质量问题的图书,由本公司负责调换)

《公路工程材料价格使用手册》
编审委员会

主编单位：交通运输部路网监测与应急处置中心
参编单位：湖南省交通运输厅交通建设造价管理站

主　　编：方　申　　邹苏华
参编人员：苏太胜　　赵　华　　彭东黎　　李凤求　　杨　莉　　丁加明
　　　　　　李利君　　龚静敏　　胡立卫　　尚杨明珠　帖卉霞　　李　燕
　　　　　　李　宁　　王彩仙　　杨志朴　　王潇军　　李　征　　王长虹
　　　　　　张　磊　　王　博　　徐　浩　　崔润超

主　　审：黄丽梅
审查人员：马海燕　　余佩群　　杜国艳　　陈　亮　　易万中　　杨智勇
　　　　　　刘秋霞

前　言

为便于公路工程造价从业人员在实际工作中正确理解和运用新公路工程定额,特编写"公路工程定额释义系列手册"。系列手册是编写组根据定额修订过程中综合考虑的内容,以及对应用新定额时应注意的问题进行汇总和分析后编写而成,同时配以大量图片,以便读者更加直观了解和使用新定额。系列手册解释了新公路工程定额的工程内容、定额内容、机械台班、材料等。

"公路工程定额释义系列手册"包含三个分册,分别为:《公路工程材料价格使用手册》《〈公路工程预算定额〉释义手册》和《〈公路工程机械台班费用定额〉释义手册》。

本书为《公路工程材料价格使用手册》分册。全书共八章,主要内容包括:配合比材料、路面混合料及制(成)品、金属及制品、基础能源材及制品、种植材及制品、化工原料及制品、矿土料及制品、专用工程材料、机电材料及配件等。

请各单位在使用的过程中,将发现的问题及建议,函告交通运输部路网监测与应急处置中心(地址:北京市朝阳区安定路5号院8号楼外运大厦21层,邮编:100029,联系人:方申,电话:010-65299193,邮箱:lwzxzj@163.com),以便修订时参考。

"公路工程定额释义系列手册"编写组
2018 年 12 月

目　录

第1章　第15类：配合比材料、路面混合料及制（成）品 …………………………… 1

第1节　1501　浆、砂浆类配合比材料 ……………………………………………………… 1

1501001 ~ 1501011　水泥砂浆 …………………………………………………………… 1
1501012 ~ 1501015　水泥浆 ……………………………………………………………… 2
1501016 ~ 1501019　混合砂浆 …………………………………………………………… 3
1501020　石灰砂浆 ………………………………………………………………………… 3
1501021　水泥浆（32.5）、1501022　水泥浆（42.5） ………………………………… 3

第2节　1503　水泥混凝土配合比材料 …………………………………………………… 4

1503001 ~ 1503004　片石混凝土 ………………………………………………………… 5
1503005 ~ 1503052　普通混凝土 ………………………………………………………… 5
1503060 ~ 1503091　泵送混凝土 ………………………………………………………… 6
1503100 ~ 1503103　水下混凝土 ………………………………………………………… 7
1503110 ~ 1503113　防水混凝土 ………………………………………………………… 8
1503120 ~ 1503123　喷射混凝土 ………………………………………………………… 9
1503124　自密实混凝土 C80-52.5-2 ……………………………………………………… 9

第3节　1507　路面稳定土 ………………………………………………………………… 10

1507001　水泥土 …………………………………………………………………………… 11
1507002　水泥砂 …………………………………………………………………………… 11
1507003　水泥砂砾 ………………………………………………………………………… 11
1507004　水泥碎石 ………………………………………………………………………… 11
1507005　水泥石屑 ………………………………………………………………………… 12
1507006　水泥石渣 ………………………………………………………………………… 12
1507007　水泥碎石土 ……………………………………………………………………… 12
1507008　水泥砂砾土 ……………………………………………………………………… 12
1507009　石灰土 …………………………………………………………………………… 13
1507010　石灰砂砾 ………………………………………………………………………… 13
1507011　石灰碎石 ………………………………………………………………………… 13
1507012　石灰砂砾土 ……………………………………………………………………… 13
1507013　石灰碎石土 ……………………………………………………………………… 14
1507014　石灰土砂砾 ……………………………………………………………………… 14
1507015　石灰土碎石 ……………………………………………………………………… 14

— 1 —

1507016	石灰粉煤灰	14
1507017	石灰粉煤灰土	14
1507018	石灰粉煤灰砂	15
1507019	石灰粉煤灰砂砾	15
1507020	石灰粉煤灰碎石	15
1507021	石灰粉煤灰矿渣	15
1507022	石灰粉煤灰煤矸石	16
1507023	石灰煤渣	16
1507024	石灰煤渣土	16
1507025	石灰煤渣碎石	16
1507026	石灰煤渣砂砾	17
1507027	石灰煤渣矿渣	17
1507028	石灰煤渣碎石土	17
1507029	水泥石灰砂砾	17
1507030	水泥石灰碎(砾)石	17
1507031	水泥石灰土	18
1507032	水泥石灰土砂	18
1507033	水泥石灰砂砾土	18
1507034	水泥石灰碎石土	18
1507035	2:1:4 三合土	18

第4节 1511 水泥混凝土配合比材料(商) 19

第5节 1517 制(成)品 19

| 1517001 | 预制构件 | 19 |
| 1517002 | 混凝土预制块 | 20 |

第2章 第20类:金属及制品 21

第1节 2001 钢丝、线材及制品 21

2001001	HPB300 钢筋	21
2001002	HRB400 钢筋	22
2001003	冷轧带肋钢筋网	22
2001004	环氧 HPB300 钢筋、2001005 环氧 HRB400 钢筋	23
2001006	预应力粗钢筋	24
2001007	钢绞线成品束	25
2001008	钢绞线	26
2001009	环氧钢绞线	27
2001010	镀锌钢绞线	28
2001011	钢丝	29
2001012	冷拔低碳钢丝	30

2001013	高强钢丝	31
2001014	镀锌高强钢丝	31
2001015	平行钢丝斜拉索	32
2001016	钢绞线斜拉索	33
2001017	主缆索股	34
2001018	吊索	35
2001019	钢丝绳	36
2001020	钢纤维	37
2001021	8~12号铁丝	37
2001022	20~22号铁丝	38
2001023	刺铁丝	38
2001024	电焊网排	40
2001025	钢板网	44
2001026	铁丝编织网	47
2001027	镀锌高强钢丝绳	48
2001028	格栅网	49
2001029	钢绳网	50
2001030	猫道编织网	52
2001031	缆索	52
2001032	圆丝编织网	53
2001033	镀锌铁丝	54
2001034	索道钢丝绳	56

第2节　2003　钢材及制品　58

2003001	系杆	58
2003002	波纹管钢带	59
2003003	紧缆钢带	60
2003004	型钢	60
2003005	钢板	63
2003006	圆钢	64
2003007	钢轨	64
2003008	钢管	66
2003009	镀锌钢管	67
2003010	承插式铸铁管	68
2003011	压制弯头	69
2003012	镀锌钢板	70
2003013	支座预埋钢板	71
2003015	钢管立柱	72

2003016	型钢立柱	72
2003017	波形钢板	73
2003019	钢桥面板	74
2003020	钢板桩	75
2003021	钢管桩	76
2003022	钢护筒	76
2003023	钢套箱	77
2003024	钢壳沉井	78
2003025	钢模板	78
2003026	组合钢模板	79
2003027	门式钢支架	80
2003028	安全爬梯	81
2003029	钢格栅	82
2003030	索鞍构件	83
2003032	套管及拉杆构件	83
2003033	钢梁	84
2003034	钢桁	85
2003035	钢纵横梁	85
2003036	钢箱梁	86
2003037	钢锚箱	86
2003038	钢塔	87
2003039	钢管拱肋	88
2003040	铸铁	89
2003041	钢砂	89
2003042	钢丸	90
2003043	吊顶轻钢龙骨	91
2003044	铁皮	92
2003045	金属软管	93
2003046~2003051	可挠金属管	94
2003052	钢拉带	96
2003055	活动地板	97
2003057	整装波形钢管涵(ϕ150cm)、2003058 整装波形钢管涵(ϕ250cm)	97
2003059	拼装波形钢管涵(ϕ300cm)、2003060 拼装波形钢管涵(ϕ400cm)、 2003061 拼装波形钢管涵(ϕ600cm)	98

第 3 节 2005 不锈钢材 ………………………………………………………………… 99

2005002	不锈钢板	99
2005003	不锈钢滑板	100

第 4 节	2007	其他金属材	101
2007001		锌	101

第 5 节	2009	五金制品	101
2009001		斜拉索减震器	101
2009002		钢钎	102
2009003		空心钢钎	103
2009004		φ50mm 以内合金钻头、2009005　φ150mm 以内合金钻头	104
2009006		φ150mm 以内合金取芯钻头	105
2009007		钻杆	105
2009008		中空注浆锚杆	106
2009009		自进式锚杆	107
2009010		钢绳锚杆	108
2009011		电焊条	109
2009012		钢筋连接套筒	109
2009013		螺栓	110
2009014		镀锌螺栓	112
2009015		膨胀螺栓	112
2009016		镀锌膨胀螺栓	113
2009017		法兰	113
2009018		镀锌法兰	115
2009019		索夹	116
2009020		阻尼器	116
2009021		自动排气阀	117
2009022		螺纹截止阀	118
2009023～2009026		法兰阀门	120
2009027		锚链	121
2009028		铁件	121
2009029		镀锌铁件	122
2009030		铁钉	124
2009031		滑动槽	125
2009032		铸铁箅子	126
2009033		铸铁管	127
2009034		U 形锚钉	128
2009035		冲击器	129
2009036		偏心冲击锤	130
2009037		φ89mm 全破碎复合片钻头、2009038　φ127mm 全破碎复合片钻头	130
2009039		破碎锤钢钎	131

2009040	铣挖机刀头	132
2009041	φ73mm 复合片取芯钻头、2009042　φ127mm 金刚石取芯钻头	133
2009043	镀锌扁铁	133

第3章　第30类：基础能源材及制品 ································· 135

第1节　3001　沥青 ································· 135

3001001	石油沥青	135
3001002	改性沥青	137
3001003	环氧沥青	138
3001004	橡胶沥青	138
3001005	乳化沥青	139
3001006	改性乳化沥青	140

第2节　3003　燃油 ································· 141

3003001	重油	141
3003002	汽油	142
3003003	柴油	144

第3节　3005　水、电、气 ································· 145

3005001	煤	145
3005002	电	146
3005004	水	147

第4章　第40类：种植材及制品 ································· 148

第1节　4001　草材 ································· 148

4001001	麻袋	148
4001002	草袋	149
4001003	稻草纤维	149
4001004	芦苇	150
4001005	棉秆	151
4001006	稻草	151
4001007	草帘	152
4001008	棉纱头	153

第2节　4003　木材 ································· 153

4003001	原木	153
4003002	锯材	154
4003003	枕木	155
4003006	木粉	155
4003007	木柴	156
4003008	木纤维	157
4003009	维萨面板	158

第3节 4005 竹材 ... 159
4005001 毛竹 ... 159
4005002 竹胶模板 ... 160
第4节 4007 其他种植材 ... 161
第5节 4009 乔木 ... 161
4009001 乔木 ... 161
第6节 4011 灌木 ... 166
4011001 绿篱 ... 166
4011002 灌木 ... 167
4011003 灌木苗 ... 171
第7节 4013 草本植物 ... 171
4013001 草籽 ... 171
4013002 草皮 ... 173
4013003 多年生草本植物 ... 175
4013004 花苗 ... 175
第8节 4015 藤本植物 ... 176
4015001 攀缘植物 ... 176
第9节 4017 水生植物 ... 178
第10节 4019 其他植物 ... 180
4019001 散生竹 ... 180
4019002 丛生竹 ... 181

第5章 第50类：化工原料及制品 ... 183
第1节 5001 塑料、橡胶及制品 ... 183
5001001 聚四氟乙烯滑板 ... 183
5001002 聚四氟乙烯滑块 ... 184
5001003 胶管 ... 184
5001004 橡胶条 ... 185
5001005 绝缘橡胶板 ... 186
5001006 氯化乳胶 ... 187
5001007 聚丙烯纤维 ... 188
5001008 聚丙烯腈纤维 ... 189
5001009 三维植被网 ... 190
5001010 塑料防水板、5001011 橡胶防水板 ... 191
5001012 塑料板盲沟 ... 193
5001013~5001015 PVC塑料管 ... 195
5001016 PVC阻燃塑料管 ... 197
5001017 塑料软管 ... 198

5001018～5001020	塑料弹簧软管	199
5001021～5001030	双壁波纹管	199
5001031～5001033	塑料打孔波纹管	200
5001034～5001042	塑料波纹管	201
5001043	PVC 注浆管	202
5001044	塑料管（含连接件）	203
5001045	钢塑复合管	204
5001046	ϕ1500mm 软质通风管	205
5001048	塑料管支架	205
5001049	橡胶止水带	206
5001050	橡胶止水条	208
5001051	塑料排水板	210
5001052	塑料编织袋	211
5001054	塑料拉筋带	212
5001055	塑料扩张环	213
5001056	复合式防水板	214
5001058	植生袋	214
5001059	耐候胶	214
5001064	PVC 胶	215
5001065	环氧树脂胶水	216
第 2 节　5003	化工剂类	217
5003001	纤维稳定剂	217
5003002	高次团粒剂	218
5003003	压浆料	218
5003004	膨胀剂	219
5003005	高效减水剂	220
5003006	锚固剂	221
5003007	气密剂	222
第 3 节　5005	火工材料	223
5005001	乳化炸药	223
5005002	硝铵炸药	224
5005003	导火线	226
5005004	砂包线	227
5005005	母线	227
5005007	电雷管	229
5005008	非电毫秒雷管	231
5005009	导爆索	232

第4节　5007　土工材料 ··· 233
- 5007001　土工布 ··· 233
- 5007002　玻璃纤维布 ··· 237
- 5007003　土工格栅 ··· 238
- 5007004　土工格室 ··· 240
- 5007005　长桶形土工袋 ··· 242

第5节　5009　其他化工原料及制品 ··· 243
- 5009001　无机富锌漆 ··· 243
- 5009002　油漆 ··· 244
- 5009003　标线漆 ··· 244
- 5009004　涂料 ··· 245
- 5009005　桥面防水涂料 ··· 245
- 5009006　防水卷材 ··· 245
- 5009007　底油 ··· 246
- 5009008　热熔涂料 ··· 246
- 5009009　环氧树脂 ··· 247
- 5009010　PE 防护料 ··· 248
- 5009011　水玻璃 ··· 249
- 5009012　油毛毡 ··· 249
- 5009013　玻璃钢瓦 ··· 250
- 5009014　反光油漆 ··· 251
- 5009015　冷塑路面材料底漆 ··· 252
- 5009016　冷塑路面材料面漆 ··· 252
- 5009017　磷酸二氢钠 ··· 253
- 5009018　防火涂料 ··· 254
- 5009019　面漆 ··· 255
- 5009028　纤维素 ··· 255

第6章　第55类：矿土料及制品 ··· 257
第1节　5501　土及混合土料 ··· 257
- 5501001　泥炭 ··· 257
- 5501002　土 ··· 258
- 5501003　黏土 ··· 259
- 5501004　膨润土 ··· 260
- 5501005　碎石土 ··· 261
- 5501006　砂砾土 ··· 262
- 5501007　种植土 ··· 262
- 5501008　植物营养土 ··· 263

5501009	粉煤灰	263
5501011	硅灰	264

第2节 5503 粉、砂料

5503001	耶粉	265
5503003	熟石灰	266
5503004	砂	266
5503005	中(粗)砂	267
5503006	路面用机制砂	268
5503007	砂砾	268
5503008	天然砂砾	269
5503010	煤渣	269
5503011	矿渣	269
5503012	石渣	270
5503013	矿粉	270
5503014	石屑	270
5503015	路面用石屑	271

第3节 5505 石料

5505001~5505004	砾石	272
5505005	片石	273
5505006	开采片石、5505007 捡清片石	273
5505008	大卵石	273
5505009	煤矸石	274
5505010	风化石	275
5505011	白石子	276
5505012~5505024	碎石	276
5505025	块石	278
5505027	盖板石	279
5505028	料石	279

第4节 5507 砖瓦等贴材

5507001	马赛克	280
5507002	瓷砖	282
5507003	青(红)砖	283

第5节 5509 水泥

5509001	32.5级水泥	284
5509002	42.5级水泥	286
5509003	52.5级水泥	288
5509004	62.5级水泥	289

5509005	白水泥	290
第6节 5511	混凝土预制件	291
5511001~5511002	钢筋混凝土电杆	291
5511003	预应力管桩	292
5511004~5511012	混凝土排水管	293
第7节 5513	其他	295
5513001	石膏板	295
5513002	岩棉管壳	297
第7章 第60类：专用工程材料		**298**
第1节 6001	支座	298
6001001	钢支座	298
6001002	四氟板式橡胶组合支座	299
6001003	板式橡胶支座	300
6001004~6001042	球型支座	301
6001043~6001135	盆式橡胶支座	303
6001136	抗风支座	306
第2节 6003	伸缩缝	307
6003001~6003009	模数式伸缩装置	307
6003010	板式橡胶伸缩缝	308
第3节 6005	锚具	309
6005001	弗式锚具	309
6005002	冷铸镦头锚	310
6005003	镦头锚	311
6005004~6005021	钢绞线群锚	312
6005022	精轧螺纹钢锚具	314
6005023	YGM锚具	315
6005024~6005026	钢绞线扁锚	315
第4节 6007	安全设施	316
6007001	钢板标志	316
6007002	铝合金标志	317
6007003	反光玻璃珠	318
6007004	反光膜	319
6007005	反光突起路钮	320
6007006	防眩板	321
6007007	栏式反射器	322
6007008	柱式轮廓标	323
6007009	防撞桶	324

6007010	震动标线涂料	324
6007011	双组分标线涂料	325
6007013	橡胶减速带	325
6007014	防撞垫	326
6007015	水马	327
6007017	防眩网	327
6007018	玻璃钢防眩板	328

第5节 6009 其他专用材料 ... 329

6009001	轻型井点总管	329
6009002	轻型井点管	330
6009003	大口径井点总管 $\phi 159mm$	331
6009004	大口径井点管 $\phi 400mm$	332
6009005	弧形吸音冲孔板	333
6009006	夹胶隔声玻璃板	334
6009007	平直形吸音冲孔板	335
6009008	橡胶瓦斯隔离板	336

第8章 第70类：机电材料及配件 ... 338

第1节 7001 电线电缆 ... 338

7001001	电缆	338
7001002	母线	341
7001003	屏蔽线	342
7001004	电线	343
7001005	裸铝（铜）线	345
7001006	橡皮线	345
7001007	皮线	346
7001008	绝缘软线	347
7001010	70 聚乙烯绝缘电力电缆	347
7001011	阻燃电缆	349
7001012	阻燃电线	350

第2节 7003 光缆 ... 350

| 7003001 | 光缆 | 350 |
| 7003002 | 感温光缆 | 353 |

第3节 7005 其他材料及配件 ... 354

7005001	硅芯管	354
7005002	通信子管	356
7005003	光缆护套	357
7005004	光缆接头盒	357

编号	名称	页码
7005005	光缆终端盒(48芯以内)	359
7005006	光纤插头	359
7005007	光纤连接器	360
7005008	尾纤	361
7005009	户外终端盒(热塑头)	362
7005010	电缆中间接头	363
7005011	铜接线端子	364
7005012	线槽	366
7005013	桥架	367
7005014	支撑架	367
7005015	玻璃钢管箱	368
7005016	套管	369
7005017	配线箱	369
7005018	接线箱	370
7005019	升降传动装置	371
7005020	电缆走线架	372
7005022	电缆托架60cm	372
7005023	电缆托架穿钉	373
7005024	管箍	374
7005025	积水罐	374
7005026	拉力环	375
7005027	人孔口圈(车行道)	376
7005028	手孔口圈	376
7005029	空气开关	377
7005030	24V电源	378

第1章　第15类：配合比材料、路面混合料及制(成)品

【分类说明】
本章所列材料在公路工程建造中属于专用材料。

第1节　1501　浆、砂浆类配合比材料

浆、砂浆类配合比材料作为混合材料广泛用于公路建设中，本节指工地现场拌制的混合料。

1501001~1501011　水 泥 砂 浆

【名词解释】
水泥、砂和水的混合物称为水泥砂浆,水泥、砂、石灰膏和水的混合物称为水泥混合砂浆,这里指在现场配成的水泥砌筑砂浆。

【主要用途】
在公路中,用作块状砌体材料的黏合剂,如浆砌片石、浆砌块石、挡土墙、护坡用水泥砂浆。

【常见类型】
水泥砂浆、混合砂浆。

【工程图片】(图1-1)

a)水泥砂浆

b)浆砌片石

图1-1　水泥砂浆及浆砌片石

【种类】
水泥砌筑砂浆一般用强度等级表示,普通砌筑砂浆的强度等级代号以 M 表示,可分为

M5、M7.5、M10、M12.5、M15、M20、M25、M30、M35、M40、M50。混合砂浆按照强度等级可分为 M2.5、M5、M7.5、M10。砌筑混凝土砌块的专用砂浆用 Mb 表示。

【说明】

其强度是根据所用材料的不同(如水泥的种类和强度等级、砂的颗粒级配等)由实验室给出设计配比单,此配比一般是根据《砌筑砂浆配合比设计规程》(JGJ/T 98—2010),并结合施工水平通过试配和试验确定的具有 85% 保证率的强度(立方体抗压强度,单位 MPa)。其配比是按每立方米的砂浆中各组分的质量(kg)比表示的,其中砂是按含水率小于 0.5% 的干砂计算的。砂浆的体积是按砂浆拌和物的密度(水泥砂浆 1900kg/m³,混合砂浆 1800kg/m³)换算的。

【计量单位】 m³

1501012～1501015　水　泥　浆

【名词解释】

水泥、砂、水的混合物称为水泥砂浆,这里指在现场配成的水泥抹灰砂浆,包括水泥砂浆、混合砂浆等。

【主要用途】

主要用于混凝土面抹灰工程。

【常见类型】

普通抹灰砂浆、特种砂浆。

【工程图片】(图 1-2)

a)水泥抹灰砂浆

b)路缘石抹灰

图 1-2　水泥抹灰砂浆及路缘石抹灰

【说明】

抹灰砂浆一般不直接要求强度等级,设计文件中一般多采用"1:m"或"1:n:m"的表示方法,采用的是份数比,即体积比。当然,1 一般是指水泥或其他胶结料用量,m 是砂用量,即一般用"水泥:其他胶结料或添加料:砂"的形式表示,常用的比例有:1:1 水泥砂浆、1:2 水泥砂浆、1:2.5 水泥砂浆、1:3 水泥砂浆。

【计量单位】m³

1501016～1501019　混合砂浆

内容同 1501001～1501011 水泥砂浆。

1501020　石灰砂浆

【名词解释】
石灰砂浆是由石灰膏和砂按一定比例搅拌而成的砂浆,完全靠石灰的气硬而获得强度。
【主要用途】
石灰砂浆仅适用于强度要求低的干燥环境,主要用于接缝处理。
【工程图片】(图1-3)

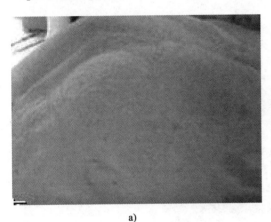

a)　　　　　　　　　　　b)

图1-3　石灰砂浆

【计量单位】m³

1501021　水泥浆(32.5)、1501022　水泥浆(42.5)

【名词解释】
水泥浆是由水、水泥、外加剂和外掺料组成的混合物。
【主要用途】
固井、灌浆。
【工程图片】(图1-4、图1-5)
【分类】
按用途,可将水泥浆外加剂与外掺料合在一起分成七类,即水泥浆促凝剂、水泥浆缓凝剂、水泥浆减阻剂、水泥浆膨胀剂、水泥浆降滤失剂、水泥浆密度调整外掺料、水泥浆防漏外掺料。

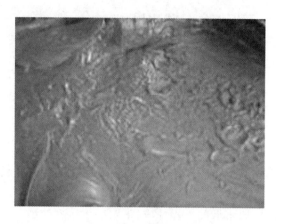

图 1-4 水泥浆

图 1-5 水泥浆灌浆

【计量单位】 m^3

第 2 节　1503　水泥混凝土配合比材料

水泥混凝土是指用水泥作胶凝材料,砂、石作集料,与水(加或不加外加剂和掺合料)按一定比例配合,经搅拌、成型、养护、硬化而得到的具有一定结构强度的结构或者构件,它广泛应用于公路桥梁及一般构造物。

本定额中水泥混凝土的命名规则为:C 表示强度等级的符号,第一个数字表示该混凝土的强度等级,第二个数字表示配比材料中水泥的强度等级,第三个数字表示配比材料中粗集料的最大公称粒径。例如 C20-32.5-8,表示水泥混凝土强度等级为 20MPa,其中此配合比材料中水泥的强度等级为 32.5,此配合比材料中集料的最大公称粒径为 8cm。

1503001～1503004 片石混凝土

【名词解释】
片石混凝土是在混凝土中加入一定量的片石,通常片石掺入量不多于其体积20%,通常也称为毛石混凝土。

【主要用途】
毛石混凝土一般用在基础工程较多,如毛石混凝土带形基础、毛石混凝土垫层等;大体积混凝土浇筑有时也加入一定量毛石,如毛石混凝土挡土墙等。

【工程图片】(图1-6)

图1-6 片石混凝土

【使用要点】
片石混凝土砌体是在混凝土中分层掺入片石,在大体积混凝土设计中常用。对所用片石材料要求:无裂纹、无风化、夹层、水锈,且未被烧过,其抗压强度不低于30MPa或者混凝土的强度。石块的最大尺寸不超过填放处结构最小尺寸的1/4,片石的厚度应为150～300mm。所用的片石均冲洗干净,不得留有其他杂物。

【计量单位】 m^3

1503005～1503052 普通混凝土

【名词解释】
普通混凝土指以水泥为主要胶凝材料,与水、砂、石子,必要时掺入化学外加剂和矿物掺合料,按适当比例配合,经过均匀搅拌、密实成型及养护硬化而成的人造石材。

【主要用途】
混凝土是目前世界上用途最广、用量最大的建筑材料。它在建筑工程、公路工程、桥梁和隧道工程、水利及特种结构的建设领域中发挥着不可替代的作用。

【工程图片】(图1-7)

a)普通混凝土　　　　　　　　　　　b)普通混凝土建筑

图1-7　普通混凝土及其建筑

【强度等级】

混凝土强度等级以立方体抗压强度标准值划分,目前普通混凝土强度等级划分为14级：C15、C20、C25、C30、C35、C40、C45、C50、C55、C60、C65、C70、C75及C80。

【分类】

(1)按照表观密度,混凝土可分为重混凝土、普通混凝土和轻混凝土。

(2)按照所用胶凝材料的种类,混凝土可分为水泥混凝土、聚合物混凝土、树脂混凝土、石膏混凝土、沥青混凝土、水玻璃混凝土、硅酸盐混凝土等。

(3)按照在工程中的用途或使用部位,混凝土可分为结构混凝土、防水混凝土、耐热混凝土、耐酸混凝土、装饰混凝土、大体积混凝土、膨胀混凝土、防辐射混凝土、道路混凝土等。

(4)按照搅拌(生产)方式,混凝土可分为预拌混凝土(也叫商品混凝土)和现场搅拌混凝土。

【计量单位】 m^3

1503060~1503091　泵送混凝土

【名词解释】

泵送混凝土是指混凝土拌和物的坍落度不低于100mm并用混凝土泵通过管道输送拌和物的混凝土。

【主要用途】

广泛应用于一般房建结构、道路、高层建筑等工程。

【工程图片】(图1-8)

【技术要求】

实验室根据原材料性能、混凝土的技术条件和设计要求进行设计,并通过试拌,再结合混凝土成品调整配合比后给各单位制定统一配合比。试验人员根据现场大堆料的含水率确定施工配合比。

另外,配合比设计还应符合下列规定：

(1)泵送混凝土的压力泌水率S10不宜大于40%；

a) b)

图 1-8 泵送混凝土施工

(2)泵送混凝土坍落度的选用应考虑坍落度损失值,泵送混凝土入泵坍落度不宜小于 80mm;

(3)泵送混凝土的水灰比宜为 0.38~0.5;

(4)泵送混凝土的砂率宜为 38%~45%;

(5)泵送混凝土的水泥用量不宜小于 $300kg/m^3$。

对特殊混凝土外加剂必须按规定添加,用固定容器确定掺量,专人添加,不得漏加或多加,以免达不到设计效果。

【计量单位】 m^3

1503100~1503103 水下混凝土

【名词解释】

在水中浇筑和硬化的混凝土,称水下混凝土。

【主要用途】

水下混凝土有着广泛的用途,例如沉井的封底、封堵大流量的涌水和桩基础的施工等。

【工程图片】(图 1-9)

a) b)

图 1-9 水下混凝土施工

【施工方法】

水下浇筑混凝土的方法有：混凝土泵浇筑法、导管法、柔性管法、活底吊箱法、袋石法、倾注法和预填集料压浆法。

【计量单位】 m³

1503110～1503113　防水混凝土

【名词解释】

防水混凝土是一种具有高的抗渗性能,并达到防水要求的一种混凝土。防水混凝土是以调整混凝土的配合比、掺外加剂或用新品种水泥等方法提高自身的密实性、憎水性和抗渗性,使其满足抗渗压力大于 0.6MPa 的不透水性混凝土。

【主要用途】

防水混凝土主要用于经常受压力水作用的工程和构筑物。

【工程图片】（图 1-10）

a)防水混凝土　　　　　　　　　　　　　b)防水混凝土施工

图 1-10　防水混凝土及其施工

【等级划分】

防水混凝土分为 P4、P6、P8、P10、P12 五个级别,P 表示混凝土的抗渗等级。抗渗等级是以 28d 龄期的标准试件,按标准试验方法进行试验时所能承受的最大水压力来确定。

【分类】

防水混凝土按配制方法主要可分为四种：

(1) 改善级配法防水混凝土；

(2) 加大水泥用量和使用超细粉填料的普通防水混凝土；

(3) 掺外加剂的防水混凝土；

(4) 采用特种水泥的防水混凝土。

【计量单位】 m³

1503120～1503123 喷射混凝土

【名词解释】
喷射混凝土,是用压力喷枪喷涂施工法灌注的细石混凝土。

【主要用途】
常用于灌注隧道内衬、墙壁、天棚等薄壁结构或其他结构的衬里及钢结构的保护层。

【工程图片】(图1-11)

a)   b)

图1-11 喷射混凝土施工

【分类】
喷射混凝土操作方法分为:干拌法和湿拌法。

【强度等级】
喷射混凝土常见的强度等级有:C15、C20、C25、C30。

【计量单位】m^3

1503124 自密实混凝土 C80-52.5-2

【名词解释】
自密实混凝土是指在自身重力作用下,能够流动、密实,即使存在致密钢筋也能完全填充模板,同时获得很好均质性,并且不需要附加振动的混凝土。自密实混凝土 C80-52.5-2,是指混凝土强度等级为80MPa,该混凝土配合比中水泥的强度等级为52.5级,集料的最大公称粒径为2cm。

【工程图片】(图1-12)

【计量单位】m^3

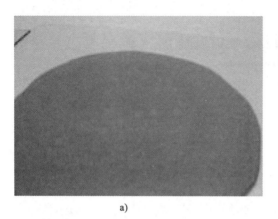

图 1-12 自密实混凝土施工

第 3 节 1507 路面稳定土

路面稳定土主要是指以水泥、石灰、粉煤灰等作为胶结材料,以砂、砂砾、碎石、石屑、石渣和黏性土等作为集料,经碾压而成的路面结构形式。主要用作路面的基层、底基层和垫层。

【常见类型】(图 1-13)

a)水泥稳定类

b)石灰稳定类

c)综合稳定类

d)工业废渣稳定类

图 1-13 路面稳定土的常见类型

水泥稳定类——以水泥为结合料,通过加水与被稳定材料共同拌和形成的混合料,包括水泥稳定碎石、水泥稳定砾石、水泥稳定石屑、水泥稳定土以及水泥稳定砂等。

石灰稳定类——以石灰为结合料,通过加水与被稳定材料共同拌和形成的混合料,包括石灰碎石土、石灰土等。

综合稳定类——以两种或两种以上材料为结合料,通过加水与被稳定材料共同拌和形成的混合料,包括水泥石灰稳定材料、水泥粉煤灰稳定材料、石灰粉煤灰稳定材料等。

工业废渣稳定类——以石灰或水泥为结合料,以煤渣、钢渣、矿渣等工业矿渣为主要被稳定材料,通过加水拌和形成的混合料。

【计量单位】 m^3

1507001 水 泥 土

【名词解释】

在经过粉碎的或原来松散的土中,掺入足量的水泥和水,经拌和得到的混合料在压实和养护后,当其抗压强度符合规定的要求时,称为水泥土。

【主要用途】

可作为高速公路和一级公路的底基层及其他等级公路的基层、底基层。

1507002 水 泥 砂

【名词解释】

在砂中,掺入足量的水泥和水,经拌和得到的混合料在压实和养护后,当其抗压强度符合规定的要求时,称为水泥砂。

【主要用途】

可作为高速公路和一级公路的底基层及其他等级公路的基层、底基层。

1507003 水 泥 砂 砾

【名词解释】

在砂砾集料中,掺入足量的水泥和水,经拌和得到的混合料在压实和养护后,当其抗压强度符合规定的要求时,称为水泥砂砾。

【主要用途】

水泥砂砾可适用于各级公路的基层和底基层。

1507004 水 泥 碎 石

【名词解释】

在具有一定级配的碎石中,掺入足量的水泥和水,经拌和得到的混合料在压实和养护后,当其强度符合规定的要求时,称为水泥稳定碎石。

【主要用途】

水泥稳定碎石具有良好的板体性,它的水稳性和抗冻性比石灰稳定土好,是高级路面的理想基层材料。

1507005　水泥石屑

【名词解释】

是在石屑中掺加适量水泥,加水拌和经摊铺、碾压、养护成型的稳定层。

【主要用途】

适用于各级公路的基层、底基层或垫层。

1507006　水泥石渣

【名词解释】

石渣是石方破碎后留下的不规则石头,内有大小不一的石头,有的很小呈粉状,有的很大呈片石状。

【主要用途】

可用于高速公路和一级公路的底基层及其他等级公路的基层、底基层。

1507007　水泥碎石土

【名词解释】

水泥碎石土就是在碎石土中掺入足量的水泥和水,经拌和得到的混合料在压实和养护后,形成符合规定抗压强度的板体结构。

【主要用途】

介于水泥稳定碎石和水泥稳定土之间的一种新型结构,可作为高速公路和一级公路的底基层及其他等级公路的基层、底基层。

【主要特点】

水泥稳定碎石土不但具有强度高、板体性好、承载力大、耐冲刷等优点,与水泥稳定碎石相比还有节约造价、施工易控制等优点,克服了水泥稳定土不耐冲刷、抗裂能力差的缺点。

1507008　水泥砂砾土

【名词解释】

水泥砂砾土就是在砂砾土中,掺入足量的水泥和水,经拌和得到的混合料在压实和养护后,形成符合规定抗压强度的板体结构。

【主要用途】

可用于高速公路和一级公路的底基层及其他等级公路的基层、底基层。

1507009　石　灰　土

【名词解释】

石灰土又称石灰稳定土,即在土中掺入一定量的石灰和水均匀搅拌,经压实和养护后,形成符合规定抗压强度的板体结构。

【主要用途】

石灰土已严禁用于高等级道路基层,如高速公路、一级公路、二级公路及城市快速路、主干路,但可以用于各级道路的底基层。其适用性不如水泥土。在冰冻地区的潮湿路段以及其他地区过分潮湿路段,不宜用石灰土做基层。

【主要特点】

该稳定土有良好的板体性,但其水稳性、抗冻性及早期强度比其他无机结合料低。石灰土还有一个最明显的劣势,即干缩及温缩特性十分明显,容易导致道路基层开裂。

1507010　石　灰　砂　砾

【名词解释】

在砂砾中掺入一定量的石灰和水均匀搅拌,经压实和养护后,形成符合规定抗压强度的板体结构。

【主要用途】

适用于各级道路的底基层和基层。

1507011　石　灰　碎　石

【名词解释】

在一定级配的碎石中掺入一定量的石灰和水均匀搅拌,经压实和养护后,形成符合规定抗压强度的板体结构。

【主要用途】

适用于各级道路的底基层和基层。

1507012　石　灰　砂　砾　土

【名词解释】

在砂砾土中掺入一定量的石灰和水均匀搅拌,经压实和养护后,形成符合规定抗压强度的板体结构。

【主要用途】
可作为高速公路和一级公路的底基层及其他等级公路的基层、底基层。

1507013　石灰碎石土

【名词解释】
在碎石土中掺入一定量的石灰和水均匀搅拌,经压实和养生后,形成符合规定抗压强度的板体结构。

【主要用途】
可用于高速公路和一级公路的底基层及其他等级公路的基层、底基层。

1507014　石灰土砂砾

【名词解释】
在砂砾和土中掺入一定量的石灰和水均匀搅拌,经压实和养护后,形成符合规定抗压强度的板体结构。

【主要用途】
可用于高速公路和一级公路的底基层及其他等级公路的基层、底基层。

1507015　石灰土碎石

【名词解释】
在碎石和土中掺入一定量的石灰和水均匀搅拌,经压实和养护后,形成符合规定抗压强度的板体结构。

【主要用途】
可用于高速公路和一级公路的底基层及其他等级公路的基层、底基层。

1507016　石灰粉煤灰

【名词解释】
按一定配合比掺合形成石灰和粉煤灰的混合料,和水均匀搅拌,经压实养护后,形成符合规定抗压强度的板体结构。

【主要用途】
可作为高速公路、一级公路底基层及其他等级公路的基层、底基层。

1507017　石灰粉煤灰土

【名词解释】
在细粒土中掺入一定量的石灰、粉煤灰和水均匀搅拌,经压实和养护后,形成符合规定抗压强度的板体结构,简称二灰土。

【主要用途】

可用于高速公路和一级公路的底基层及其他等级公路的基层、底基层。

【主要特点】

其抗压强度及抗冻性优于石灰土,收缩性小于水泥土和石灰土,但早期强度低,施工受季节限制。

1507018 石灰粉煤灰砂

【名词解释】

在砂中掺入一定量的石灰、粉煤灰和水均匀搅拌,经压实和养护后,形成符合规定抗压强度的板体结构。

【主要用途】

可用于高速公路和一级公路的底基层及其他等级公路的基层、底基层。

1507019 石灰粉煤灰砂砾

【名词解释】

在砂砾中掺入一定量的石灰、粉煤灰和水均匀搅拌,经压实和养护后,形成符合规定抗压强度的板体结构。

【主要用途】

适用于各级公路的基层、底基层。

【主要特点】

与水泥稳定粒料相比,其早期强度偏低,但抗裂性更好。

1507020 石灰粉煤灰碎石

【名词解释】

在碎石中掺入一定量的石灰、粉煤灰和水均匀搅拌,经压实和养护后,形成符合规定抗压强度的板体结构。

【主要用途】

适用于各级公路的基层、底基层。

1507021 石灰粉煤灰矿渣

【名词解释】

在矿渣中掺入一定量的石灰、粉煤灰和水均匀搅拌,经压实和养护后,形成符合规定抗压强度的板体结构。

【主要用途】

可用于高速公路和一级公路的底基层及其他等级公路的基层、底基层。

1507022　石灰粉煤灰煤矸石

【名词解释】

在煤矸石中掺入一定量的石灰、粉煤灰和水均匀搅拌,经压实和养护后,形成符合规定抗压强度的板体结构。

【主要用途】

可用于高速公路和一级公路的底基层及其他等级公路的基层、底基层。

1507023　石灰煤渣

【名词解释】

用石灰稳定煤渣得到的混合料,加水拌和压实和养护后形成的符合规定抗压强度的板体结构。

【主要用途】

可用于高速公路和一级公路的底基层及其他等级公路的基层、底基层。

1507024　石灰煤渣土

【名词解释】

石灰煤渣土也称二渣土,在一定的配比下,由石灰、煤渣和土三种材料加水拌和压实而形成的符合规定抗压强度的板体结构。

【主要用途】

可用于高速公路和一级公路的底基层及其他等级公路的基层、底基层。

【主要特点】

石灰煤渣土具石灰土的全部优点,同时还因为它有粗粒料作骨架,所以强度、稳定性和耐磨性均比石灰土好。另外,它的早期强度高还有利于雨季施工。石灰煤渣土对材料要求不大严,允许范围较大。

1507025　石灰煤渣碎石

【名词解释】

石灰、煤渣和碎石三种材料,在一定的配合比下,加水拌和压实而形成的符合规定抗压强度的板体结构。

【主要用途】

可用于高速公路和一级公路的底基层及其他等级公路的基层、底基层。

1507026　石灰煤渣砂砾

【名词解释】
石灰、煤渣和砂砾三种材料,在一定的配合比下,加水拌和压实而形成的符合规定抗压强度的板体结构。

【主要用途】
可作为高速公路和一级公路的底基层及其他等级公路的基层、底基层。

1507027　石灰煤渣矿渣

【名词解释】
石灰、煤渣和矿渣三种材料,在一定的配合比下,经拌和压实而形成的符合规定抗压强度的板体结构。

【主要用途】
可作为高速公路和一级公路的底基层及其他等级公路的基层、底基层。

1507028　石灰煤渣碎石土

【名词解释】
由石灰、煤渣和碎石土三种材料,在一定的配合比下,经拌和压实而形成的符合规定抗压强度的板体结构。

【主要用途】
可作为高速公路和一级公路的底基层及其他等级公路的基层、底基层。

1507029　水泥石灰砂砾

【名词解释】
在砂砾中掺入一定量的水泥、石灰和水均匀搅拌,经压实和养护后,形成符合规定抗压强度的板体结构。

【主要用途】
适用于各级公路的基层和底基层。

1507030　水泥石灰碎(砾)石

【名词解释】
在碎(砾)石中掺入一定量的水泥、石灰和水均匀搅拌,经压实和养护后,形成符合规定抗压强度的板体结构。

【主要用途】

适用于各级公路的基层和底基层。

1507031　水泥石灰土

【名词解释】

在土中掺入一定量的水泥、石灰和水均匀搅拌,经压实和养护后,形成符合规定抗压强度的板体结构。

【主要用途】

可用于高速公路和一级公路的底基层及其他等级公路的基层、底基层。

1507032　水泥石灰土砂

【名词解释】

在土和砂中掺入一定量的水泥、石灰和水均匀搅拌,经压实和养护后,形成符合规定抗压强度的板体结构。

【主要用途】

可用于高速公路和一级公路的底基层及其他等级公路的基层、底基层。

1507033　水泥石灰砂砾土

【名词解释】

在砂砾土中掺入一定量的水泥、石灰和水均匀搅拌,经压实和养护后,形成符合规定抗压强度的板体结构。

【主要用途】

可用于高速公路和一级公路的底基层及其他等级公路的基层、底基层。

1507034　水泥石灰碎石土

【名词解释】

在碎石土中掺入一定量的水泥、石灰和水均匀搅拌,经压实和养护后,形成符合规定抗压强度的板体结构。

【主要用途】

可用于高速公路和一级公路的底基层及其他等级公路的基层、底基层。

1507035　2∶1∶4 三合土

【名词解释】

由石灰、细砂和黏土按2∶1∶4的配比所组成。经分层夯实,具有一定强度和耐水性。

【主要用途】
多用于建筑物的基础或路面垫层。

第4节　1511　水泥混凝土配合比材料（商）

【名词解释】
商品混凝土，又称预拌混凝土，俗称灰或料。是由水泥、集料、水及根据需要掺入的外加剂、矿物掺合料等组分按照一定比例，在搅拌站经计量、拌制后出售并采用运输车，在规定时间内运送到使用地点的混凝土拌和物。

【主要用途】
混凝土是目前世界上用途最广、用量最大的建筑材料。商品混凝土广泛用于各土木工程。

【工程图片】（图1-14）

a)　　　　　　　　　　　　　　　b)

图1-14　商品混凝土

商品混凝土的种类有：普通水泥混凝土、泵送水泥混凝土、防水水泥混凝土、水下混凝土、喷射水泥混凝土、自密实混凝土等。

【特点】
采用集中搅拌的工厂化生产，可减少环境污染，使生产社会化、专业化，并具有缩短生产时间，降低能源消耗，节约原材料，便于外加剂掺用，提高设备利用率，改进质量管理等优点。

【计量单位】m^3

第5节　1517　制（成）品

1517001　预制构件

【名词解释】
预制构件一般由工厂预制，然后运到施工现场铺设或安装；对于大型或重型的制品，由于运输不便，也可在现场预制。

【主要用途】
广泛应用于桥梁、涵洞等构造物。
【常见类型】
有配筋的,不配筋的。
【工程图片】(图 1-15)

a)

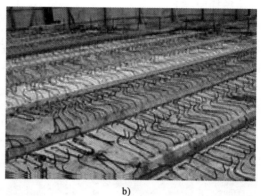
b)

图 1-15 预制构件

【种类】
有预制梁、板、管等。
【计量单位】 m³

1517002 混凝土预制块

【名词解释】
混凝土预制块一般由工厂预制,然后运到施工现场铺设或安装。
【主要用途】
广泛应用于路基排水、防护、路面附属工程等。
【工程图片】(图 1-16)

a)

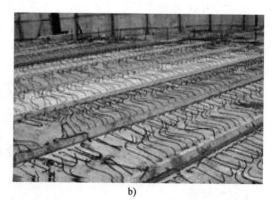
b)

图 1-16 混凝土预制块

【计量单位】 m³

第2章 第20类:金属及制品

本章所列材料在公路工程建造中起基础性作用,大多用于构成工程实体本身,使用频率高、用量大、造价权重大。

第1节 2001 钢丝、线材及制品

钢丝、线材主要用作钢筋混凝土的配筋和焊接结构件或再加工(如拔丝,制钉等)原料。钢丝是用热轧盘条经冷拉制成的再加工产品。线材是指直径为 5~22mm 的热轧圆钢或者相当于此断面的异形钢。

2001001 HPB300 钢筋

【名词解释】
HPB300 钢筋是光圆型的一级钢筋,其屈服强度值大于或等于300MPa。
【主要用途】
这种钢筋主要是用于钢筋混凝土、预应力混凝土构件及箍筋和胡子筋(拉结筋)。
【常见类型】
常用 HPB300 钢筋的公称直径有 6mm、8mm、10mm、12mm、16mm、20mm。
【工程图片】(图2-1)

a)

b)

图2-1 HPB300 钢筋

【计量单位】 t

2001002　HRB400 钢筋

【名词解释】
HRB400(20MnSiV、20MnSiNb、20MnTi)，该钢筋的屈服强度标准值为 400MPa，设计值为 360MPa，直径 6～50mm，弹性模量 200GPa。

【主要用途】
广泛用于桥梁、隧道等结构。

【常见类型】
HRB400 钢筋常见的公称直径有：6mm、8mm、10mm、12mm、16mm、20mm、25mm、32mm、40mm、50mm。

【工程图片】(图 2-2)

a)　　　　　　　　　　　　　　b)

图 2-2　HPB400 钢筋

【计量单位】t

2001003　冷轧带肋钢筋网

【名词解释】
冷轧带肋钢筋焊接网是纵向钢筋和横向钢筋分别以一定的间距排列且互呈直角、全部交叉点均焊接在一起的网片，又称为焊接钢筋网、钢筋网、钢筋焊网、钢筋焊接网片、钢筋网片，等等。

【主要用途】
适用于大面积钢筋混凝土工程，主要应用于桥梁的桥面铺装、桥墩防裂等。

【工程图片】(图 2-3)

a) b)

图 2-3 冷轧带肋钢筋焊接网

【技术规定】

技术规程规定,焊接网宜采用 CRB550 级冷轧带肋钢筋制作,也可采用 CRB510 级冷拔光面钢筋制作。一片焊接网宜采用同一类型的钢筋焊成。焊接网按形状、规格分为定型和定制两种:定型焊接网在两个方向上的钢筋间距和直径可以不同,但在同一个方向上的钢筋应具有相同的直径、间距和长度,已在有关标准、规程中作了规定;定制焊接网的形状、尺寸应根据设计和施工要求,结合具体工程情况,由供需双方协商确定。

焊接网钢筋直径为 4~14mm,其中可采用 0.5mm 进级直径。考虑运输条件,焊接网长度不宜超过 12m,宽度不宜超过 3.4m。焊接网制作方向的钢筋(或称纵筋)间距宜为 100mm、150mm、200mm,另一方向的钢筋间距一般为 100mm、150mm、200mm、300mm,有时可达 400mm。当焊接网纵横向钢筋均为单根钢筋时,较细钢筋的公称直径应不小于较粗钢筋公称直径的 0.6 倍,即 $d_{min} \geqslant 0.6 d_{max}$。

【计量单位】 t

2001004　环氧 HPB300 钢筋、2001005　环氧 HRB400 钢筋

【名词解释】

环氧钢筋是指采用特殊的表面处理技术和高压静电喷涂方法在普通带肋钢筋和普通光圆钢筋基体上形成均匀的环氧涂层的钢筋。环氧涂层钢筋有一定厚度的环氧树脂防腐层,使产品的物理、化学性能稳定,具有重防腐、耐酸、耐碱、耐盐、耐温、绝缘等特点,可以由原来被动维修改变为主动防范,从而延长建筑物的使用寿命。

【主要用途】

用于沿海的港口码头、跨海大桥等。

【工程图片】(图 2-4)

a)   b)

图 2-4 环氧钢筋

【计量单位】t

2001006 预应力粗钢筋

【名词解释】
预应力钢筋是在结构构件使用前,通过先张法或后张法预先对钢筋施加拉力制成的钢筋。
【主要用途】
广泛用于预应力混凝土连续梁桥。
【工程图片】(图2-5)

a)   b)

图 2-5 预应力粗钢筋

【机械性能】(表 2-1)

机 械 性 能　　　　　　　　　　表 2-1

钢筋强度级别	σ_s 或 $\sigma_{0.2}$(MPa)	σ_b(MPa)	σ_5(%)	D(冷弯 90°)
75/100	≥750	≥1000	≥7	7d
95/100	≥90	≥1200	≥8	8d

【计量单位】t

2001007　钢绞线成品束

【名词解释】

将多根钢绞线在工厂平行理顺、梳编加工成型的钢束,穿束时用特制牵引器将成品预应力钢绞线束牵引至后张预应力混凝土结构塑料或金属波纹管孔道内。

【常见类型】

成品预应力钢绞线束由不同数量的钢绞线组成,以组成根数分为 25 个规格系列:3、4、5、6、7、8、9、10、11、12、13、14、15、16、17、18、19、20、21、22、23、24、25、26、27。钢绞线成品束见图 2-6。

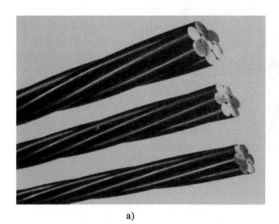
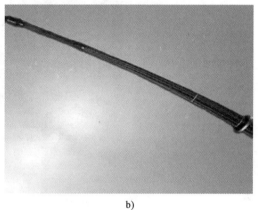

a)　　　　　　　　　　　　　　　　b)

图 2-6　钢绞线成品束

【命名】(表 2-2)

钢绞线成品束命名规则　　　　　　　　表 2-2

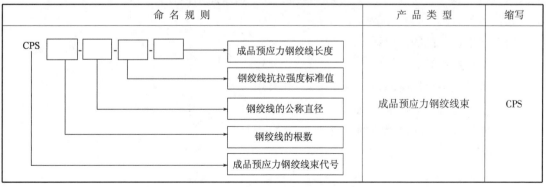

示例:19 根直径 15.20mm,抗拉强度为 1860MPa,长度为 100m 的成品预应力钢绞线束,其型号表示为 CPS19-15.2-1860-100。

【计量单位】t

2001008 钢 绞 线

【名词解释】

钢绞线是由多根钢丝绞合构成的钢铁制品,碳钢表面可以根据需要增加镀锌层、锌铝合金层、包铝层、镀铜层、涂环氧树脂等。

【主要用途】

适用于桥梁预应力混凝土结构、岩土锚固。

【工程图片】(图 2-7)

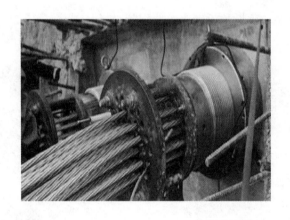

图 2-7 钢绞线

【常见类型】

钢绞线按性能分为预应力钢绞线、镀锌钢绞线;按照表面形态可以分为光面钢绞线、刻痕钢绞线、模拔钢绞线、镀锌钢绞线、涂环氧树脂钢绞线;按照结构分为 5 类。

其代号为:

用 2 根钢丝捻制的钢绞线	1×2
用 3 根钢丝捻制的钢绞线	1×3
用 3 根刻痕钢丝捻制的钢绞线	1×3
用 7 根钢丝捻制的标准型钢绞线	1×7
用 7 根钢丝捻制又经模拔的钢绞线	$(1 \times 7)C$

【命名】

命名规则:

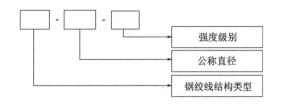

示例1:公称直径为15.20mm、强度级别为1860MPa的7根钢丝捻制的标准型钢绞线,其标记为:预应力钢绞线1×7-15.20-1860-GB/T 5224—2003。

示例2:公称直径为8.74mm、强度级别为1670MPa的3根刻痕钢丝捻制的钢绞线,其标记为:预应力钢绞线1×31-8.74-1670-GB/T 5244—2003。

示例3:公称直径为12.70mm、强度级别为1860MPa的7根钢丝捻制又经模拔的钢绞线,钢绞线其标记为:预应力钢绞线(1×7)C-12.70-1860-GB/T 5244—2003。

【计量单位】t

2001009　环氧钢绞线

【名词解释】

外层由熔融结合环氧涂层涂覆、钢丝间的空隙由熔融结合环氧涂层完全填充,从而防止腐蚀介质通过毛细作用力或其他流体静力侵入的预应力钢绞线。

【主要用途】

适用于体内预应力、体外预应力、岩土锚固中的预应力及斜拉桥拉索等预应力工程,特别适用于除冰盐的环境、严寒和寒冷地区冬季水位变动的环境、滨海室外环境、海水环境和受人为或自然的侵蚀性物质影响的环境等防腐要求较高的场合。

【工程图片】(图2-8)

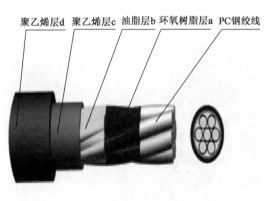
a)

b)

图2-8　环氧钢绞线

【命名】(表2-3)

环氧钢绞线命名规则　　　　　　　　　　　表2-3

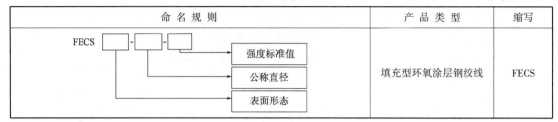

注:1. 根据涂层表面是否嵌入砂粒,可将填充型环氧涂层钢绞线分为两类:涂层表面嵌入砂粒的环氧涂层钢绞线为嵌砂型环氧涂层钢绞线,代号为B;涂层表面未嵌入砂粒的环氧涂层钢绞线为光滑型环氧涂层钢绞线,代号为S。
2. 嵌砂型环氧涂层钢绞线适用于体内预应力筋和岩土锚固中的预应力筋;光滑型环氧涂层钢绞线适用于体外预应力筋和斜拉桥钢绞线拉索。

【计量单位】t

2001010　镀锌钢绞线

【名词解释】
镀锌钢绞线就是把多根镀锌钢丝线绞合在一起构成的钢铁制品。
【主要用途】
镀锌钢绞线通常指用于承力索、拉线、加强芯等,也可作为架空输电的地线、公路两边的阻拦索、桥梁的系杆、拉索,以及用于体外预应力工程。
【常见类型】
(1)钢绞线按断面结构分为四种:1×3、1×7、1×19、1×37。
(2)国标钢绞线按公称抗拉强度分为五级,即1270MPa、1370MPa、1470MPa、1570MPa、1670MPa。
(3)根据镀锌钢绞线内钢丝锌层厚度的不同,国标钢绞线内钢丝锌层级别分为三级:A(特厚)、B(厚)、C(薄)。
镀锌钢绞线见图2-9。

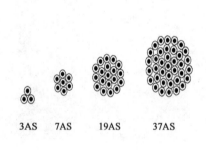

a)截面图　　　　　　　　　　　　b)实物图

图2-9　镀锌钢绞线

【命名】
命名规则：

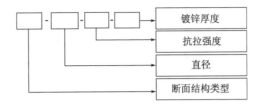

示例：结构1×7、直径6.0mm、抗拉强度1370MPa，A级锌层的钢绞线标记为：1×7-6.0-1370-A。

【计量单位】t

2001011 钢　　丝

【名词解释】
钢丝是钢材的板、管、型、丝四大品种之一，是由线材经冷拉加工而得的直径小于8mm（大多数情况下小于4mm）的钢材产品。

【主要用途】
用于钢塑土工格栅及一般的捆绑、牵引等。

【常见类型】(图2-10)

a)单向拉伸土工格栅　　　　　　　　b)钢塑土工格栅

图2-10　钢丝

【分类】
(1)按断面形状分类。主要有圆形、方形、矩形、三角形、椭圆形、扁形、梯形、Z字形等。
(2)按尺寸分类。有特细(<0.1mm)、较细(0.1~0.5mm)、细(0.5~1.5mm)、中等(1.5~3.0mm)、粗(3.0~6.0mm)、较粗(6.0~8.0mm)、特粗(>8.0mm)。
(3)按强度分类。有低强度(<390MPa)、较低强度(390~785MPa)、普通强度(785~

1225MPa)、较高强度(1225~1960MPa)、高强度(1960~3135MPa)、特高强度(>3135MPa)。

(4)按化学成分分类。

低碳钢丝:含碳量不大于0.25%的碳素钢丝;中碳钢丝:含碳量大于0.25%~0.60%的碳素钢丝;高碳钢丝:含碳量大于0.60%的碳素钢丝;低合金钢丝:含合金元素成分总量不大于5.0%;中合金钢丝:含合金元素成分总量大于5.0%~10.0%;高合金钢丝:含合金元素成分总量大于10.0%。

(5)按最终热处理方法分类。

①按加工方法:冷拉钢丝、冷轧钢丝、热拉钢丝、直条钢丝、银亮钢丝、抛光钢丝、磨光钢丝;

②按表面状态:光面钢丝、光亮热处理钢丝、酸洗钢丝、黑皮钢丝、镀层钢丝(镀锌、镀锡、镀铜、镀铝和其他镀层)。

【计量单位】kg

2001012 冷拔低碳钢丝

【名词解释】

冷拔低碳钢丝是经过拔制产生冷加工硬化的低碳钢丝。采用直径6.5mm或8mm的普通碳素钢热轧盘条,在常温下通过拔丝模引拔而制成的直径3mm、4mm或5mm的圆钢丝。

【主要用途】

冷拔低碳钢丝主要用于小型预应力混凝土构件。

【常见类型】

建筑用冷拔低碳钢丝(图2-11)分为甲、乙两级。甲级钢丝主要用于小型预应力混凝土构件的预应力钢材;乙级钢丝一般用作焊接或绑扎骨架、网片或箍筋。

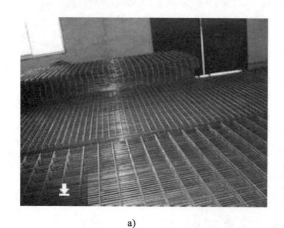
a)

b)

图2-11 冷拔低碳钢丝

【计量单位】t

2001013 高强钢丝

【名词解释】

高强钢丝是用优质碳素钢热轧盘条经冷拔制成,然后用机械方式对钢丝进行压痕处理形成刻痕钢丝,对钢丝进行低温(一般低于500℃)矫直回火处理后便成为矫直回火钢丝。

【主要用途】

主要用于高速公路软基路段混凝土路面、桥面铺装层、桥墩表面防裂、收费广场混凝土地面等。

【常见类型】

常用的高强钢丝(图2-12)分为冷拉和矫直回火两种,按外形分为光面、刻痕和螺旋肋三种。常用的高强钢丝的直径有 4mm、5mm、6mm、7mm、8mm 和 9mm 等。

图 2-12　高强钢丝

【计量单位】t

2001014 镀锌高强钢丝

【名词解释】

镀锌钢丝是把 45 号、65 号、70 号等优质碳素结构钢拉拔,然后再经镀锌(电镀锌或热镀锌)而成。镀锌高强钢丝是指生产过程中提高索氏体化盘条的强度,提高加工硬化的效果,减少热镀锌过程的强度损失。

【工程图片】(图 2-13)

【力学性能及工艺性能】

镀锌高强钢丝表面平滑、光洁、没有裂纹地、节、起刺、伤痕和锈蚀,镀锌层均匀、附着力强、耐腐蚀力持久,韧性和弹性极好。抗拉强度应在 900～2200MPa 之间(丝径 $\phi0.2 \sim \phi4.4$mm),扭转次数($\phi0.5$mm)在 20 次以上,反复弯曲应在 13 次以上。

a)　　　　　　　　　　　　　　　　b)

图 2-13　镀锌高强钢丝

【计量单位】t

2001015　平行钢丝斜拉索

【名词解释】

采用高强镀锌钢丝呈正六边形或缺角六边形紧密排列,经左旋轻度扭绞后包高强度聚酯纤维带再热挤高密度聚乙烯(HDPE)护套的钢丝束称为平行钢丝斜拉索。

【主要用途】

适用于公路斜拉桥,对称布置于索塔两侧,作为连接索塔和主梁的上部结构。

【工程图片】(图 2-14)

a)平行钢丝　　　　　　　　　　　　b)斜拉索断面

图 2-14　平行钢丝斜拉索

【命名】(表2-4)

平行钢丝斜拉索命名规则　　　　　　　表2-4

平行钢丝斜拉索命名规则	产品类型	缩写
［　］-［　］ 　↓　　↓ 钢丝根数　代号：LPES7	平行钢丝束吊索	LPES7

示例：斜拉索外径110mm，采用$\phi 7mm$、$\sigma_b = 1770MPa$高强镀锌钢丝，其型号为：LPES7-127。

【计量单位】 t

【计量规则】

平行钢丝斜拉索以图纸为依据，以高强钢丝安装的净质量计算(不含护套)。

2001016　钢绞线斜拉索

【名词解释】

采用无黏结呈正六边形或缺角六边形紧密排列成钢绞线束，并在两端装有锚具，能够斜向承受拉力的拉索称为钢绞线斜拉索。

【主要用途】

适用于公路斜拉桥，对称布置于索塔两侧，作为连接索塔和主梁的上部结构。

【工程图片】(图2-15)

a)钢绞线

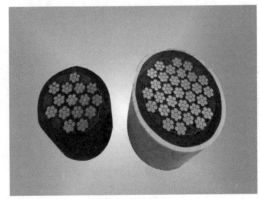
b)钢绞线斜拉索

图2-15　钢绞线斜拉索

【命名】(表2-5)

钢绞线斜拉索命名规则　　　　　　表2-5

钢绞线斜拉索命名规则	产品类型	缩写
□-□ → 钢绞线根数 　　　→ 钢绞线直径(mm)	钢绞线斜拉索	—

示例:斜拉索的钢绞线直径为15.2mm,钢绞线根数为55,标记为:15.2-55。

【计量单位】 t

【计量规则】

钢绞线斜拉索以图纸为依据,以钢绞线安装锚具间长度的净质量计算(不含护套及工作长度)。

2001017　主缆索股

【名词解释】

采用高强钢丝按一定排列规律平行组编在一起,并按一定距离缠绕绑扎带定型的钢丝束称为索股。

【主要用途】

适用于公路悬索桥,悬挂于索塔索鞍并锚固于两岸锚碇,作为上部结构承重构件。

【工程图片】(图2-16)

a)主缆索股　　　　　　　　　　　b)索股断面

图2-16　主缆索股

【命名】(表2-6)

主缆索股命名规则　　　　　　表2-6

主缆索股命名规则	产品类型	缩写
□□□ → 钢丝根数 　　　→ 索股号 　　　→ 索股,PPWS	主缆索股	—

示例:预制平行钢丝束(PPWS 法),编号为 1,钢丝根数为 127 根,标记为:PPWS1-127。

【计量单位】t

2001018 吊　　索

【名词解释】

采用高强镀锌钢丝平行集束或优质钢芯钢丝绳为索体,连接悬索桥主缆索夹与加劲梁的组装件称为吊索。

【主要用途】

适用于公路悬索桥,通过锚头连接主缆索夹和加劲梁。

【工程图片】(图 2-17)

a)平行钢丝吊索

b)钢丝绳吊索

图 2-17　吊索

【命名】(表 2-7、表 2-8)

平行钢丝吊索命名规则　　　　　　　　　　　　　　　表 2-7

平行钢丝吊索命名规则	产品类型	缩写
锚头(LM/RM) 强度等级(MPa) 钢丝根数 钢丝直径(mm)	平行钢丝束吊索	PSS

钢丝绳吊索命名规则   表2-8

钢丝绳吊索命名规则	产品类型	缩写
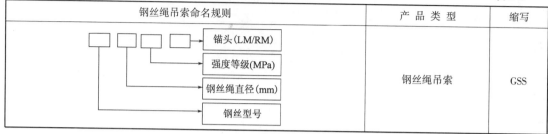 锚头(LM/RM) 强度等级(MPa) 钢丝绳直径(mm) 钢丝型号	钢丝绳吊索	GSS

【计量单位】t

【计量规则】

吊索以图纸为依据,以平行钢丝或钢丝绳安装的净质量计算。

2001019 钢 丝 绳

【名词解释】

钢丝绳是由多层钢丝捻成股,再以绳芯为中心,由一定数量股捻绕成螺旋状的绳。

【主要用途】

主要用作搬运机械中,供提升、牵引、拉紧和承载。

【工程图片】(图2-18)

a)　　　　　　　　　　　　　　b)

图2-18 钢丝绳

【分类】

钢丝绳可按形状、层次、状态等方式分类。

(1)形状:①圆股钢丝绳;②编织钢丝绳;③扁钢丝绳。

(2)层次:钢丝绳按拧绕的层次可分为单绕绳、双绕绳和三绕绳。

(3)状态:钢丝绳也可按股中每层钢丝之间的接触状态分为点接触、线接触或面接触3种。

【计量单位】t

2001020 钢 纤 维

【名词解释】

以切断细钢丝法、冷轧带钢剪切、钢锭铣削或钢水快速冷凝法制成的钢质纤维,用来制作钢纤维混凝土,以强化混凝土的各项性能。

【主要用途】

适用于隧道洞身工程喷射钢纤维混凝土、桥面铺装细纤维混凝土、钢纤维混凝土路面等。

【工程图片】(图 2-19)

a)扁丝切断型

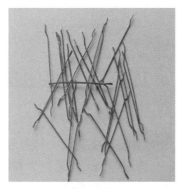
b)钢丝切断型

c)高强铣削型

d)剪切波纹型

e)剪切压痕型

图 2-19 钢纤维

2001021 8~12 号铁丝

【名词解释】

将炽热的金属坯轧成 5mm 粗的钢条,再将其放入拉丝装置内拉成不同直径的线,并逐步缩小拉丝盘的孔径,进行冷却、退火、涂镀等加工工艺制成各种不同规格的铁丝。

【主要用途】

主要用于钢筋绑扎。

常用丝号、丝径对照见表2-9。

常用丝号、丝径对照表　　　　　　　　　　　　　　表2-9

规格号码	SWG 英制		BWG 伯明罕		BG		AWG 美制	
	in	mm	in	mm	in	mm	in	mm
8	0.16	4.046	0.165	4.191	0.157	3.988	0.1285	3.264
9	0.144	3.658	0.148	3.759	0.1398	3.551	0.1144	2.906
10	0.128	3.215	0.134	3.404	0.125	3.175	0.1019	2.588
11	0.116	2.946	0.12	3.048	0.1113	2.827	0.0907	2.305
12	0.104	2.642	0.109	2.769	0.0991	2.517	0.0808	2.053

注：1in = 0.0254m，余同。

【计量单位】kg

2001022　20~22号铁丝

【名词解释】

将炽热的金属坯轧成5mm粗的钢条，再将其放入拉丝装置内拉成不同直径的线，并逐步缩小拉丝盘的孔径，进行冷却、退火、涂镀等加工工艺制成各种不同规格的铁丝。

【主要用途】

主要用于钢筋绑扎。

常用丝号、丝径对照见表2-10。

常用丝号、丝径对照表　　　　　　　　　　　　　　表2-10

规格号码	SWG 英制		BWG 伯明罕		BG		AWG 美制	
	in	mm	in	mm	in	mm	in	mm
20	0.036	0.914	0.035	0.839	0.0392	0.996	0.032	0.812
21	0.032	0.813	0.032	0.831	0.349	0.887	0.0285	0.723
22	0.028	0.711	0.028	0.711	0.03125	0.749	0.02535	0.644

【计量单位】kg

2001023　刺铁丝

【名词解释】

带刺的铁丝。

【主要用途】

用于编织高速公路和铁丝网隔离栅。一般与钢筋混凝土立柱或型钢立柱或钢管立柱组成刺铁丝网隔离栅，从而起到隔离防护作用。

【工程图片】（图2-20）

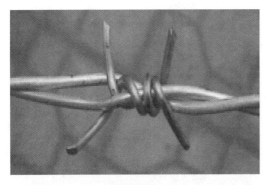
a)双拧编制

b)双拧编制

c)镀锌丝编制

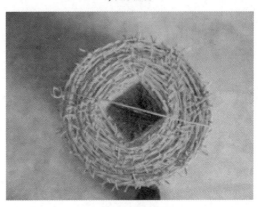
d)PVC包塑丝编制

e)刺铁丝实物图一

f)刺铁丝实物图二

图 2-20　刺铁丝

【常见类型】

刺铁丝材质一般为：低碳钢丝，电镀锌丝，热镀锌丝，PVC 包塑丝。
主线丝又分为单股刺铁丝，双股刺铁丝，三股刺铁丝；刺丝均为四个刺头。

【命名规则】
刺铁丝的规格代号一般用铁丝直径(号数)乘刺间距表示,见表2-11。Bw指刺铁丝。

刺铁丝规格代号　　　　　　　　　表2-11

规格代号	铁丝直径(mm)	刺距 D(mm)	捻数 n 不少于
Bw-2.2-76	2.2	76	3
Bw-2.2-102		102	4
Bw-2.2-127		127	5
Bw-2.5-76	2.5	76	3
Bw-2.5-102		102	4
Bw-2.5-127		127	5
Bw-2.8-76	2.8	76	3
Bw-2.8-102		102	4
Bw-2.8-127		127	5

注:钢丝直径为防腐处理前。

【计量单位】 kg

2001024　电焊网排

【名词解释】
低碳钢丝按纵向、横向间距排列,各节点焊接而成的网片,一般作镀锌或浸塑处理,其价格与每平米质量相关性最大。

【主要用途】
主要用于桥梁防落网和高速公路电焊网隔离栅等。

【常见类型】
(1)冷镀锌电焊网
冷镀锌电焊网是选用优质低碳钢丝排焊而成的电焊网,先进的焊接工艺在每一个交叉点都分别纵横焊接,然后再进行冷镀,见图2-21。

镀锌电焊网系选用优质铁丝,通过精密的自动化机械技术加工制成,网面平整,结构坚固,整体性强,即使局部裁截或局部承受压力也不致发生松劲现象,电焊网成型后进行镀锌(热镀)耐腐蚀性好,具有一般铁丝网不具备的优点。

镀锌电焊网材质:优质镀锌丝、黑铁丝。

(2)不锈钢电焊网
不锈钢电焊网采用316、316L、304L、304HC、304、302等优级不锈钢为材料,通过精密的自动化机械技术加工制成,网面平整,结构坚固,整体性强,即使局部裁截或局部承受压力也不致发生松劲现象,见图2-22。

生产工艺:选用优质不锈钢丝,通过精密自动化机械点焊而成,见表2-12。

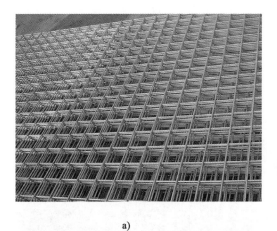

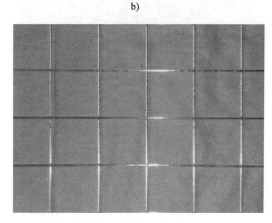

图 2-21 冷镀锌电焊网

不锈钢电焊网规格 表 2-12

规格(in)	丝径(mm)	宽度(m)	规格(in)	丝径(mm)	宽度(m)
1/4×1/4	0.4~1.2	0.3~1.5	3/4×1.5″	0.8~2.0	0.5~1.5
1/4×1/2	0.4~1.2	0.3~1.5	1.5″×1.5″	0.8~2.0	0.5~2.1
1/4×1b″	0.4~1.2	0.3~1.5	1.2×1/2	0.4~2.0	0.3~2.1
3/8×3/8	0.4~1.2	0.5~1.5	1/2×1″	0.4~2.0	0.3~2.1
3/8×3/4	0.4~1.2	0.5~1.5	1″×1″	0.6~2.5	0.5~2.1
3/4×3/4	0.8~2.0	0.5~1.5	2″×2″	0.6~2.5	0.5~2.1

注：超宽,超丝号等特殊规格,宽度可达2.1m丝号可达5m。

(3)涂塑铁丝网片

涂塑铁丝网片(图2-23)是采用优质低碳冷拔钢丝、冷弯型钢、直缝钢管、高附着力的PE或PVC热性工程粉末、专有粘连剂等原材料加工而成的建筑网片。

规格:网片丝径2.5~6.0mm。网孔:5.0cm×5.0cm、5.0cm×10cm、10cm×15cm、7.0cm×15cm等。网片尺寸:1.8m×2m、1.8m×3m、2m×3m等。

图 2-22 不锈钢电焊网

(4)浸塑网片

浸塑网片(图 2-24)采用优质低碳冷拔钢丝、冷弯型钢、直缝钢管、高附着力的 PE 或 PVC 热性工程粉末、专有粘连剂等原材料,采用专业自动化流水线作业,进行先焊成型、后镀锌,再用高附着力 PE 浸塑或聚酯静电喷涂、单层浸塑等多种防腐处理工艺,加工而成。具有坚固耐用、不腐蚀、抗紫外线强、不污染、不变形、造型美观、色泽鲜亮、光滑细腻的特点。

图 2-23

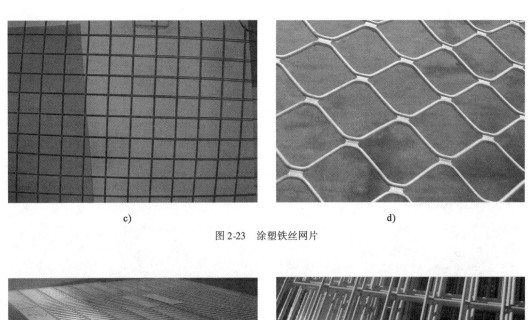

c)   d)

图 2-23 涂塑铁丝网片

a)   b)

c)   d)

图 2-24 浸塑网片

【计量单位】 m^2

2001025 钢 板 网

【名词解释】

金属板材经过特种机械(钢板网冲剪机)加工处理后,形成网眼状况的张料物体,表面一般会作浸塑、喷塑或镀锌处理。

【主要用途】

一般用作桥梁防落网和高速公路钢板网隔离栅等。

【工程图片】(图 2-25 ~ 图 2-31)

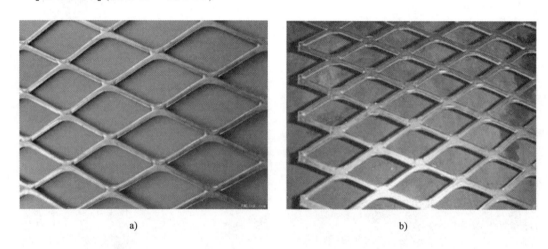

a)   b)

图 2-25 不锈钢钢板网

a)   b)

图 2-26 钢笆网片

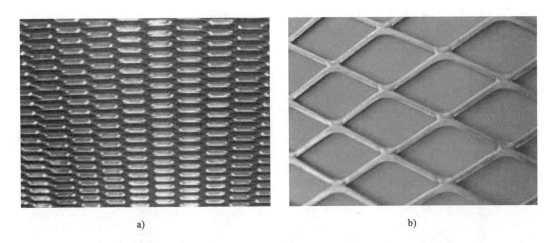

图 2-27 标准菱形钢板网

图 2-28 小型钢板网

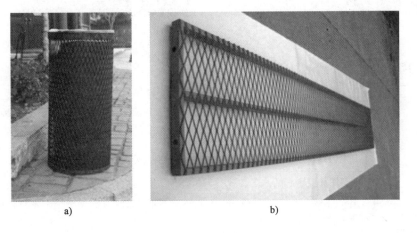

图 2-29 中型钢板网

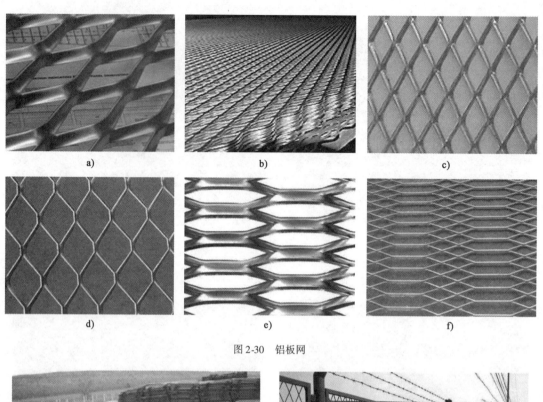

图 2-30 铝板网

图 2-31 钢板网护栏

【分类介绍】（表 2-13）

钢板网分类介绍 表 2-13

不锈钢钢板网	又名不锈钢拉伸板网、不锈钢扩张网、不锈钢冲拉网、不锈钢拉伸网。不锈钢钢板网是采用不锈钢板冲拉而成一种钢板网产品。 材质：302、304、304L、316、316L 不锈钢板。 优点：网孔均匀，网面平整且摩擦系数高，强度大，易于切割加工，制造工件
钢笆网片	钢笆网片被誉为新型"阻燃"脚手架踩踏板，由南方城市向四周延伸，逐渐性的替代毛竹片踏板
标准菱形钢板网	名称：不锈钢钢板网，又名不锈钢拉板网、不锈钢扩张网、不锈钢冲拉网、不锈钢拉伸网。材质：sus304、sus316L、sus430
小型钢板网	按材质可分为低碳钢薄板、镀锌板、铝板等

续上表

中型钢板网	按材质可分为普通碳钢板、不锈钢板、铁板、铜板、铝板、钛板、镍板等
铝板网	铝板网采用最新科技将铝板经切割扩张而成,其网身更加轻便且承载力强。最常见的铝板网是菱形孔的,其他孔型还有六角形、三角形、鱼鳞孔等
钢板网护栏	钢板网护栏又称防眩网,既可保证防眩设施的连续性和横向通视,又可隔离上下行车道,达到防眩和隔离的目的。钢板网护栏采用优质钢板冲压而成,分为热镀锌钢板网护栏、电镀锌钢板网护栏、PVC涂塑钢板网护栏、浸塑钢板网护栏,钢板网护栏具有极强的防腐蚀,抗氧化等特点。 依据使用范围可分为:重型钢板网、不锈钢板网、镀锌钢板网、喷塑钢板网; 依据材质可分为:普通碳钢板网及不锈钢板网; 依据表面处理可分为:冷镀锌钢板网、热镀锌钢板网、喷漆钢板网。 材质:低碳钢板。 钢板网护栏经济且外形美观,风阻少,钢板网护栏经过镀锌涂塑双涂层能延长使用寿命,减少维护费用

【计量单位】 m²

2001026　铁丝编织网

【名词解释】

由铁丝编制而成的金属网片。

【主要用途】

广泛用于桥梁防落网和高速公路隔离栅等设施。

【工程图片】(图2-32)

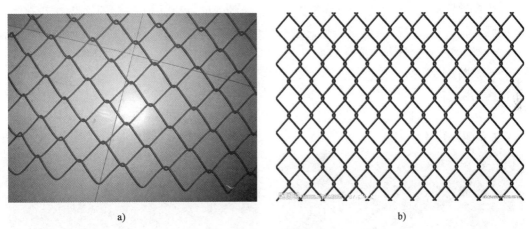

a)   b)

图2-32　铁丝编织网

【规格】(表2-14)

铁丝网规格　　　　　　　　　　表2-14

丝　号	丝径(mm)	目　数	孔径(mm)	质　量
14	2.0	21	1	4.2
8	4.05	18	1	15

续上表

丝　号	丝径(mm)	目　数	孔径(mm)	质　量
25	0.50	20	0.61	2.6
23	0.61	18	0.8	3.4
24	0.55	16	0.1	2.5
24	0.55	14	0.12	4
22	0.71	12	0.14	2.94
19	1	2.3	0.18	1.45
6	4.8	1.2	2	20
6	4.8	1	2	20
6	4.8	0.7	3	14
14	2.0	5.08	0.3	12
14	2.0	2.1	1	2.5
14	2.0	3.6	1.5	1.9

【计量单位】 m^2

【计量规则】

铁丝编制网面积按网高(幅宽)乘以网长计算。

2001027　镀锌高强钢丝绳

【名词解释】

在生产镀锌高强钢丝过程中提高索氏体化盘条的强度,提高加工硬化的效果,减少热镀锌过程的强度损失。镀锌高强钢丝绳是通过有效而强有力的捻制装备加之优良的捻制工艺技术,使钢丝绳的所有钢丝和绳股受力均匀、捻制损失少、捻制应力小,保证钢丝绳具有破断拉力高、耐疲劳和较大的弹性模量。

【主要用途】

主要用作桥梁缆索、高速公路柔性护栏等。

【工程图片】(图2-33)

a)

b)

图2-33　镀锌高强钢丝绳

【计量单位】t

2001028 格 栅 网

【名词解释】
格栅网是由钩花网机用各种材质的金属丝钩编而成,可分为折边缩把、拧边锁把两种。

【主要用途】
用于 SNS 主动防护系统。

【工程图片】(图2-34)

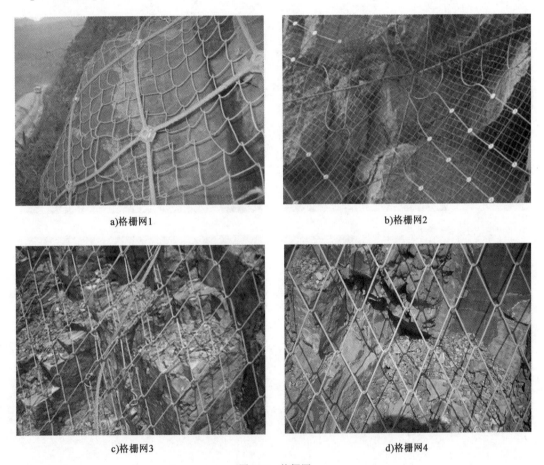

a)格栅网1　　　　　　　　　　b)格栅网2

c)格栅网3　　　　　　　　　　d)格栅网4

图2-34　格栅网

【主要功能】
　　TECCO 格栅网防护系统属于 SNS 主动防护系统,它通过预应力钢筋(锚杆)或钢丝绳锚杆(有边沿支撑绳时采用)、专用锚垫板及必要的边沿支撑绳等固定方式,将柔性网覆盖在有潜在地质灾害的坡面上;预应力锚杆对柔性网部分实现预张,从而对整个边坡形成连续支撑,其预张拉作业使系统尽可能紧贴坡面并形成了抑制局部岩土体移动或在发生局部位移或破坏后将其裹缚(滞留)原位附近的预应力,从而实现其主动防护(加固)功能。

围护作用,限制落石运动范围,部分抑制崩塌的发生。能满足可达100年的防腐寿命要求,不适于体积大于$1m^3$的大块孤危石。

2001029 钢 绳 网

【名词解释】

采用$\phi 8mm$钢丝绳(抗拉强度为1770MPa,破断拉力大于40kN)编制并在结点处用专用"十字扣"固定而成。

【主要用途】

用作公路防护设施。

【工程图片】(图2-35)

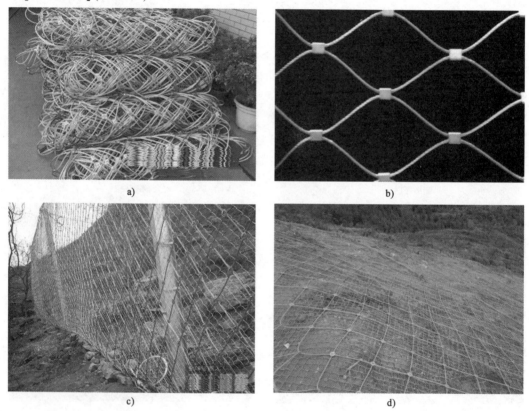

图2-35 钢丝绳网

【功能介绍】

钢丝绳网是SNS柔性防护系统的主要网型之一。在主动防护中通过钢丝绳网的覆盖来实现边坡的加固,其开放特征可以实现对坡面天然植被和植被生长条件的最佳保护,并可实施人工绿化,实现环境保护与灾害治理的有机结合;在被动防护系统中,其柔性特征充分体现了"以柔克刚"的思想,实现对崩塌落石的有效拦截,达到事半功倍的效果。

【钢丝绳网材料与规格】

(1)钢丝绳的质量要求应符合相关规范的要求;其中钢丝绳的镀锌量应符合相关规范的

要求,其公称抗拉强度不小于1770MPa,最小断裂拉力不小于40kN(ϕ8mm钢丝绳)或不小于20kN(ϕ6mm钢丝绳)。

(2)根据用途不同,其菱形网孔边长一般为300mm、250mm、200mm、150mm、120mm、100mm。网目边长误差不大于20mm。

(3)钢丝绳网成品也可根据设计要求调整网块尺寸。

(4)钢丝绳网的编制。钢绳网的编制应满足以下要求:上下交错编织;编制成网的钢丝绳不得有断丝、脱丝现象;交叉节点处用扣压件固定,接头处用搭接件压接,不得遗漏,钢绳露出搭接件长度至少为10mm;编网时扣压件和搭接件用机械压接,表面不得有破裂和明显损伤;网的形状平整,绳不得有打结明显扭曲现象。

(5)搭接件一般采用普通软纯铝管,长度不小于35cm,外径不大于3cm,壁厚不小于3mm。

(6)钢丝绳网交叉处固定用的扣压件厚度不小于2mm,并采用镀锌处理,镀锌层厚度不小于8μm。

(7)编网用扣压件的材质、结构尺寸和压接工艺必须保证其拉滑力(抗错动能力)不小于5kN,拉脱力不小于10kN。

适用于公路旁有缓冲地带的高山峻岭,把岩崩、飞石、雪崩、泥石流拦截在公路设施之外,避开灾害对公路设施的毁坏。钢丝绳网是SNS系统的主要构成部分,且往往首先遭受冲击,它必须将来自于落石的冲击荷载传递到支撑绳、拉锚绳等部件上,并最终传给锚杆。由于钢丝绳网具有非常高的强度和弹性内能吸收能力,只要对落石特征进行正确分析并进行正确系统设计选型,在大多数情况下它是无需维护的。

SNS钢丝绳防护网型号及规格见表2-15。

SNS钢丝绳主动防护网型号及规格 表2-15

型号	网型	结构配置	主要防护功能
GAR1	钢丝绳网	边沿(或上沿)钢丝绳锚杆+支撑绳+缝合绳	围护作用,限制落石运动范围抑制崩塌的发生
GAR2	钢丝绳网	系统钢丝绳锚杆+支撑绳+缝合绳,孔口凹坑+张拉	坡面加固,抑制崩塌和风化剥落,限制局部或少量落石运动范围
GPS1	钢丝绳网+钢丝格栅网	同GAR1	同GAR1,有小块落石时选用
GPS2	钢丝绳网+钢丝格栅网	同GAR2	同GAR2,有小块落石或土质坡时选用
GER1	钢丝格栅网	同GAR1但用铁丝缝合	同GAR1,落石块体较小且寿命要求较短时选用,以碎落防护为主
GER2	钢丝格栅网	同GAR2但用铁丝缝合	同GAR2,落石块体较小且寿命要求较短时选用
CTC-65A	高绳度钢丝格栅网	预应力钢筋锚杆+孔口坑+缝合绳(根据需要选用边界支撑绳和钢丝绳锚杆)	同GAR2,能满足可达100年的更长的防腐寿命要求,但其加固能力仅为其70%~80%,不适合于积体大于1m³大块孤危石加固
CTC-65B	高绳度钢丝格栅网	同GAR1	同GAR1,能满足可达100年的更长的防腐寿命要求,不适合于积体大于1m³大块孤危石加固

【计量单位】 m²

2001030　猫道编织网

【名词解释】

猫道由钢丝编织、粗细两层的结实面网铺成。在大桥的建设过程中,猫道是索股架设的施工平台,是大跨径悬索桥施工必备的临时结构,相当于施工作业的高空脚手架。

【主要用途】

主要为大桥主缆索股架设、主缆紧缆、索夹和吊索安装以及钢箱梁吊装等提供施工平台和人行通道,其使用贯穿整个悬索桥上部结构施工全过程。

【工程图片】(图2-36)

a)猫道　　　　　　　　　　　　　　b)建设者正在百米高的猫道上作业

图2-36　猫道编织网

【计量单位】 m²

2001031　缆　　索

【名词解释】

缆索护栏是柔性护栏的主要代表形式,它是一种以数根施加初张力的缆索固定于立柱上而组成的结构,它主要依靠缆索的拉应力来抵抗车辆的碰撞,吸收碰撞能量。

【主要用途】

主要用于高速公路以及桥梁两侧的防护带;高速公路、山地和旅游景区道路的安全防护。

【常见类型】

缆索护栏分为浸塑B型(普通型)、浸塑A型(加强型);热镀锌B型(普通型)、热镀锌A型(加强型)。A级采用6根缆索,B级采用5根缆索。缆索护栏见图2-37。

【特点】

与传统护栏相比,缆索护栏具有耐柔韧性好、抗冲击力强、防撞性能佳、耐雪载、耐风载能力大等特点。此外,通透性更好的缆索护栏视野广阔,更有利于游客欣赏自然景观。缆索护栏属柔性结构,车辆碰撞时缆索在弹性范围内工作,可以重复使用,容易修复。立柱间距比较灵活,受不均匀沉陷的影响较小。风景区公路采用缆索护栏较为美观。积雪地区,缆索护栏对扫雪的障碍稍少。但缆索护栏施工复杂,端部立柱损坏修理困难,不适合小半径曲线路段使用;同时它的视线诱导性较差,架设长度短时不经济。

a)浸塑缆索

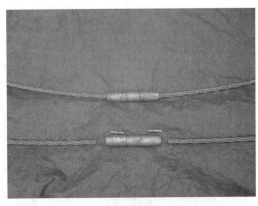
b)热镀锌缆索

图 2-37 缆索护栏

【计量单位】t

2001032　圆丝编织网

【名词解释】
用圆丝编制而成的编织方格网,其网格上按一定距离分布多个孔径相同的孔。

【主要用途】
适用于公路建设中防风固沙工程。

【工程图片】(图 2-38)

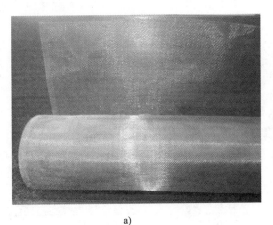
a)

b)

图 2-38　圆丝编织网

【计量单位】m

2001033 镀锌铁丝

【名词解释】

将炽热的金属坯轧成5mm粗的钢条,再将其放入拉丝装置内拉成不同直径的线,并逐步缩小拉丝盘的孔径,进行冷却、退火、涂镀等加工工艺制成各种不同规格的铁丝。

【主要用途】

主要用于钢筋绑扎。

【工程图片】(图2-39)

a)镀锌铁丝

b)20号镀锌铁丝

图2-39 镀锌铁丝

注:铁丝和钢丝的生产普遍采用拉丝工艺和镀锌处理。

常用丝号、丝径对照见表2-16。

常用丝号、丝径对照表 表2-16

规格号码	SWG 英制		BWG 伯明孕		BG		AWG 美制	
	in	mm	in	mm	in	mm	in	mm
7/0	0.5	12.7			0.6666	16.932		
6/0	0.464	11.786			0.625	15.875	0.58	14.732
5/0	0.432	10.973	0.5	12.7	0.5883	14.943	0.5165	13.119
4/0	0.4	10.16	0.454	11.532	0.5416	13.757	0.46	11.684
3/0	0.372	9.449	0.425	10.795	0.5	12.7	0.4096	10.404
2/0	0.348	8.839	0.38	9.625	0.4452	11.308	0.3648	9.266
0	0.324	8.23	0.34	8.639	0.3954	10.069	0.3249	8.252
1	0.3	7.62	0.03	7.62	0.3532	8.971	0.2893	7.348
2	0.276	7.01	0.284	7.214	0.3147	7.993	0.2576	6.544
3	0.252	6.401	0.259	6.579	0.2804	7.122	0.2294	5.827
4	0.232	5.893	0.283	6.045	0.25	6.35	0.2043	5.189

续上表

规格号码	SWG 英制		BWG 伯明罕		BG		AWG 美制	
	in	mm	in	mm	in	mm	in	mm
5	0.212	5.385	0.22	5.588	0.2225	5.652	0.1819	4.621
6	0.192	4.877	0.203	5.156	0.1981	5.032	0.162	4.115
7	0.176	4.47	0.18	4.572	0.1764	4.481	0.1443	3.665
8	0.16	4.046	0.165	4.191	0.157	3.988	0.1285	3.264
9	0.144	3.658	0.148	3.759	0.1398	3.551	0.1144	2.906
10	0.128	3.215	0.134	3.404	0.125	3.175	0.1019	2.588
11	0.116	2.946	0.12	3.048	0.1113	2.827	0.0907	2.305
12	0.104	2.642	0.109	2.769	0.0991	2.517	0.0808	2.053
13	0.092	2.337	0.095	2.413	0.0882	2.24	0.072	1.828
14	0.08	2.032	0.083	2.108	0.0785	1.994	0.0641	1.628
15	0.072	1.829	0.072	1.829	0.0699	1.775	0.0571	1.45
16	0.064	1.626	0.065	1.651	0.0625	1.588	0.0508	1.291
17	0.056	1.422	0.058	1.473	0.0556	1.412	0.0453	1.15
18	0.048	1.219	0.049	1.245	0.0495	1.257	0.0403	1.024
19	0.04	1.016	0.042	1.067	0.044	1.118	0.0359	0.912
20	0.036	0.914	0.035	0.839	0.0392	0.996	0.032	0.812
21	0.032	0.813	0.032	0.831	0.349	0.887	0.0285	0.723
22	0.028	0.711	0.028	0.711	0.03125	0.749	0.02535	0.644
23	0.024	0.61	0.025	0.635	0.02782	0.707	0.02256	0.573
24	0.022	0.559	0.022	0.559	0.02476	0.629	0.02011	0.511
25	0.02	0.508	0.02	0.508	0.02204	0.56	0.01791	0.455
26	0.018	0.457	0.018	0.457	0.01961	0.498	0.01594	0.405
27	0.0164	0.417	0.016	0.406	0.01745	0.443	0.0142	0.361
28	0.0148	0.376	0.014	0.356	0.01562	0.397	0.01264	0.321
29	0.0136	0.345	0.013	0.33	0.0139	0.353	0.01126	0.286
30	0.0124	0.315	0.012	0.305	0.0123	0.312	0.01003	0.255
31	0.0116	0.295	0.01	0.254	0.011	0.27	0.00893	0.227
32	0.0108	0.274	0.009	0.229	0.0098	0.249	0.00795	0.202
33	0.01	0.254	0.008	0.203	0.0087	0.221	0.00708	0.18
34	0.0092	0.234	0.007	0.178	0.0077	0.196	0.0063	0.16
35	0.0084	0.213	0.005	0.127	0.0069	0.175	0.00561	0.143
36	0.0076	0.193	0.004	0.102	0.0061	0.155	0.005	0.127
37	0.0068	0.173			0.0054	0.137	0.00445	0.113
38	0.006	0.152			0.0048	0.122	0.00396	0.101

续上表

规格号码	SWG 英制		BWG 伯明罕		BG		AWG 美制	
	in	mm	in	mm	in	mm	in	mm
40	0.0048	0.122			0.00386	0.098	0.00314	0.08
41	0.0044	0.112			0.00343	0.087	0.0028	0.071
42	0.004	0.102			0.00306	0.078	0.00249	0.063
43	0.0036	0.091			0.00272	0.069	0.00222	0.056
44	0.0032	0.081			0.00242	0.061	0.00198	0.05
45	0.0028	0.071			0.00215	0.055	0.00176	0.048
46	0.0024	0.061			0.00192	0.049	0.00157	0.04
47	0.002	0.051			0.0017	0.043	0.0014	0.035
48	0.0016	0.041			0.00152	0.039	0.00124	0.032
49	0.0012	0.03			0.00135	0.034	0.00111	0.028
50	0.001	0.025			0.0012	0.03	0.00099	0.025

【计量单位】kg

2001034　索道钢丝绳

【主要用途】

桥梁施工中用于拖牵索道。

【常见类型】

有圆股钢丝绳、压实股钢丝绳、密封钢丝绳，具体见图 2-40。

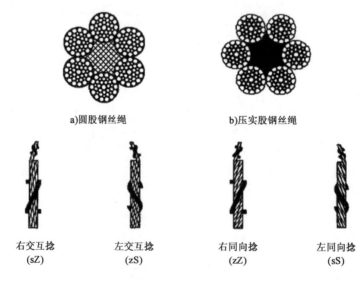

a)圆股钢丝绳　　　b)压实股钢丝绳

右交互捻　　左交互捻　　右同向捻　　左同向捻
(sZ)　　　　(zS)　　　　(zZ)　　　　(sS)

c)密封钢丝绳

图 2-40　索道钢丝绳

索道钢丝绳的分类见表2-17。

索道钢丝绳的分类表 表2-17

组别	类别	分类原则	典型结构 钢丝绳	典型结构 股绳	直径范围（mm）
1	圆股线接触钢丝绳	6个股,每股外层丝4~8根。中心丝外捻1层钢丝,钢丝等捻距制	6×7	(1-6)	8~38
2	圆股线接触钢丝绳	6个股,每股外层丝7~12根。中心丝外捻2~3钢丝,钢丝等捻距制	6×19S 6×25F 6×26WS	(1-9-9) (1-6-6F-12) (1-5-5+5-10)	12~38 12~44 20~40
3	圆股线接触钢丝绳	6个股,每股外层丝12~18根。中心丝外捻2~3钢丝,钢丝等捻距制	6×29F 6×31WS 6×36WS 6×41WS	(1-7-7F-14) (1-6-6+6-12) (1-7-7+7-14) (1-8-8+8-16)	14~44 22~46 18~32 32~60
4	压实股钢丝绳	6个股,每股外层丝4~8根。中心丝外捻一层钢丝,钢丝等捻距制	6×K7	(1-6)	10~40
5	压实股钢丝绳	6个股,每股外层丝7~12根。中心丝外捻2~3层钢丝,钢丝等捻距制	6×K19S 6×K25F 6×K26WS	(1-9-9) (1-6-6F-12) (1-5-5+5-10)	12~40 16~46 14~40
6	压实股钢丝绳	6个股,每股外层丝12~18根。中心丝外捻3层钢丝,钢丝等捻距制	6×K29F 6×K31WS 6×K36WS 6×K41WS	(1-7-7F-14) (1-6-6+6-12) (1-7-7+7-14) (1-8-8+8-16)	18~46 16~46 18~60 22~68
7	密封钢丝绳	单层全密封钢丝绳	一层Z形钢丝,钢丝层数2或2层以上	WSC+n1Z	22~36
7	密封钢丝绳	双层全密封钢丝绳	二层Z形钢丝,钢丝层数4或4层以上	WSC+n1Z+n2Z	28~46
7	密封钢丝绳	三层全密封钢丝绳	三层Z形钢丝,钢丝层数4或4层以上	WSC+n1Z+n2Z+n3Z	46~58
7	密封钢丝绳	四层全密封钢丝绳	四层Z形钢丝,钢丝层数5或5层以上	WSC+n1Z+n2Z+n3Z+n4Z	58~70
7	密封钢丝绳	五层全密封钢丝绳	五层Z形钢丝,钢丝层数6或6层以上	WSC+n1Z+n2Z+n3Z+n4Z+n5Z	60~70

【命名】
命名规则：

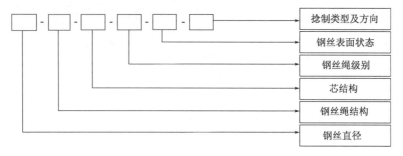

示例：直径为 22mm 的采用独立钢丝绳芯的圆股钢丝绳，类别为 6×36，钢丝表面光滑，抗拉强度 1770MPa，钢丝绳右交互捻，表示为 22-6×36WS-IWRC-1770-S-sZ

【计量单位】t

第2节 2003 钢材及制品

钢材品种繁多，在公路工程中应用广泛。根据断面形状的不同，钢材一般分为型材、板材、管材和金属制品四大类。钢材是钢锭、钢坯或钢材通过压力加工制成的一定形状、尺寸和性能的材料。大部分钢材加工都是通过压力加工，使被加工的钢（坯、锭等）产生塑性变形。根据钢材加工温度不同，钢材及制品可以分为冷加工和热加工两种。

2003001 系　杆

【名词解释】
通常由钢筋混凝土外护套内穿钢绞线索体，施加预应力后通过锚具锚固于拱脚两侧所形成的拉索体系称为系杆。

【主要用途】
适用于公路钢管混凝土拱桥，承受水平拉力，用于平衡拱脚水平推力。

【工程图片】（图2-41）

a)

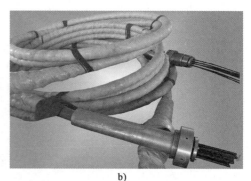
b)

图 2-41　系杆

【命名】(表2-18)

系杆命名规则   表2-18

系杆命名规则	产品类型	缩写
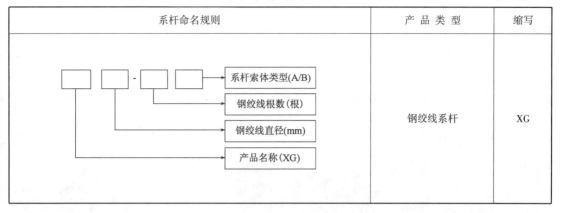	钢绞线系杆	XG

示例:钢绞线系杆,其钢绞线直径为φ15.24mm,钢绞线根数为19,索体类型为环氧喷涂钢绞线成品索体,表示为XG15-19B。

【计量单位】t
【计量规则】
钢绞线的净质量计算(不含护套和锚具)。

2003002　波纹管钢带

【名词解释】
经金属波纹管成型机螺旋折叠咬口制成波纹管的镀锌钢带称之为波纹管钢带。
【主要用途】
广泛用于穿预应力钢(筋)绞线管道的制作。
【工程图片】(图2-42)

a)镀锌钢带

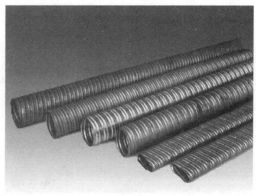

b)成品金属波纹管

图2-42　波纹管钢带

2003003 紧缆钢带

【名词解释】

采用悬索桥索股专用紧缆机环绕紧固主缆索股的镀锌钢带称之为紧缆钢带。

【主要用途】

用于公路悬索桥主缆索股的临时绑扎和定型,通常按一定间距均匀布置,索股缠丝施工时同步拆除。

【工程图片】(图 2-43)

a)

b)

图 2-43 紧缆钢带

【命名】(表 2-19)

紧缆钢带命名规则 表 2-19

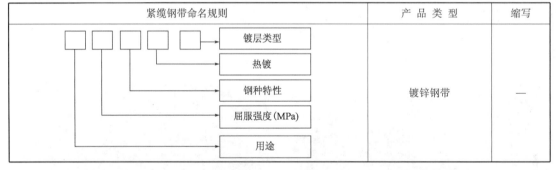

示例:结构用钢带,规定最小屈服强度值为 350MPa,钢种特性不规定,热镀纯锌镀层产品表示为 S350GD + Z。

【计量单位】 t

2003004 型 钢

【名词解释】

型钢由碳素结构钢和低合金结构钢制成,是具有一定截面形状和尺寸的实心长条钢材的总称。

【主要用途】

在隧道钢支撑、高墩劲性骨架、悬浇连续刚构及连续梁的合龙段刚性连接等结构中作为结构件出现时属结构材料,用于其他各种辅助性设施时属施工钢材。

【工程图片】(图2-44)

a)工字钢

b)角钢(一)

c)角钢(二)

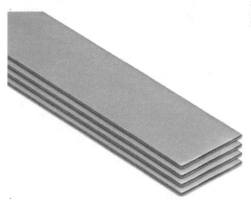

d)扁钢

e)H型钢

图2-44 型钢

【命名】（表 2-20 ~ 表 2-23）

工字钢、槽钢命名规则　　　　　　　　　　　　　　　　　　　表 2-20

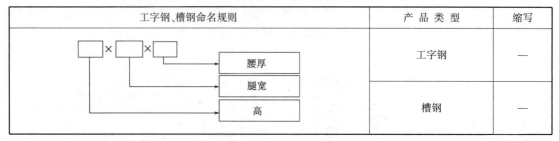

工字钢、槽钢的规格以高×腿宽×腰厚表示，有时用号数表示，号数表示高度的厘米数，例如 10 号工字钢就是高为 100mm 的工字钢。相同的工字钢、槽钢有几种不同腿宽和腰厚时，则在号数后面加码 a、b、c 予以区别，例如 32a 号、32b 号、32c 号。

角钢命名规则　　　　　　　　　　　　　　　　　　　　　　　表 2-21

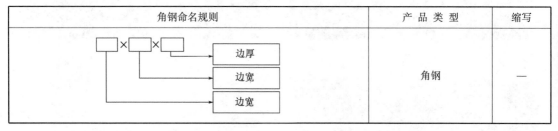

角钢以边宽×边宽×边厚的毫米数表示，也可用号数表示。

扁钢命名规则　　　　　　　　　　　　　　　　　　　　　　　表 2-22

扁钢命名规则	产品类型	缩写
□×□　宽度 　　　厚度	扁钢	—

扁钢的规格以厚度×宽度毫米数表示。

H 型钢命名规则　　　　　　　　　　　　　　　　　　　　　　表 2-23

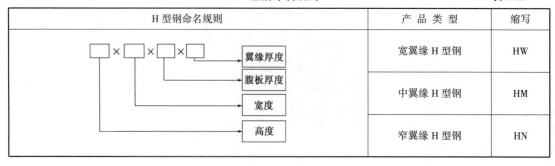

【计量单位】t

2003005 钢 板

【名词解释】

钢板加工工艺分热轧和冷轧。热轧板硬度低,加工容易,延展性好;冷轧板硬度高,加工相对困难,但不易变形,强度高。根据抗拉屈服强度,公路桥梁钢板常用 Q235、Q345。Q 表示屈服强度,后边数字表示 MPa。薄板(4mm 以下)一般为冷轧,厚板(4mm 以上)一般为热轧。

【主要用途】

在隧道钢支撑、预埋件、连接钢板、高墩劲性骨架、悬浇连续刚构及连续梁的合龙段刚性连接等结构中作为结构件出现时属结构材料,用于其他各种辅助性设施时属施工钢材。

【工程图片】(图 2-45)

a)热轧钢板

b)冷轧钢板

图 2-45 钢板

【命名】(表 2-24)

钢板命名规则   表 2-24

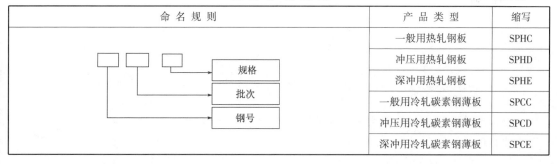

命名规则	产品类型	缩写
	一般用热轧钢板	SPHC
	冲压用热轧钢板	SPHD
	深冲用热轧钢板	SPHE
	一般用冷轧碳素钢薄板	SPCC
	冲压用冷轧碳素钢薄板	SPCD
	深冲用冷轧碳素钢薄板	SPCE

Q235B-10E01938 - 70 × 2500 × 9200 屈服极限为 235MPa 的普通碳素结构钢,其型号为 10E01938,规格为 70mm、2500mm、9200mm(厚度、宽度、长度),钢的牌号由代表屈服强度的汉语拼音字母(Q)、屈服强度数值、桥字的汉语拼音字母(q)、质量等级符号(C、D、E)几部分组成,当钢板要求具有耐候性能或厚度方向性能时,则在规定牌号后分别加上耐候的汉语拼音字母(NH)或厚度方向性能级别符号(Z)。如 Q420qDNH30 × 3500 × 8000 表示交货牌号为

Q420qDNH、厚度为30mm、宽度3500mm、长度8000mm。
【计量单位】t

2003006 圆　　钢

【名词解释】
　　圆钢是指截面为圆形的实心长条钢材。与光圆钢筋在材质组成上有一定差别,规格大小也有一定差别,预算定额中作为结构件出现较少,一般属于施工钢材。
【主要用途】
　　主要用于先张法预应力钢筋。
【工程图片】(图2-46)

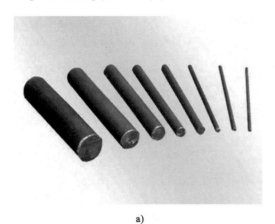
a)

b)

图2-46　圆钢

【命名】
命名规则:

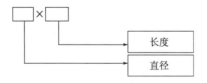

示例:直径为50mm、长度为3m的圆钢,表示为:φ50×3000。
【计量单位】t

2003007 钢　　轨

【名词解释】
　　以钢材制作的钢轨道称之为钢轨。

【主要用途】

作为行车轨道,方便模板滑移、设备移动(如门吊、行车吊)及水平运输,另外可以配合钢板作为基坑支护和边坡围护,还可以单独或配合锚杆作为抗滑桩使用,做支护和抗滑桩一般称为钢轨桩。公路工程中一般用于临时轨道材料,常用规格为32kg/m,材料单价一般以32kg/m为调查对象

【工程图片】(图2-47)

a) 重轨

b) 轻轨

c) 吊车轨(一)

d) 吊车轨(二)

图 2-47 钢轨

【规格】(表2-25)

钢 轨 类 型 规 格　　　　表2-25

钢轨类型 (kg/m)		尺寸(mm)				截面面积 F (cm^2)	理论质量 (kg/m)
		高度 A	底宽 B	头宽 C	腰厚 D		
轻轨	5	50	44	22	4.5	6.41	5.03
	8	65	54	25	7	10.76	8.42
	11	80.5	66	32	7	14.31	11.2
	15	91	76	37	7	18.8	14.72
	18	90	80	40	10	23.07	18.06
	24	107	92	51	10.9	31.24	24.46

续上表

钢轨类型 (kg/m)		尺寸(mm)				截面面积 F (cm²)	理论质量 (kg/m)
		高度 A	底宽 B	头宽 C	腰厚 D		
重轨	33	120	110	60	12.5	42.5	33.286
	38	134	114	68	13	49.5	38.73
	43	140	114	70	14.5	57	44.653
	50	152	132	70	15.5	65.8	51.514
吊车轨	QU70	120	120	70	28	—	52.80
	QU80	130	130	80	32	—	63.69
	QU100	150	150	100	38	—	88.96
	QU120	170	170	120	44	—	118.10

【计量单位】t

2003008 钢　　管

【名词解释】

钢管是一种中空的长条钢材,与圆钢等实心钢材相比,在抗弯抗扭强度相同时,质量较轻。钢管按照制造方法分为有缝钢管和无缝钢管,有缝钢管是由钢板卷焊接而成,通常所说的钢管是指有缝钢管。无缝钢管是将实心管坯穿孔,经过一系列加工工艺制成的,作压力管时,无缝钢管比有缝钢管有更高的承压能力。钢管除圆形外还有方形和六角形的异型钢管,分高频焊管和无缝钢管,其主要参数是外径和壁厚,直径为外径。没有特别说明无缝钢管,就是指高频焊管。无缝钢管要比高频焊成本高。

【主要用途】

适用于结构网架、支柱、机械支架及管桩、桥墩。

【常见类型】(图2-48)

a)无缝钢管

b)有缝钢管

图2-48　钢管

【命名】
命名规则：

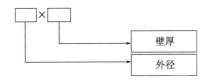

示例：用10号钢制造的外径为76mm、壁厚为3.5mm的直径和壁厚为普通级精确度、长度为3000mm倍尺的热钢管，表示为：钢管10-76×3.5×3000倍-YB231-70。
【计量单位】t
【价格说明】
无缝钢管因其工艺原因，成本要比有缝钢管成本高。

2003009 镀锌钢管

【名词解释】
镀锌的钢管，镀锌有热镀锌和冷镀锌。冷镀锌比较薄，易上锈，热镀锌效果更好，但成本会高些；热镀不易上锈。
【主要用途】
多用于外露部分防腐蚀。
【常见类型】
镀锌钢管按工艺分为热镀锌和冷镀锌，按连接方式分为螺纹型和焊接型。
【工程图片】(图2-49)

图2-49 镀锌钢管

【参数】(表2-26)
当设计均用公称直径DN表示管径时，可参考上表公称直径DN与相应产品规格对照表。

镀 锌 钢 管 参 数　　　　　　　表 2-26

公 称 口 径(mm)	外径（mm）	壁厚（mm）	每米质量（kg/m）
15(4分管)	21.30	2.75	1.33
20(6分管)	26.90	2.75	1.73
25(1寸管)	33.70	3.25	2.57
32(1寸2管)	42.40	3.25	3.32
40(1寸半管)	48.30	3.50	4.07
50(2寸管)	60.30	3.50	5.17
70(4分管)	76.10	3.75	7.04
80(3寸管)	88.90	4.00	8.84
100(4寸管)	114.30	4.00	11.50
125(5寸管)	140.00	4.50	16.85
150(6寸管)	168.30	4.50	22.29
200(8寸管)	219.10	6.00	36.12

【命名】

直径为15mm的镀锌钢管表示为DN15。

【计量单位】t

【价格说明】

镀锌钢管是在钢管的基础上进行热镀锌和冷镀锌处理,因而成本高于普通钢管。

2003010　承插式铸铁管

【名词解释】

公路给排水施工中常采用铸铁管,铸铁管作为给水管,与钢管相比,价格更低,制造较易,耐腐蚀性较好,承插式铸铁管又称套袖式或钟栓式,是铸铁管的一种常用类型。

【主要用途】

用于路基排水、桥面泄水孔等。

【工程图片】(图2-50)

【计量单位】t

图 2-50 承插式铸铁管

2003011 压制弯头

【名词解释】

压制弯头,又称为冲压弯头或无缝弯头,通常弯角分为 90°、45°和 180°,是一种改变管路方向的管件。压制弯头用优质碳素钢、不锈钢耐酸钢和低合金钢无缝管在特制的模具内压制成形。一般弯头的厚度与弯头相连接管的厚度需要一致。

【工程图片】(图 2-51)

  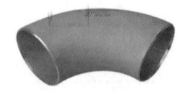

a)180°压制弯头　　　　　　b)90°短半径压制弯头　　　　　　c)45°压制弯头

图 2-51 压制弯头

【命名】

命名规则:

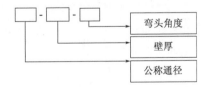

示例:公称通径为 30mm,角度为 90°的长半径弯头,壁厚为 Sch40,表示为:DN32-Sch40-90E(L),其中,E 表示弯头,(L)表示长半径。

【计量单位】 kg

2003012 镀锌钢板

【名词解释】

为了防止钢板腐蚀,延长其使用寿命在钢板表面电镀一层具有防腐蚀作用的金属锌,这种涂锌的薄钢板称为镀锌钢板。公路工程使用镀锌钢板多由冷轧基板经热镀锌处理而成。

【主要用途】

适用于缆索护栏、轮廓标、防眩设施、隧道消防设施、隧道照明设施、电话组线箱安装、地上变压器安装等要求耐腐蚀性较强的钢结构。

【工程图片】(图2-52)

a)镀锌钢板卷　　　　　　　　　　　b)定尺长度镀锌钢板

图2-52　镀锌钢板

镀锌钢板规格见表2-27。

公路工程中镀锌钢板常见规格　　　　　　　表2-27

材 料 名 称	公路工程常见规格
镀锌钢板	$\delta = 1mm$
镀锌钢板	$\delta = 1.5mm$
镀锌钢板	$\delta = 3mm$

【参数】(表2-28)

镀锌钢板牌号及力学参数　　　　　　　表2-28

牌　　号	最小屈服强度(MPa)	最小抗拉强度(MPa)	断后伸长率(%)
S220GD+Z	220	300	20
S250GD+Z	250	330	19
S280GD+Z	280	360	18
S320GD+Z	320	390	17
S350GD+Z	350	420	16
S550GD+Z	550	560	

【命名】
命名规则：

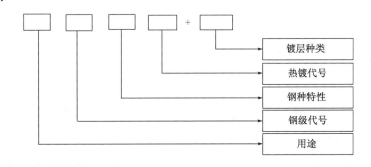

示例：结构用钢，最小屈服强度为220MPa，不规定钢种特性，热镀纯锌层表示为S220GD+Z。

【计量单位】t

2003013 支座预埋钢板

【名词解释】
在桥梁的梁体支座处预埋的钢板称为支座预埋钢板，它可增加梁体的抗冲击性能和增大梁体受力点的接触面积。

【主要用途】
用于支座安装中，起到连接梁与支座的作用。

【工程图片】（图2-53）

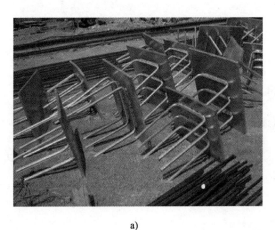

a)　　　　　　　　　　　　b)

图2-53　支座预埋钢板

【计量单位】kg

2003015　钢 管 立 柱

【名词解释】

钢管立柱用钢管制作的立柱,一般为高频焊管。常用来作波形梁护栏的钢管立柱,要作热镀锌处理。

【主要用途】

常用于波形钢板护栏、立柱及标志标牌立柱等。

【工程图片】(图2-54)

a)

b)

图2-54　钢管立柱

【计量单位】t

【价格说明】

本材料按成品价格计算。

2003016　型 钢 立 柱

【名词解释】

型钢立柱是用型钢制作的立柱,型钢有Z字形、工字形等。型钢立柱用作护栏时,要作热镀锌处理。

【主要用途】

常用于波形钢板、护栏立柱及隔离栅立柱等。

【工程图片】(图2-55)

【计量单位】t

【价格说明】

本材料按成品价格计算。

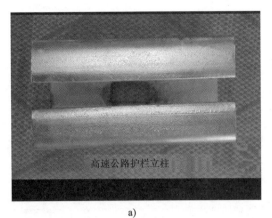

a)   b)

图 2-55 　 型钢立柱

2003017 　 波 形 钢 板

【名词解释】
按标准图制作的二波或三波波形钢板,须热镀锌处理。

【主要用途】
常用于公路护栏。

【工程图片】(图 2-56)

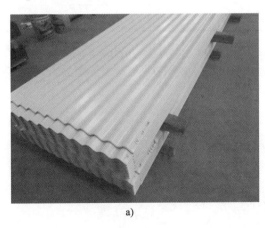
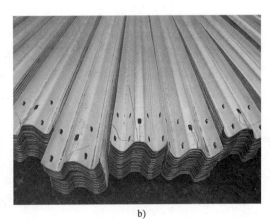

a)   b)

图 2-56 　 波形钢板

【规格要求】

二波护栏板常用规格是 4320mm × 310mm × 85mm × 3/4mm,立柱为 114/140mm × 4.5mm。

三波护栏板常用规格是 4320mm × 506mm × 85mm × 3/4mm,立柱为 130mm × 130mm × 6mm。

【命名】（表 2-29）

波形钢板命名规则　　　　　　　　　　　　　　　表 2-29

命名规则	产品类型	缩写
埋设方式／立柱间距／防撞等级／护栏类型	路侧 B 级双波波形梁护栏，立柱间距 4m，打入式	Gr – B – 4E
	路侧 B 级双波波形梁护栏，立柱间距 2m，打入式	Gr – B – 2E
	路侧 A 级双波波形梁护栏，立柱间距 4m，混凝土基础	Gr – A – 4C
	路侧 SB 级三波波形梁护栏，立柱间距 1m，预埋套筒式	Gr – SB – 1B1
	中央分隔带 Am 级双波波形梁护栏，立柱间距 2m，打入式	Grd – Am – 2E
	…	…

护栏类型分为路测护栏和中央分隔带护栏，分别用 Gr、Grd 表示，常用波形梁护栏按防撞等级可分为 B、A、SB、SA、SS 五级，立柱间距一般为 4m、2m 和 1m，埋设方式分别为打入式、混凝土基础以及预埋套筒式，分别用 E、C 和 B1 表示。

【计量单位】 t

【价格说明】

本材料按成品价格计算。

2003019　钢 桥 面 板

【名词解释】

由加劲肋及盖板组成的钢结构面板。

【主要用途】

主要用于钢结构桥梁面板。

【工程图片】（图 2-57）

【计量单位】 t

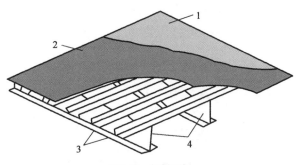

图 2-57 钢桥面板
1-铺装层；2-面板；3-纵肋；4-横肋

2003020 钢 板 桩

【名词解释】

钢板桩是一种边缘带有联动装置，且这种联动装置可以自由组合，以便形成一种连续紧密的挡土或者挡水墙的钢结构体。

【主要用途】

适用于路基挡土墙、挡水墙、基坑支护及桥梁基础工程的钢板桩围堰。

【工程图片】（图 2-58）

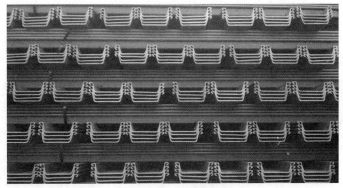

图 2-58 U 形钢板桩

【钢板桩类型】（表 2-30）

钢板桩类型及宽度　　　　　　　　　　表 2-30

钢板桩类型	宽度（mm）	弹性截面抵抗矩（cm^3/m）
PU 型钢板桩	600	600～3200
AU 型钢板桩	750	1410～2580

【计量单位】 t

【计量规则】

钢板桩的工程量按设计需要的质量计算。

2003021 钢 管 桩

【名词解释】
将钢管打入岩体,以钢管为桩体,就是钢管桩。

【主要用途】
主要用于水中工作平台、栈桥、支架等基础

【工程图片】(图2-59)

图2-59 钢管柱

【计量单位】 t

【计量规则】
钢管桩的工程量按钢材总质量计算。

2003022 钢 护 筒

【名词解释】
钻孔时套在孔内用来防孔道坍塌的护筒,浇筑完桩体后,护筒可以取出再利用,当不便取出时可作为永久护筒。

【主要用途】

主要用在机械钻孔、冲孔灌注桩的成孔过程中,只是起定位导向、保护孔口的作用。

【工程图片】(图 2-60)

图 2-60　钢护管

【计量单位】 t

2003023　钢　套　箱

【名词解释】

钢套箱是一种用钢板制作的四面防水的箱体结构,沉入水中封闭底部抽干套箱内的水,再在套箱内施工。钢套箱实际起到一个隔水的作用。

【主要用途】

主要用于桥梁工程里的围堰工程。

【工程图片】(图 2-61)

图 2-61　钢套管

【计量单位】t

2003024　钢 壳 沉 井

【名词解释】
沉井是一个无底无盖的井筒状结构物,一般由刃脚、井壁隔墙等部分组成。钢壳沉井为双壁空心结构。钢壳沉井一般是没有桩基础的,钢壳沉井与承台共同承受传下来的所有荷载。钢壳沉井作为主要受力构件,需挖土使其下沉到可靠的持力层,然后进行混凝土封底、填心修建顶盖、构成沉井基础。为双壁空心结构,浮运至墩位,灌水落床,再浇筑混凝土,接高下沉,直至持力层或设计高程。

【主要用途】
主要用于桥梁水中深基础工程。

【工程图片】(图2-62)

图2-62　钢壳沉井

【计量单位】t
【价格说明】
钢壳沉井的工程量为钢材的总质量。

2003025　钢 模 板

【名词解释】
用钢板制作的定型模板称为钢模板,是用于混凝土浇筑成型的钢制模板。
【主要用途】
适用于各种混凝土工程。
【常见类型】(图2-63)
【计量单位】t

a)箱梁模板

b)T型梁模板

c)盖梁模板

d)墩柱头模板

图 2-63　钢模板

2003026　组合钢模板

【名词解释】

组合钢模板由钢模板和配件两大部分组成。其中钢模板主要包括平面模板、阴角模板、阳角模板、连接模板、通用模板和倒棱模板、梁腋模板、柔性模板、搭接模板、可调模板及嵌补模板等专用模板。配件的连接件包括 U 形卡、L 形插销、紧固螺栓、扣件等；配件的支承包括钢楞、柱箍、钢支柱、斜撑、组合支柱、扣件、钢管支架、门式支架、圈梁卡和桁架等。

【主要用途】

适用于各种钢筋混凝土工程。

【工程图片】(图 2-64)

【命名】(表 2-31)

图 2-64 组合钢模板

组合钢模板命名规则 表 2-31

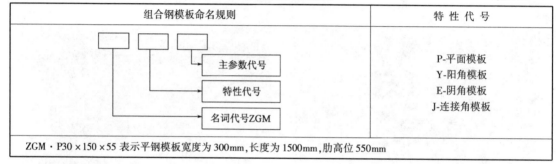

ZGM·P30×150×55 表示平钢模板宽度为 300mm,长度为 1500mm,肋高位 550mm

【计量单位】 t

2003027 门式钢支架

【名词解释】

主架呈"门"字形的钢脚手架,由门架与配件组成。包括门架、水平架、交叉支架、脚手架、钢梯、锁臂、连接棒、连接杆、固定底座。

【主要用途】

用于现浇混凝土构件的临时支撑构件以及建筑工人高处作业时的操作平台。

【工程图片】(图 2-65)

【命名】(表 2-32 和表 2-33)

门架命名规则 表 2-32

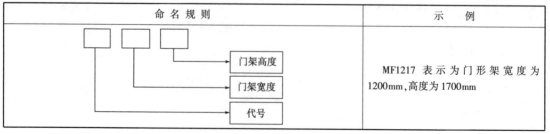

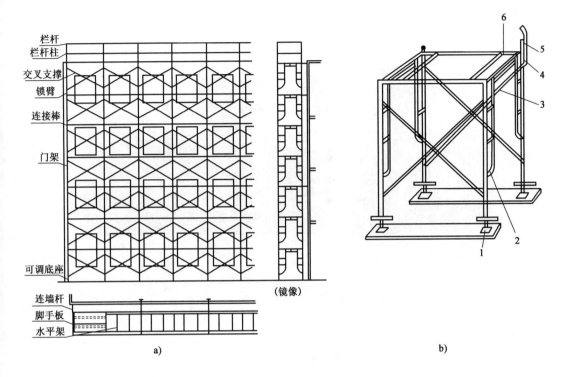

图 2-65 门式钢支架
1-可调底座；2-门形架；3-交叉支撑；4-锁臂；5-连接棒；6-水平架

配件命名规则　　　　　　　　　　　表 2-33

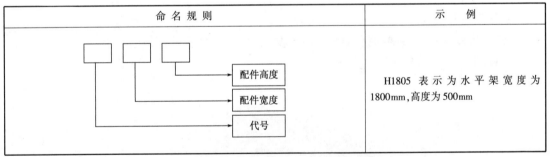

【计量单位】t

2003028 安全爬梯

【名词解释】
安全爬梯是为桥梁墩柱施工专用的人行通道，可为施工及检查人员提供安全、舒适、便捷的上下通道。主要构件为立杆、横杆和斜杆等。

【主要用途】
应用于桥梁等高空作业的工程施工中。

【工程图片】（图2-66）

图2-66 安全爬梯

【计量单位】 t

2003029 钢 格 栅

【名词解释】

钢格栅是用特制扁钢按照一定的间距和横杆进行交叉排列,并且焊接成中间带有方形格子的一种钢铁制品。

【主要用途】

公路工程概预算定额中的钢格栅主要指悬索桥索鞍构件中的钢格栅。

【工程图片】（图2-67）

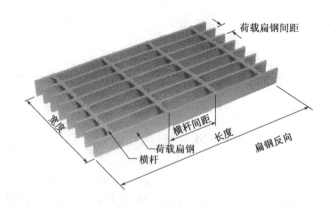

图2-67 钢格栅

【计量单位】 t

2003030　索鞍构件

【名词解释】
索鞍构件是供悬索或拉索通过塔顶的支撑结构。索鞍的上座由肋形的铸钢块件组成,上设有弧形索槽,安放悬索或拉索。索鞍构件包括主索鞍、散索鞍及鞍罩。

【主要用途】
用于悬索桥中为主缆提供支承并使主缆平顺地改变方向。

【常见类型】
按索鞍材料及成型方法,可分为全铸式、铸焊组合式、全焊式。

【工程图片】(图2-68)

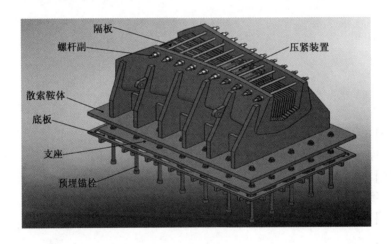

图2-68　索鞍构件

【计量单位】t
主索鞍质量包括承板、鞍体、安装板、挡块、槽盖、拉杆、隔板、锚梁、锌质填块。散索鞍包括底板、底座、承板、鞍体、压紧梁、隔板、拉杆、锌质填块。鞍罩为钢结构,以套为单位计算,1个主索鞍处为1套。

2003032　套管及拉杆构件

【名词解释】
悬索桥主缆防护用缆套统称为套管及拉杆构件,属悬索桥主缆的附属结构材料。

【主要用途】
主要用于缆索桥主缆防护。

【工程图片】(图2-69)

【计量单位】t

图 2-69　套管及拉杆构件

2003033　钢　　梁

【名词解释】
钢梁是指用钢材制作的梁体结构。
【主要用途】
钢梁用于钢结构桥梁的上部结构。
【工程图片】(图 2-70)

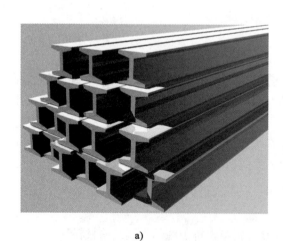
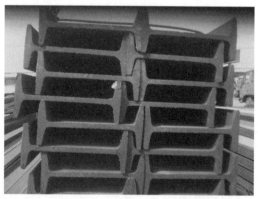

a)　　　　　　　　　　　　　　　　　　b)

图 2-70　钢梁

【计量单位】t

2003034　钢　桁

【名词解释】
钢桁架是指桥梁中支承各种荷载并将其传递到墩、台的由钢构件组成的桁架结构。
【主要用途】
钢桁架用于钢结构桥梁的上部结构。
【工程图片】(图2-71)

图2-71　钢桁架

【计量单位】 t

2003035　钢纵横梁

【名词解释】
钢纵横梁是指用钢材制作的纵横组合梁体结构。
【主要用途】
钢纵横梁主要用于钢索吊桥上部结构、大型钢结构拱桥桥面系、桁架桥桥面系等。
【工程图片】(图2-72)

图2-72　钢纵横梁

【计量单位】t

2003036 钢 箱 梁

【名词解释】
用钢材制作的箱形梁。钢箱梁一般由顶板、底板、腹板和横隔板、纵隔板及加劲肋等通过全焊接的方式连接而成。

【主要用途】
主要用于较大跨度桥梁的梁体结构。

【工程图片】（图2-73）

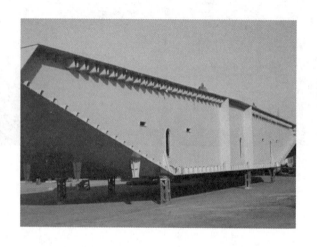

图 2-73　钢箱梁

【计量单位】t

2003037 钢 锚 箱

【名词解释】
钢锚箱是指用钢材制作的用于锚固斜拉索的箱体结构,包括腹板、竖肋、锚垫板、锚板、隔板、侧面拉板、肋板、连接板、端部承压板、斜套筒。

【主要用途】
钢锚箱主要用于大跨度斜拉桥起锚固斜拉索的作用。

【工程图片】（图2-74）

【计量单位】t

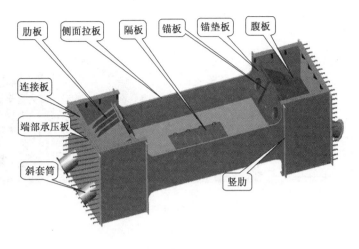

a)

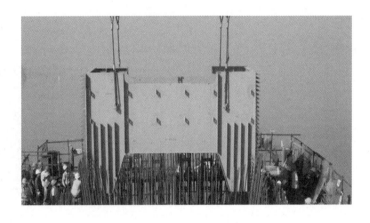

b)

图 2-74　钢锚箱

2003038　钢　　塔

【名词解释】

钢制的桥梁桥塔,承受桥梁重力,钢塔越高,桥梁的承受能力越大。一般为工厂加工,现场吊装。

【主要用途】

主要用于悬索桥及拉索桥的塔身。

【工程图片】(图 2-75)

图 2-75　钢塔

2003039　钢管拱肋

【名词解释】

钢管拱的拱起钢管,称钢管拱肋。钢管拱肋要用钢板卷成设计曲线的拱形钢管或用无缝钢管制成,包括拱肋钢管、横撑、腹板、拱脚处外侧钢板、拱脚接头钢板及各种加劲块。

【主要用途】

主要用于拱式桥梁的承重结构。

【常见类型】(表 2-34)

常见钢管拱肋类型　　　　　　　　　表 2-34

钢管混凝土	C30	C40	C50	C60
Q235 卷制焊接钢管	Q235 焊接钢管配 C30 混凝土	Q235 焊接钢管配 C40 混凝土	—	—
Q235 无缝钢管	Q235 无缝钢管配 C30 混凝土	Q235 无缝钢管配 C40 混凝土	—	—
Q345 卷制焊接钢管	—	Q345 卷制焊接钢管配 C40 混凝土	Q345 卷制焊接钢管配 C50 混凝土	Q345 卷制焊接钢管配 C60 混凝土
Q345 无缝钢管	—	Q345 无缝钢管配 C40 混凝土	Q345 无缝钢管配 C50 混凝土	Q345 无缝钢管配 C60 混凝土

【工程图片】(图 2-76)

【计量单位】t

图 2-76　钢管拱肋

2003040　铸　　铁

【名词解释】

生铁是含碳量大于 2% 的铁碳合金；铸铁是将生铁经过配料、重熔浇铸成铸铁件的产品，分为灰铸铁、可锻铸铁、球墨铸铁和耐热铸铁。

【主要用途】

铸铁件用途繁多，如隧道排水沟沉沙井铸铁盖板、桥面排水铸铁管盖板。铸铁管依据连接形式分为承插式、带盘式和承插带盘式；按用途分为给水铸铁管和排水铸铁管。

【工程图片】（图 2-77）

a) 灰铸铁

b) 可锻铸铁

图 2-77　铸铁

铸铁以代号、阿拉伯数字或化学元素符号表示。

【计量单位】kg

2003041　钢　　砂

【名词解释】

钢砂是指由钢材破碎后得到的非规则的、表面粗糙的钢质砂。

【主要用途】

作为桥面水泥混凝土喷砂打磨用材料。

【工程图片】(图2-78)

a)

b)

图 2-78 钢砂

【计量单位】kg

2003042 钢　　丸

【名词解释】

钢丸是一种用钢质材料经特殊热处理制成的球状颗粒,表面较为光洁。

【主要用途】

为桥面水泥混凝土喷砂打磨用材料。钢丸的功能主要是清理,钢丸硬度越高,清理速度就越快。

【工程图片】(图2-79)

图 2-79 钢丸

【计量单位】t

2003043　吊顶轻钢龙骨

【名词解释】
吊顶轻钢龙骨是指用轻钢做成的用于吊顶的骨架。
【主要用途】
用于隧道洞内装饰。
【工程图片】(图2-80)

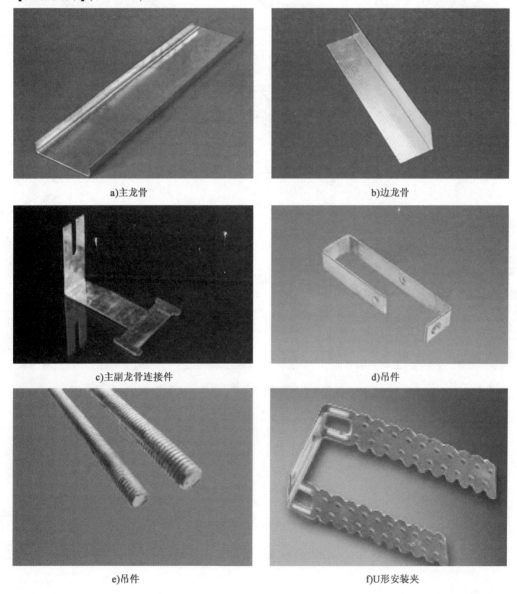

a)主龙骨　　　　　　　　　　b)边龙骨

c)主副龙骨连接件　　　　　　d)吊件

e)吊件　　　　　　　　　　　f)U形安装夹

图　2-80

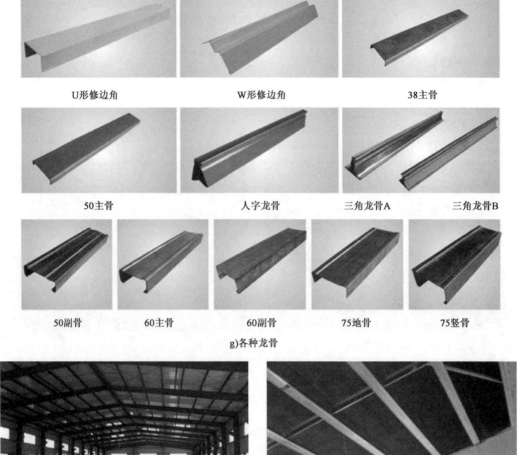

h)吊顶轻钢蝼龙骨施工图片

图 2-80 吊顶轻钢龙骨

【计量单位】kg

2003044 铁 皮

【名词解释】

铁皮是指用铁压成的薄片,以热轧钢带或冷轧钢带为基板,经过连续热浸镀锌工艺而生产出来。

【主要用途】

铁皮用于桥涵模板工作中的"预制木模钉铁皮和地模工作"。

【工程图片】(图 2-81)

a)白铁皮

b)镀锌铁皮

图 2-81　铁皮

【规格】

厚度:0.13mm、0.5mm、1.0mm、1.5mm、3.0mm、4.0mm。

宽度:125～1500mm。

材质:SGCC,DX51D+Z,DC51D+Z,DX52D+Z,DC53D+Z,DX54D+Z,DC56D+Z,SGCD等等。

镀锌层:60g、80g、90g、100g、120g、140g、150g、200g、220g、275g……

【规格质量】

26号镀锌钢板对应的厚度是0.552mm;24号对应的厚度是0.700mm;28号对应的厚度是0.475mm;30号对应的厚度是0.399mm;29号对应的厚度是0.437mm。镀锌铁皮质量计算如下:

$$质量 = 厚度 \times 长度 \times 宽度 \times 7.85\ 钢的比重$$

镀锌铁皮规格、理论质量见表 2-35。

镀锌铁皮规格、理论质量表　　　　表 2-35

厚度(mm)	理论质量(kg/m²)
0.5	3.93
0.6	4.71
0.75	5.89
1	7.85
1.2	9.42

【计量单位】 m²

2003045　金　属　软　管

【名词解释】

金属软管整体采用1Cr18Ni9Ti不锈钢材料制成,可弯曲,具有较强的耐腐蚀能力。

【主要用途】

金属软管是现代工业设备连接管线中的重要组成部件。可用作电线、电缆、自动化仪表信号的电线电缆保护管等。

【常见类型】(图2-82)

a)波纹金属软管

b)波纹金属软管

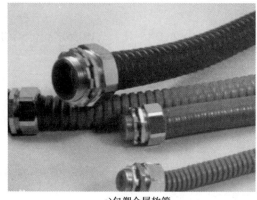

c)包塑金属软管

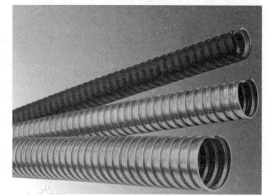

d)穿线金属软管

图2-82　金属软管

【计量单位】m

2003046～2003051　可挠金属管

【名词解释】

可挠金属管是指具有可挠性,可以自由弯曲的金属管。

【主要用途】

用于埋入隧道二衬混凝土中的配管,用于隧道机电设备安装等的低压电气配管工程。

【工程图片】(图2-83)

【参数】

包塑可挠金属管与钢管依据内径尺寸对应(表2-36)。

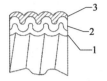 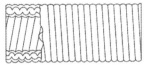 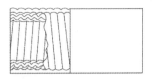

a)LZ-4可挠金属管结构图 b)LV-5包塑可挠金属管结构图
1-电工纸;2-钢带;3-镀锌钢带 1-电工纸;2-钢带;3-镀锌钢带;4-聚氯乙烯

c)LV-5可挠金属管(1) d)LV-5可挠金属管(2)

图 2-83 可挠金属管

包塑可挠金属管规格、尺寸参数　　　　　　　　表 2-36

包塑可挠金属管规格	内径	外径	外径公差	乙烯层厚度	每卷长度	钢管对应规格		电线对应规格	
	mm					mm	″	mm	″
38 号	37.1	44.9	±0.4	0.8	25000	32	11/4	38	11/2
50 号	49.1	58.9	±0.4	1.0	25000	40	11/2	51	2
63 号	62.6	71.5	±0.6	1.0	10000	50	2	64	21/2
76 号	76.0	85.3	±0.6	1.0	10000	70	21/2	76	3
83 号	81.0	80.9	±0.8	2.0	10000	80	3		
101 号	100.2	110.1	±0.8	2.0	5000	100	4		

【命名】(表 2-37)

包塑可挠金属管命名规则　　　　　　　　表 2-37

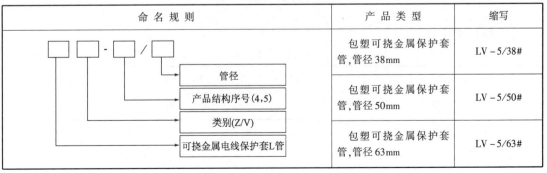

续上表

命名规则	产品类型	缩写
□□-□/□ 管径／产品结构序号(4,5)／类别(Z/V)／可挠金属电线保护套L管	包塑可挠金属保护套管,管径76mm	LV-5/76#
	包塑可挠金属保护套管,管径83mm	LV-5/83#
	包塑可挠金属保护套管,管径101mm	LV-5/101#

注:1. 类别中,Z 表示外层为镀锌钢管;V 表示在镀锌钢带外层覆盖一层聚氯乙烯。
 2. 产品结构序号中,4 表示外层为镀锌钢带,中间为冷轧钢带,内层为耐水电工纸;5 表示在 4 型可挠金属电线保护套外表面包覆一层聚氯乙烯。

【计量单位】m

2003052 钢 拉 带

【名词解释】
钢拉带用于拉筋挡土墙,钢质拉带,也可称作钢塑土工加筋带,代号为 GSLD。
【主要用途】
用于加筋土、拉筋挡土墙等。
【工程图片】(图 2-84)

 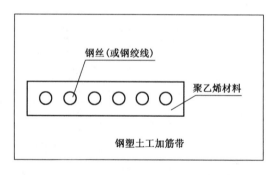

图 2-84 钢拉带

【规格】(表 2-38)

钢 拉 带 规 格　　　　　表 2-38

种类	规格:标称断裂极限拉力(kN)						
钢拉带	7	9	12	22	30	—	—

【命名】
命名规则:

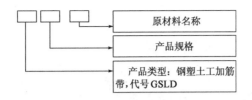

示例:断裂拉力为10kN的钢(丝)塑土工加筋带表示为:GSLD 10/GSA。

【计量单位】t

2003055 活动地板

【名词解释】
活动地板又称为全钢地板、机房地板、全钢高架地板、防静电地板。以优质钢板经冲压焊接后,注入高强度轻质材料制成。

【主要用途】
强度高,防水、防火、防潮性能优良,适用于承载要求很高的设备机房、程控机房、监控机房等。

【常见类型】(图2-85)

图2-85 活动地板(钢质)

【计量单位】m^2

2003057 整装波形钢管涵(ϕ150cm)、2003058 整装波形钢管涵(ϕ250cm)

【名词解释】
波纹形钢管涵是指埋在公路、铁路下面的涵洞的螺纹波纹管,有整装和拼装两种。

【主要用途】
整装波形钢管涵广泛应用于公路、铁路等工程中的涵洞(管)。

【工程图片】（图 2-86）

图 2-86　整装波形钢管涵

【规格】（表 2-39）

整装波形钢管涵公路工程常见规格　　　　　　　　　　　　　表 2-39

材 料 名 称	公路工程常见规格
整装波形钢管涵	$\phi = 150\mathrm{cm}$
整装波形钢管涵	$\phi = 250\mathrm{cm}$

【计量单位】m

2003059　拼装波形钢管涵($\phi300\mathrm{cm}$)、2003060　拼装波形钢管涵($\phi400\mathrm{cm}$)、2003061　拼装波形钢管涵($\phi600\mathrm{cm}$)

【名词解释】
拼装波形钢管涵是指由半圆波形钢片拼制成的圆形波纹管。

【主要用途】
拼装波形钢管涵广泛应用于公路、铁路等工程中的涵洞(管)。

【工程图片】（图 2-87）

【规格】（表 2-40）

拼装波形钢管涵公路工程常见规格　　　　　　　　　　　　　表 2-40

材 料 名 称	公路工程常见规格
拼装波形钢管涵	$\phi = 300\mathrm{cm}$
拼装波形钢管涵	$\phi = 400\mathrm{cm}$
拼装波形钢管涵	$\phi = 600\mathrm{cm}$

图 2-87 拼装波形钢管涵

【计量单位】m

第3节 2005 不锈钢材

不锈钢材是不容易生锈的钢材,实际上一部分不锈钢材,既有不锈性,又有耐酸性(耐蚀性)。不锈钢材的不锈性和耐蚀性是由于其表面上富铬氧化膜(钝化膜)的形成。钢材在大气、水等弱介质中和硝酸等氧化性介质中,其耐蚀性随钢材中铬含量的增加而提高,当铬含量达到一定的百分比时,钢材的耐蚀性发生突变,即从易生锈到不易生锈,从不耐蚀到耐腐蚀。

2005002 不锈钢板

【名词解释】
不锈钢板是指不锈钢材质的钢板。
【主要用途】
用作活动支座的垫板、顶推施工的滑槽、转体施工的磨心等。
【常见类型】
不锈钢材质的钢板,按厚度分有薄板(4mm以下)、中板(4~20mm)、厚板(20m~60mm)和特厚板(60~115mm);按生产方式分为冷轧钢板和热轧钢板。冷轧钢板比热轧钢板价格要高,一般薄板为冷轧钢板。本定额中不锈钢板指的是热轧中板。不锈钢板示意见图2-88。
【计量单位】kg

 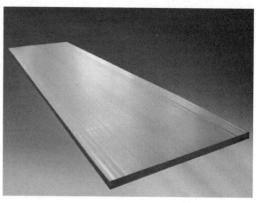

a)   b)

图 2-88　不锈钢板

2005003　不锈钢滑板

【名词解释】

不锈钢滑板是指表面非常光滑,摩擦系数较小的不锈钢板。

【主要用途】

用于顶推施工的滑槽等。

【工程图片】(图 2-89)

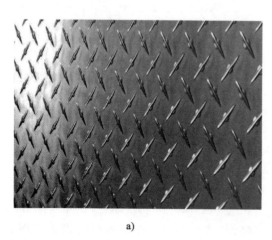 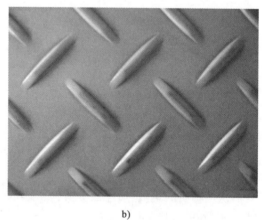

a)   b)

图 2-89　不锈钢滑板

【计量单位】kg

第 4 节 2007 其他金属材

2007001 锌

【名词解释】

化学符号 Zn,1 号锌、0 号锌是指其纯度,0 号锌比 1 号锌纯度高,锌粉具有很好的防锈及耐大气侵蚀的作用。

【主要用途】

主要用于钢索吊桥套筒灌锌。

【工程图片】(图 2-90)

图 2-90 锌

【计量单位】kg

第 5 节 2009 五金制品

五金制品一般作为公路工程中的连接件、紧固件和配套设施。金属五金制品一般经锻压制坯、机械加工、表面处理等工序制成。表面处理的目的是为了防蚀和美观。非金属材料的五金制品多采用模具成型或压力成型,具有轻巧便利的特点。

2009001 斜拉索减震器

【名词解释】

用于吸收和耗散斜拉索由于风力、移动荷载等引起的斜拉索振动能量的装置称为斜拉索减振器。

【主要用途】

适用于公路斜拉桥,安装在斜拉索与主梁连接处,防止斜拉索在外力作用下振动过大。

【工程图片】(图2-91)

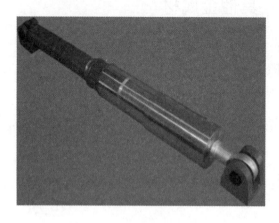

图2-91 黏滞阻尼器

【命名】(表2-41)

斜拉索减振器命名规则   表2-41

斜拉索减振器命名规则	产品类型	缩写
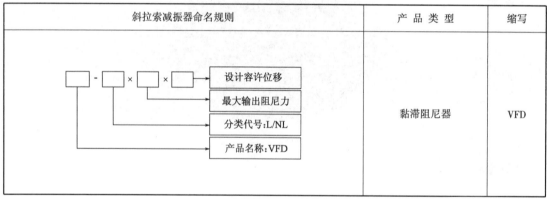	黏滞阻尼器	VFD

斜拉索减振器通常采用黏滞阻尼器。线性黏滞阻尼器最大输出阻尼力400kN,设计容许位移50mm,标记为:VFD-L×400×50。

【计量单位】个

2009002 钢　钎

【名词解释】

钢钎是指用来打炮眼、撬物体的尖头钢棍,用六角、八角或圆形的钢棍制成,尖头经淬火处理,具有很高强度,有的顶端有刃。

【主要用途】

钢钎主要用于岩石开炸、人工打眼。

【工程图片】(图2-92)

图 2-92　钢钎

【规格】(表 2-42)

材料名称及规格　　　　　　　　　　　　　　表 2-42

材 料 名 称	规　　格
钢钎	$\phi 22mm$
钢钎	$\phi 23mm$
钢钎	$\phi 24mm$
钢钎	$\phi 25mm$
钢钎	$\phi 32mm$

【计量单位】kg

2009003　空心钢钎

【名词解释】

空心钢钎是指由中空钢材制作,管头焊接相应形式的杆头形成的凿岩钢钎。钢钎中心有孔道,压缩空气或者压力水可通过孔道来冲洗炮孔中的粉渣。

【主要用途】

空心钢钎主要用于石方机械打眼。

【工程图片】(图 2-93)

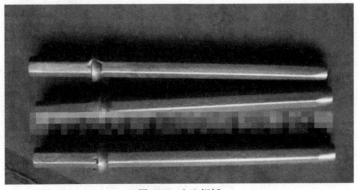

图 2-93　空心钢钎

【计算单位】kg

【规格】(表2-43)

表2-43 空心钢钎规格代号

材 料 名 称	公称尺寸(mm)	规 格 代 号
六角空心钢钎	19	B19
六角空心钢钎	22	B22
六角空心钢钎	25	B25
六角空心钢钎	28	B28
圆形空心钢钎	32	D32

2009004　ϕ50mm 以内合金钻头、2009005　ϕ150mm 以内合金钻头

【名词解释】
钢质的圆筒状钻头体上镶焊有特殊硬质合金的切削具,一般指可换钻头式。

【主要用途】
主要用于岩层钻孔及石方工程。

【常见类型】(图2-94)

a)一字形合金钻头

b)十字形合金钻头

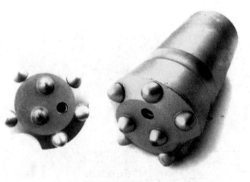

c)球齿形合金钻头

图2-94　ϕ50mm(ϕ150mm)以内的合金钻头

【适用情况】(表 2-44)

各类钎头适用情况　　　　　　　　　　表 2-44

材 料 名 称	适 用 情 况
潜孔柱齿钎头	与潜孔冲击器配套使用
螺纹连接柱齿钎头	与液压凿岩机(或风动凿岩机)及液压钎杆(风动钎杆)配套使用
锥度连接柱齿钎头	与风动凿岩机及锥度杆配套使用

【计量单位】个

2009006　ϕ150mm 以内合金取芯钻头

【名词解释】
ϕ150mm 以内合金取芯钻头材料采用硬质合金的空心钻头。
【主要用途】
适用于岩层的取芯。
【工程图片】(图 2-95)

图 2-95　ϕ150mm 以内合金取芯钻头

【计量单位】个

2009007　钻　　杆

【名词解释】
钻杆是指向钻头传递动力,随同钻头进入钻孔的钢质杆件。钻杆尾部带有螺纹,用于连接钻机地表设备和底端钻磨设备或底孔装置。
【主要用途】
钻杆的用途是将钻探泥浆运送到钻头,并与钻头一起提高、降低或旋转底孔装置。

【常见类型】（图 2-96）

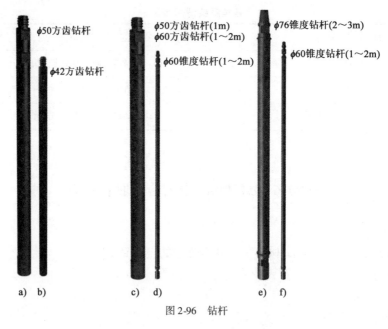

图 2-96 钻杆

【计量单位】 kg

2009008 中空注浆锚杆

【名词解释】

中空注浆锚杆的锚杆体为空心钢管,杆体中孔作为钻进高压风水通道和注浆通道,锚杆体外表面为全长标准大螺距螺纹结构,螺纹结构便于锚杆的切割和接长,与光滑杆体相比增加了锚杆体与注浆材料的黏结面积,从而提高了锚固力。组合式中空注浆锚杆由锚头、中空注浆锚杆体、止浆塞、垫板、螺母、钢筋、连接套、排气管组成。

【主要用途】

主要用于隧道工程的超前支护。

【工程图片】（图 2-97）

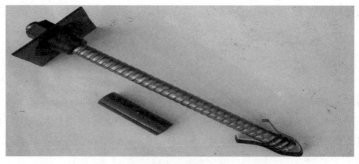

a)普通中空注浆锚杆

图 2-97

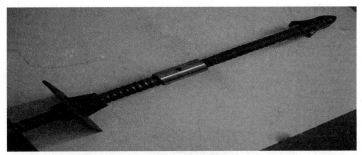

b)组合式中空注浆锚杆

图2-97 中空注浆锚杆

【常见类型及规格】(表2-45)

中空注浆锚杆规格、牌号　　　　　　　　表2-45

材料类型	产品规格	钢筋牌号	中空锚杆体材料牌号
普通中空注浆锚杆	φ25×5	无	Q345
	φ25×7		
	φ28×5.5		
	φ32×6		
组合式中空注浆锚杆	φ20	HRB335 或 HRB400	Q345
	φ22		
	φ25		

【命名规则】

普通中空注浆锚杆命名规则：

组合式中空注浆锚杆命名规则：

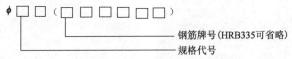

【计量单位】m

2009009　自进式锚杆

【名词解释】

自进式锚杆是集注浆管、钻杆、锚杆于一体的锚杆。克服了普通砂浆锚杆诸如塌孔、无法插杆、注浆不饱满等问题。自进式锚杆由合金钻头、锚杆体、止浆塞、拱形垫板、螺母价格组成。组合自进式锚杆包括锚杆连接套等。

【主要用途】

适用于破碎等复杂地质情况下的注浆。

【工程图片】（图 2-98）

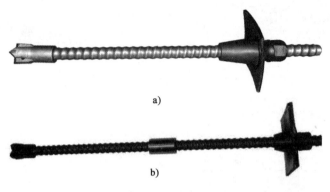

图 2-98　自进式锚杆

【计量单位】m

2009010　钢　绳　锚　杆

【名词解释】

钢绳锚杆是将单根钢丝绳从中点处弯折,在弯折处嵌入鸡心环并用绳卡或铝合金紧固套管固定的防护网专用柔性锚杆。

【主要用途】

用于道路边坡防护。

【工程图片】（图 2-99）

图 2-99　钢绳锚杆

【计量单位】t

2009011　电　焊　条

【名词解释】
电焊条是指用来焊接钢材等金属的用品。焊条由焊芯及药皮两部分构成,焊接时,焊芯传导焊接电流,产生电弧把电能转换成热能,焊芯本身熔化作为填充金属与液体母材金属熔合形成焊缝。

【主要用途】
电焊条适用于钢结构焊接、金属设备安装。

【适用情况】(表2-46)

电焊条型号及适用情况　　　　　表2-46

电焊条型号	适用情况
钛钙型 J422	低碳钢结构件
钛钙型 J502	低碳钢结构件
低氢型 J506	使用交流焊机焊接
低氢型 J507	要求塑性、韧性及抗裂性较高的重要结构件

【工程图片】(图2-100)

图 2-100　电焊条

【计量单位】kg

2009012　钢筋连接套筒

【名词解释】
钢筋连接套筒是指用以连接钢筋并有与丝头螺纹相对应内螺纹的连接件。专门用于生产钢筋套筒的精密钢管采用的是 45 号钢材。

【主要用途】

钢筋连接套筒适用于两根钢筋之间的连接。

【工程图片】(图2-101)

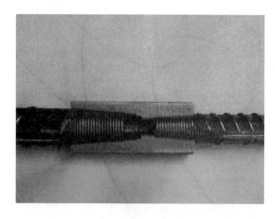

a)锥螺纹衔接接头

b)套筒揉捏衔接接头

c)直螺纹衔接接头

图2-101 钢筋连接套筒

【计量单位】个

2009013 螺　　栓

【名词解释】

螺栓为附有螺纹的圆柱杆状带头物件。一端带有螺纹的圆柱部分称为螺柱,用于与螺母配合;另一端为头部,称为螺栓头。螺栓通常由金属制成,在电绝缘或防腐蚀等特殊场合使用的螺栓也有用各种非金属材质制作的。

【主要用途】

用于紧固连接两个带有通孔的零件。

【常见类型】(图 2-102)

a)六角头螺栓

b)盘头螺栓

c)T型槽用螺栓

d)U形螺栓

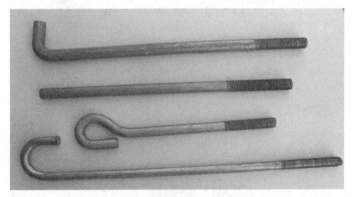

e)地脚螺栓

图 2-102　螺栓

【特点及应用】(表 2-47)

螺栓类型、特点及应用　　　　表 2-47

类　　型	特点及应用
普通六角头螺栓	应用普遍,分 A、B、C 三级,A 级最精确
钢结构用高强度大六角头螺栓	主要用于桥梁、工业于民用建筑、塔架、起重机械的高强度连接

续上表

类　型	特点及应用
六角法兰面螺栓	用于法兰紧固,防松性能好
地脚螺栓	用于水泥基础中固定机架
U形螺栓	用于固定管子件

【计量单位】kg

2009014　镀锌螺栓

【名词解释】
进行防锈蚀镀锌处理后的螺栓,称之为镀锌螺栓。

【主要用途】
主要用于公路沿线设施,起紧固结构件的作用。

【工程图片】(图2-103)

图2-103　镀锌螺栓

【计量单位】kg

2009015　膨胀螺栓

【名词解释】
　　膨胀螺栓,是将管路支/吊/托架或设备固定在墙上、楼板上、柱上所用的一种特殊螺纹连接件,是利用楔形斜度来促使膨胀螺栓产生摩擦握裹力,达到固定效果。

【主要用途】
适用于隧道工程的洞内装饰以及洞内照明设施。

【工程图片】(图2-104)

【计量单位】套

图 2-104 膨胀螺栓

2009016　镀锌膨胀螺栓

【名词解释】
进行镀锌防锈蚀处理后的膨胀螺栓,称为镀锌膨胀螺栓。
【主要用途】
用于公路工程安全设施中防眩板的紧固。
【工程图片】(图 2-105)

图 2-105　镀锌膨胀螺栓

【计量单位】套

2009017　法　兰

【名词解释】
法兰是使两个物件连接的零件。法兰上有孔眼,法兰都是成对使用的,低压管道可以使用丝接法兰,高压管道使用焊接法兰。两片法兰盘之间加上密封垫,然后用螺栓紧固。

【主要用途】

用于管件之间的相互连接。

【常见类型】（图2-106）

a)整体法兰

b)螺纹法兰

c)松套法兰

d)法兰盘

图2-106 法兰

【适用情况】（表2-48）

法兰类型及适用情况　　　　表2-48

法兰类型	密封面形式	适用情况
整体法兰	平面、凸面、凹凸面、榫槽面	多用于压力较高的管道中。生产工艺一般为铸造。材质有碳钢、不锈钢、合金钢等
	平面、凸面、凹凸面、榫槽面、环连接面	
螺纹法兰	凸面	可在一些现场不允许焊接的管线上
	凸面	
对焊法兰	平面、凸面、凹凸面、榫槽面	适用于压力或温度大幅度波动的管线或高温、高压及低温的管道,公称压力不超过2.5MPa;也用于输送价格昂贵、易燃、易爆介质的管路上,公称压力在PN16MPa左右
	平面、凸面、凹凸面、榫槽面、环连接面	

续上表

法兰类型	密封面形式	适用情况
带颈平焊法兰	平面、凸面、凹凸面、榫槽面	可用于更高压力的管道上。与板式平焊法兰相比造价更高,由于其形状的特点,在运输途中更容易磕碰
	平面、凸面、凹凸面、榫槽面、环连接面	
带颈承插焊法兰	凸面、凹凸面、榫槽面、环连接面	承插焊法兰适用于公称压力在 PN10~PN100 之间
板式平焊法兰	平面、凸面	使用广泛,但不得用于易燃、易爆和较高真空度要求的配管系统
松套法兰	凸面、凹凸面、榫槽面	适用于钢、铝等非铁金属及不锈耐酸钢容器的连接和耐腐蚀管线
法兰盖	平面、凸面、凹凸面、榫槽面	供封住管道堵头之用

【计量单位】kg

2009018 镀锌法兰

【名词解释】
镀锌法兰具有良好的抗腐蚀性,它是在法兰制作成型除锈后浸入500℃左右融化的锌液中,使钢构件表面附着锌层,从而起到防腐的目的。

【主要用途】
用于具有防腐要求的管件之间的相互连接。

【常见类型】(图2-107)

a)镀锌法兰

b)镀锌法兰盘

图2-107 镀锌法兰

【计量单位】kg

2009019 索 夹

【名词解释】

索夹是指将悬索桥、钢管拱桥吊索固定在主缆或钢拱上的结构,一般由特殊钢材加工而成。

【主要用途】

索夹主要用于悬索桥及钢管拱桥吊索处,主要作用是紧箍主缆索股,在设置吊杆的位置处索夹又是连接主缆与吊杆的构件。

【工程图片】(图2-108)

a)

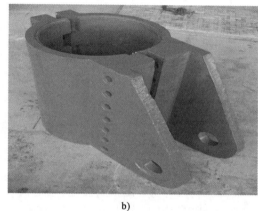
b)

图2-108 索夹

【适用范围】(表2-49)

索夹类型及适用范围　　　　　　　　　　表2-49

索夹形式	适用范围
六边形索夹	中、小跨径悬索桥
圆形索夹	大跨径悬索桥

【计量单位】 t

2009020 阻 尼 器

【名词解释】

黏滞阻尼器一般由缸筒、活塞、阻尼通道、阻尼介质(黏滞流体)和导杆等部分组成。

【主要用途】

当工程结构因振动而发生变形时,安装在结构中的黏滞阻尼器的活塞与缸筒之间发生相对运动,由于活塞前后的压力差使黏滞流体从阻尼通道中通过,从而产生的阻尼力耗散外界输入结构的振动能量,达到减轻结构振动响应的目的。

【工程图片】(图 2-109)

图 2-109　液体黏滞阻尼器

【命名】(表 2-50)

黏滞阻尼器命名规则　　　　　表 2-50

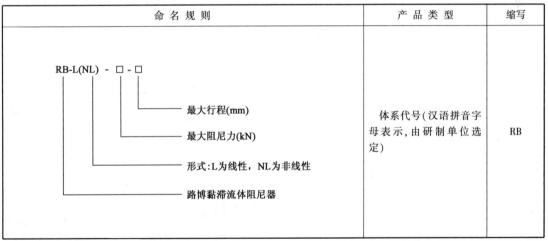

【计量单位】套

2009021　自动排气阀

【名词解释】
自动排气阀是一种安装于系统最高点,用来释放供热、供水管道中产生的气穴或管道气压过高排出气体以降低气压的阀门。

【主要用途】
用来释放供热系统和供水管道中产生的气穴的阀门,排出管内空气。

【常见类型】(图2-110)

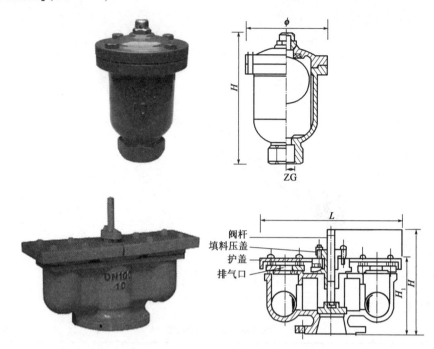

图2-110　自动排气阀

【产品特性】(表2-51)

自动排气阀材质及特性　　　　　表2-51

材质	铸钢、不锈钢、合金钢等
特性	连接方式:内螺纹、外螺纹、法兰、焊接、对焊、承插焊、卡套、卡箍。 驱动方式:手动、气动、液动、电动

【计量单位】个

2009022　螺纹截止阀

【名词解释】
螺纹截止阀是指关闭阀瓣沿阀座中心线移动的阀门。

【主要用途】
适用于切断或调节以及节流使用。

【工程图片】(图2-111)

【材料规格】(表2-52)

螺纹截止阀规格　　　　　表2-52

型　号	公称压力(MPa)	工作温度(℃)	
J13W-16	1.6	0.6	$p \leqslant 200$℃

续上表

型号	公称压力(MPa)	工作温度(℃)	
J13W-40P	4.0	0.6	
J13W-160	16.0	0.6	C≤425℃
J13W-320P	32.0	0.6	

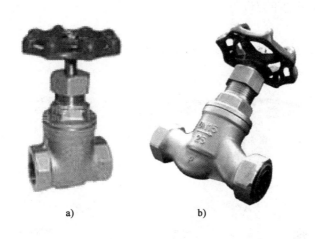

图 2-111　螺纹截止阀

【命名】(表 2-53)

螺纹截止阀命名规则　　　　表 2-53

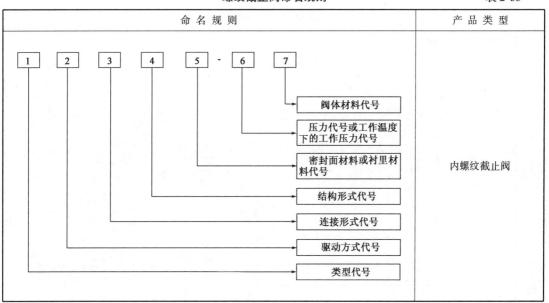

【计量单位】个

2009023～2009026 法兰阀门

【名词解释】

法兰式阀门是指阀门和管道连接是靠法兰的对接实现的。它通过闸壳内的闸板上下移动来控制或截断水流。根据闸阀使用时,闸杆是否上下移动,分为:明杆和暗杆。

【主要用途】

是调节水量及水压的重要设施。

【常见类型】

法兰阀门常用的型号有:DN80、DN100、DN150、DN200。

【工程图片】(图2-112)

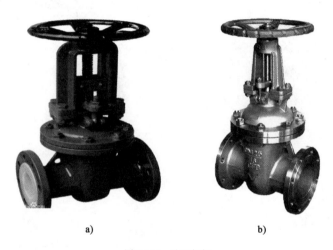

a)　　　　　　　b)

图2-112　法兰阀门

【命名】(表2-54)

法兰阀门命名规则　　　　　表2-54

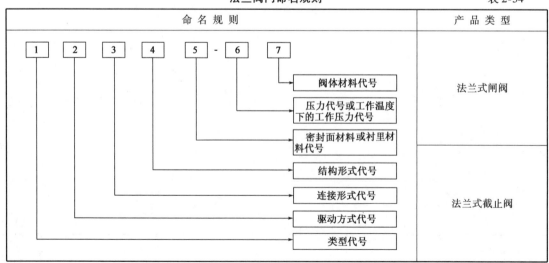

【计量单位】个

2009027 锚　　链

【名词解释】
锚链是连接于锚和船体之间的链条,用来传递和缓冲船舶所受的外力。

【主要用途】
用于临时码头,锚固钢围堰、船舶等。

【常见类型】(图2-113)

a)有档锚链

b)无档锚链

c)锚链使用现场图片

图2-113　锚链

【计量单位】t

2009028 铁　　件

【名词解释】
铁件是指用铁做成的一般物件,主要有螺杆、抓钉等。

【主要用途】

铁件用于模板工程等。

【常见类型】(图2-114)

a)螺杆

c)公路护栏

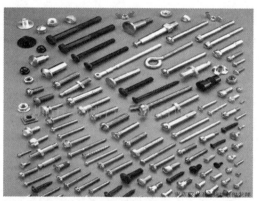

d)螺丝

图2-114　铁件

【计量单位】kg

2009029　镀锌铁件

【名词解释】

镀锌铁件是指镀锌处理后的铁件。

【主要用途】
一般为交通安全设施镀锌材料配件,如交安标志牌的立柱和面板。

【常见类型】(图2-115)

a)高速公路立柱

b)镀锌卡箍

c)高速公路护拦板

d)交通标志用镀锌铁件

e)高速公路用螺栓

图2-115　镀锌铁件

【计量单位】kg

2009030 铁　钉

【名词解释】

铁钉是指由铁制成的细棍形物件。一端有扁平的头,另一端尖锐,主要起固定或连接作用的铁质钉子。

【主要用途】

固定木质材料。

【常见类型】铁钉常用的有:普通圆钉、油毡钉、普通卷钉、瓦楞钉、水泥钢钉、塑胶排钉、无头钉、射钉。

【工程图片】(图2-116)

a)圆钉　　　　　　　　　　　　　b)油毡钉

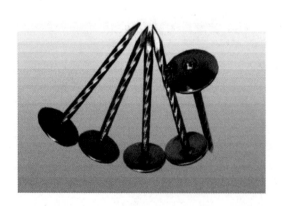

c)瓦楞钉　　　　　　　　　　　　d)普通卷钉

图 2-116

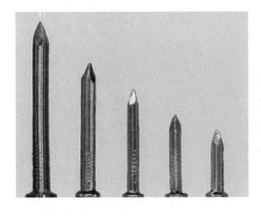
e)水泥钢钉

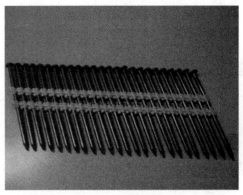
f)塑胶排钉

g)无头钉　　　　　　　　　h)射钉

图 2-116　铁钉

【计量单位】kg

2009031　滑　动　槽

【名词解释】
滑动槽是指用于拼接钢板(铝板)的带滑槽的条状金属构件,一般为铝合金。
【主要用途】
滑动槽用于交通标志中。
【工程图片】(图 2-117)
【计量单位】kg

图 2-117 公路标志牌用滑动槽

2009032 铸 铁 箅 子

【名词解释】
铸铁箅子是指用铸铁做成的有一定承载力,可以滤水的构件,主要置于水沟或下水道上方。

【主要用途】
主要用于雨水井、检查井。

【常见类型】(图 2-118)

【计量单位】kg

a)   b)

图 2-118

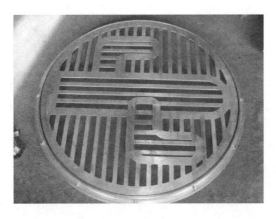
c)

d)

图 2-118　铸铁箅子

2009033　铸　铁　管

【名词解释】
铸铁管是指铸铁材质的管道。
【主要用途】
用于排水沟、泄水管等。
【常见类型】（图 2-119）

a)灰口铸铁管

b)球墨铸铁管

图 2-119　铸铁管

【计量单位】kg

2009034 U 形 锚 钉

【名词解释】

U形锚钉又称U形钉或草皮钉,用于打入土中以固定格栅格室等土工材料的U形锚钉,用钢筋加工制作。一般形状可分为:圆头U形钉、方头U形钉、G形草皮钉。G形草皮钉也称圆环草皮钉。

【主要用途】

在公路工程中适用于路基、边坡防护等工作项目。

【常见类型】(图2-120)

 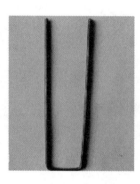 

a)圆头U形钉　　　　b)方头U形钉　　　　c)G形草皮钉

图2-120　U形锚钉

【工程图片】(图2-121)

图2-121　U形钉固定土工格栅施工

【常用规格】

线径:8Ga,10Ga,11Ga,12Ga;单腿长度:15cm,20cm,30cm;内径(2腿之间的距离):

2.5cm,3cm,3.5cm;表面处理:铁丝本色、镀锌、喷塑、喷漆;不同类型与长短都可根据施工需要定制。

【计量单位】kg

2009035 冲 击 器

【名词解释】
冲击器是一种钻探工程需要使用的基础设备。

【主要用途】
冲击器适用于预应力锚索护坡施工中,作为一种钻孔机具,协助完成锚索成孔。

【常见类型】(图2-122)

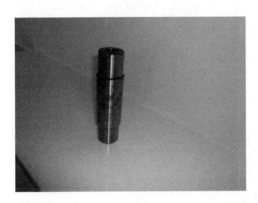

a)气动冲击器　　　　　　　　b)液动冲击器

c)手动冲击器

图2-122　冲击器

【计量单位】个

2009036 偏心冲击锤

【名词解释】
偏心冲击锤与护筒配套使用,主要用于套管跟进锚索钻孔。
【主要用途】
用于锚索钻孔。
【常见类型】(图2-123)

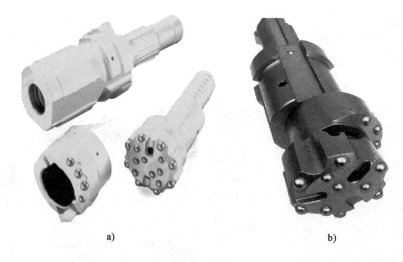

图2-123 偏心冲击锤

【规格】(表2-55)

偏心冲击锤规格　　　　　　　　　　表2-55

材 料 名 称	常 见 规 格
偏心冲击锤	直径108mm
偏心冲击锤	直径127mm
偏心冲击锤	直径146mm
偏心冲击锤	直径168mm

【计量单位】个

2009037 φ89mm全破碎复合片钻头、2009038 φ127mm全破碎复合片钻头

【名词解释】
全破碎复合片钻头聚晶金刚石复合片钻头的简称。钻头为一整体式钻头,整个钻头没有活动零部件,结构比较简单,由钻头基体、钻头切削齿、喷嘴及排屑槽等部分组成。钻头材料是

采用金刚石微粉与硬质合金衬底在超高压高温条件下烧结而成,既具有金刚石的高硬度、高耐磨性与导热性,又具有硬质合金的强度与抗冲击韧性。

【主要用途】
适用于软到中硬岩层钻孔。

【工程图片】(图2-124)

图2-124 全破碎复合片钻头

【计量单位】个

2009039　破碎锤钢钎

【名词解释】
破碎锤钢钎一般由合金钢加工而成,与液压破碎锤配套使用,可对岩石、混凝土、路面、桥墩等坚硬物体进行破碎和拆除。

【主要用途】
主要用于混凝土结构与岩石的拆除作业,也可用于隧道掘进和挖沟作业。

【常见类型】(图2-125)

a)圆柱形破碎锤钢钎　　　b)一字形破碎锤钢钎

图 2-125

c)棱锥形破碎锤钢钎

图 2-125 破碎锤钢钎

【计量单位】根

2009040 铣挖机刀头

【名词解释】
铣挖机刀头是铣挖机进行岩土、混凝土、沥青路面破碎所用配件。

【主要用途】
广泛应用于隧道、沟渠、管线开挖,公路路面破碎,岩石冻土开挖。

【工程图片】(图 2-126)

图 2-126 铣挖机刀头

【计量单位】个

2009041 φ73mm 复合片取芯钻头、2009042 φ127mm 金刚石取芯钻头

【名词解释】
又称为空心钻头,适应各种复杂岩层的取芯,钻头材料采用的是由金刚石微粉与硬质合金衬底在超高压高温条件下烧结而成的聚晶金刚石复合片。

【主要用途】
适用于软到中硬岩层的取芯。

【工程图片】(图 2-127、图 2-128)

图 2-127 φ73mm 复合片取芯钻头

a)热压金刚石取芯钻头

b)电镀金刚石取芯钻头

图 2-128 φ127mm 金刚石取芯钻头

【计量单位】个

2009043 镀 锌 扁 铁

【名词解释】
镀锌扁铁是指宽 40mm、厚 4mm、截面为并稍带纯边、表面镀锌的 Q235 钢铁型材。扁钢可

以是成品钢材,也可以作焊管的坯料和叠轧薄板用的薄板坯。

【主要用途】

镀锌扁铁延伸性能良好,变形加工不易破裂,具有良好的抗击性、抗磨损性和防腐防锈功能,广泛应用于工程建设中。常用于防雷接地的导体(避雷引下线),将避雷针接收的雷电流引向接地装置,将雷击时产生的大电流释放到大地,起到避雷的作用。

【工程图片】(图2-129)

a)镀锌扁铁

b)防雷接地——镀锌扁铁与建筑内部钢筋焊接

图2-129 镀锌扁铁

【命名】

示例:镀锌扁钢-40×4:-表示扁钢,40表示宽度40mm,4表示厚度4mm。如果表示为镀锌扁钢-1000×40×4,则1000表示镀锌扁钢长度为1000mm。

【计量单位】m

第3章 第30类:基础能源材及制品

【分类说明】
本类所列材料中沥青是公路工程中广泛使用的路面摊铺材料,燃油及水、电、煤、气等是工程中使用的基础能源。

第1节 3001 沥青

沥青是一种基础建设材料,被广泛使用于公路路面工程。

3001001 石油沥青

【名词解释】
地壳中的原油,开采后经常压蒸馏、减压蒸馏、采用溶剂脱沥青或氧化等工艺过程得到的暗褐色或黑色的半固体或固体物质,即为石油沥青。

【主要用途】
沥青作为基础建设材料,用来拌制沥青混凝土,用于路面、桥面、地坪、防水工程等。

【工程图片】(图3-1)

a)道路石油沥青

b)石油沥青路面摊铺

图3-1 石油沥青

【常见类型】
石油沥青按用途分类:建筑石油沥青、道路石油沥青、防水防潮石油沥青、普通石油沥青。

【主要工程技术指标】（表 3-1）

沥青主要工程技术指标 表 3-1

指标	单位	等级	沥青标号						
			160 号	130 号	110 号	90 号	70 号	50 号	30 号
针入度(25℃,5s,100g)	0.1mm		140~200	120~140	100~120	80~100	60~80	40~60	20~40
适用的气候分区				2-1	2-2	3-2 1-1	1-2 1-3 2-2 2-3	1-3 1-4 2-2	2-3 2-4 1-4
针入度指数 PI		A	-1.5~+1.0						
		B	-1.8~+1.0						
软化点 不小于	℃	A	38	40	43	45	44	46 45	49 55
		B	36	39	42	43	42	44 43	46 53
		C	35	37	41	42	43	45	50
60℃动力黏度 不小于	Pa·s	A	—	60	120	160 140	180	160	200 260
10℃延度 不小于	cm	A	50	50	40	45 30	20 30	20 20 15	25 20 15 15 10
		B	30	30	30	30 20	15 20	15 15 10	20 15 10 10 8
15℃延度 不小于	cm	A、B	100					80	50
		C	80	80	60	50	40	30	20
蜡含量(蒸馏法) 不大于	%	A	2.2						
		B	3.0						
		C	4.5						
闪点 不小于	℃		230			245		260	
溶解度 不小于	%		99.5						
密度(15℃)	g/cm³		实测记录						
TFOT(或 RTFOT)后									
质量变化 不大于	%		±0.8						
残留针入度比(25℃) 不小于	%	A	48	54	55	57	61	63	65
		B	45	50	52	54	58	60	62
		C	40	45	48	50	54	58	60
残留延度(10℃) 不小于	cm	A	12	12	10	8	6	4	—
		B	10	10	8	6	4	2	—
残留延度(15℃) 不小于	cm	C	40	35	30	20	15	10	—

【计量单位】t

3001002 改性沥青

【名词解释】

改性沥青是掺加橡胶、树脂、高分子聚合物、磨细的橡胶粉或其他填料等改性剂,或采用对沥青轻度氧化加工等措施,使沥青或沥青混合料的性能得以改善而制成的沥青混合料的结合料。

【主要用途】

广泛用于高速公路、城市干道、桥面和机场跑道。

【工程图片】(图3-2)

a) 橡胶类改性沥青　　　　　　　　b) 改性沥青路面

图3-2 改性沥青

【常见类型】(表3-2)

改性沥青常用类型　　　　　　　　表3-2

常用类型	名　　称
热塑性橡胶类改性沥青	SBS 改性沥青
橡胶类改性沥青	SBR 改性沥青、CR 改性沥青
热塑性树脂改性沥青	LDPE 改性沥青、EVA 改性沥青
热固性树脂改性沥青	PV 改性沥青、EP 改性沥青、VP 改性沥青

【主要特点】

改性沥青改变了沥青流变学性质,黏弹性和延性提高,路面的抗冲击能力、抗开裂能力、耐磨耗能力都大大增加,可延长沥青路面的使用寿命;增大了沥青的黏附性和黏韧度,提高了沥青与砂石料的结合力,改善了沥青混合料的强度和防水能力,增强了沥青路面的耐久性;降低了沥青的温度敏感性,使沥青的针入度和软化点下降、弹塑范围扩大,耐流动变形性能力得到改善,改善沥青的低温屈挠性和高温抗流动性能。使沥青路面平坦性能和抗车辙性能得到提高,使行车速度提高,路面维护工作量减少。

【计量单位】t

3001003 环氧沥青

【名词解释】
环氧沥青是一种由环氧树脂、固化剂与基质沥青经复杂的化学改性所得的混合物。

【主要用途】
用于道路、桥梁面层铺沥青混合料。

【工程图片】(图3-3)

a)   b)

图3-3 环氧沥青桥面摊铺

【主要特点】
由于环氧树脂和固化剂的不可逆反应,与普通沥青混合料相比,环氧沥青混合料在成型温度、时间、成型工艺和压实等方面技术要求更为严格,施工工艺更加复杂。严格掌握温度、时间和控制压实度及空隙率,是钢桥面环氧沥青混凝土铺筑成功的关键。

【计量单位】t

3001004 橡 胶 沥 青

【名词解释】
橡胶沥青是先将废旧轮胎原质加工成为橡胶粉粒,再按一定的粗细级配比例进行组合,同时添加多种高聚合物改性剂,并在充分拌和的高温条件下(180℃以上),与基质沥青充分溶胀反应后形成的改性沥青胶结材料。

【主要用途】
主要应用于道路结构中的应力吸收层和表面层中。

【工程图片】(图 3-4)

图 3-4 橡胶沥青

【主要特点】

橡胶沥青在高温下具有较大的弹性和弹性恢复能力,可以有效改善路面抗变形能力,具有抗疲劳开裂的性能;具有较好的高低温性能,降低了沥青对温度的敏感性;同时,橡胶沥青具有黏度高、抗老化、抗氧化能力强等特点;开级配或间断级配橡胶沥青路面防滑功能强、减少雨天行车溅水、改善视野、降低噪声,大大提高路面行车安全和舒适性;橡胶沥青的应用不仅有利于环境保护,节约自然资源,还有利于改善人类的生存环境。

【计量单位】t

3001005 乳 化 沥 青

【名词解释】

乳化沥青是沥青和乳化剂在一定工艺作用下,生成水包油或油包水的液态沥青。

【主要用途】

用于道路施工,如黏层油、透层油稀浆封层等。

【常见类型】(图 3-5)

【分类】

乳化沥青分为阳离子乳化沥青、阴离子乳化沥青和非离子乳化沥青。阳离子乳化沥青的沥青微粒带正电荷,阴离子乳化沥青微粒带负电荷。当阳离子乳化沥青与集料表面接触时,由于所带电荷不同,产生异性相吸,两者在有水膜的情况下能使沥青微粒裹覆在集料表面,仍能很好吸附结合。因而在阴湿、低温情况下(5℃以上)仍可以施工。但阴离子乳化沥青正好相反,它与潮湿集料表面都带负电荷,使其产生同性相斥,沥青微粒不能很快黏附在集料表面上,若要使沥青微粒裹覆在集料表面,必须待乳化液中水分蒸发后才行,所以遇上阴湿或低温季节时就难以施工。

【主要特点】

乳化沥青混合料是采用乳化沥青与矿料混合料在常温状态下拌和的,经铺筑与压实成型后形成沥青路面,根据矿料的级配类型分为乳化沥青碎石混合料与乳化沥青混凝土混合料。

在乳化沥青混合料中,对集料的质量和规格要求与热拌沥青混合料基本相同,乳化沥青碎石混合料的级配可参照热拌沥青混合料 AM 的级配,乳化沥青混凝土混合料的级配可参照热拌沥青混凝土混合料 AC 型的级配。

a)

b)

图 3-5　乳化沥青

【计量单位】t

3001006　改性乳化沥青

【名词解释】

改性乳化沥青是在制作乳化沥青过程中同时加入聚合物胶乳,或将聚合物胶乳与乳化沥青成品混合,或对聚合物改性沥青进行乳化加工得到的乳化沥青成品。

【主要用途】

应用于沥青路面黏层、封层、桥面铺装黏结层和旧水泥混凝土路面加铺沥青面层应力吸收层中。

【工程图片】(图 3-6)

a)改性乳化沥青

b)改性乳化沥青稀浆封层

图 3-6　改性乳化沥青

【主要特点】

改性沥青改变了沥青流变学性质,黏弹性和延性提高,路面的抗冲击能力、抗开裂能力、耐磨耗能力都大大增加,可延长沥青路面的使用寿命;增大了沥青的黏附性和黏韧度,提高了沥青与砂石料的结合力,改善了沥青混合料的强度和防水能力,增强了沥青路面的耐久性;降低了沥青的温度敏感性,使沥青的针入度和软化点下降、弹塑范围扩大,耐流动变形性能力得到改善,改善沥青的低温屈挠性和高温抗流动性能。使沥青路面平坦性能和抗车辙性能得到提高,使行车速度提高,路面维护工作量减少。

【计量单位】 t

第 2 节　3003　燃油

燃油是工程中各机械使用的基础能源。

3003001　重　油

【名词解释】

重油又称燃料油,呈暗黑色液体,是原油提取汽、煤、柴油后的剩余重质油,其特点是分子量大、黏度高、难挥发。其成分主要是碳氢化合物,另外含有部分(0.1%～4%)的硫黄及微量的无机化合物。

【主要用途】

公路工程中主要用作蒸汽炉及各种加热炉的燃料,如沥青拌和楼的加热燃料。

【常见类型】

重油的主要技术指标有黏度、含硫量、闪点、水、灰分和机械杂质等。黏度是重油最重要的性能指标,是划分重油等级的主要依据。按照行业标准可将其划分为 1 号、2 号、4 号轻、4 号、5 号轻、5 号重、6 号、7 号 8 个牌号。

1 号、2 号为馏分燃料油,适用于家用或小型燃烧器上使用;

4 号轻、4 号为重质馏分燃料油,适用于要求该黏度范围内的工业燃烧器上;

5 号轻、5 号重、6 号、7 号是黏度和馏程范围递增的残渣燃料油,适用于工业燃烧器。

为了装卸和正常雾化,重油通常需要预热。其主要技术指标见表3-3。

重 油 技 术 指 标　　　表3-3

项　目		质 量 指 标							
		1号	2号	4号轻	4号	5号轻	5号重	6号	7号
闪点(闭口)(℃)	不低于	38	38	38	55	55	55	60	—
闪点(开口)(℃)	不低于	—	—	—	—	—	—	—	130
水和沉淀物(%)(V/V)	不大于	0.05	0.05	0.05	0.05	1.00	1.00	2.00	3.00
馏程(℃)									
10%回收温度	不高于	215	—	—	—	—	—	—	—
90%回收温度	不低于	—	282	—	—	—	—	—	—

续上表

项 目		质量指标						
		1号	2号	4号轻	4号	5号轻	5号重	6号	7号
	不高于	288	338	—	—	—	—	—	—
运动黏度(mm²/s)									
40℃	不小于	1.3	1.9	1.9	5.5	—	—	—	—
	不大于	2.1	3.4	5.5	24.0	—	—	—	—
100℃	不小于	—	—	—	—	5.0	9.0	15.0	—
	不大于	—	—	—	—	8.9	14.9	50.0	185
10%蒸余物残炭(%)(m/m) 不大于		0.15	0.35	—	—	—	—	—	—
灰分(%)(m/m) 不大于		—	—	0.05	0.10	0.15	0.15	—	—
硫含量(%)(m/m) 不大于		0.50	0.50	—	—	—	—	—	—
铜片腐蚀(50℃,3h)(级) 不大于		3	3	—	—	—	—	—	—
密度(20℃)(kg/m³)									
	不小于	—	—	872	—	—	—	—	—
	不大于	846	872	—	—	—	—	—	—
倾点(℃)	不高于	-18	-6	-6	-6	—	—	—	—

【工程图片】(图3-7)

a)

b)

图3-7 重油及沥青拌和楼使用重油

【计量单位】kg

3003002 汽 油

【名词解释】
汽油是指从石油里分馏或裂化、裂解出来的具有挥发性、可燃性的烃类混合物液体,可用作燃料。

【主要用途】

用作工程施工机械内燃机的燃料,如汽车式起重机、载货汽车等的燃料。

【常见类型】

汽油最重要的性能为抗爆性、蒸发性、安定性和腐蚀性。而抗爆震的能力按辛烷值量度。适用条件见表3-4。

汽油牌号及适用车型　　　　　　　　　　表3-4

汽油牌号	适 用 车 型
90号	适用于引擎压缩比为7.5~8.0之间的车辆
93号	适用于引擎压缩比为8.0~8.5之间的车辆
97号	适用于引擎压缩比为8.5~9.5之间的车辆

从2018年1月1日起在全国范围内开始供应国五车用汽油。

车用汽油牌号也将由90号、93号、97号分别调整为89号、92号、95号。

【工程图片】(图3-8)

a)97号汽油

b)加油站

c)加汽油

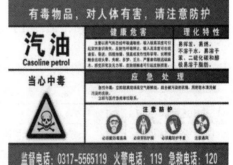

d)汽油防护

图3-8 汽油

【计量单位】kg

3003003 柴 油

【名词解释】

柴油是轻质石油产品,是复杂烃类(碳原子数 10~22)混合物,主要由原油蒸馏、催化裂化、热裂化、加氢裂化、石油焦化等过程生产的柴油馏分调配而成,也可由页岩油加工和煤液化制取。

【主要用途】

可作为工程机械内燃机的动力燃料,如拖拉机、推土机、挖机、压路机等的燃料,还可作为沥青的稀释剂。

【常见类型】

柴油(图3-9)分为轻柴油(沸点范围180~370℃)和重柴油(沸点范围350~410℃)两大类。

a)柴油

b)柴油加油站

图3-9 柴油

柴油按凝点分级,轻柴油有10,5,0,-10,-20,-30,-50七个牌号,重柴油有10,20,30三个牌号。

选用柴油的依据是使用时的温度。一般可按表3-5、表3-6选用。

轻 柴 油 选 用 表　　　表3-5

轻柴油牌号	适用于地区、季节的最低温度
10 号	适用于风险率为10%的最低气温,在12℃以上的地区使用
5 号	适用于风险率为10%的最低气温,在8℃以上的地区使用
0 号	适用于风险率为10%的最低气温,在4℃以上的地区使用
-10 号	适用于风险率为10%的最低气温,在-5℃以上的地区使用
-20 号	适用于风险率为10%的最低气温,在-14℃以上的地区使用
-35 号	适用于风险率为10%的最低气温,在-29℃以上的地区使用
-50 号	适用于风险率为10%的最低气温,在-44℃以上的地区使用

重柴油选用表　　　　　　　　　　　　表3-6

重柴油牌号	选 用 原 则
10 号	用于 500~1000kg/min 的中速柴油机
20 号	用于 300~700kg/min 的中速柴油机
30 号	用于 300kg/min 以下的低速柴油机

【计量单位】 kg

第3节　3005　水、电、气

水、电、气是工程使用的各种基础能源。

3005001　煤

【名词解释】
煤是古代植物埋藏在地下经历了复杂的生物化学和物理化学变化逐渐形成的固体可燃性矿物,主要由碳、氢、氧、氮、硫和磷等元素组成,碳、氢、氧三者总和约占有机质的95%。

【主要用途】
煤用途广泛,是我国主要能源之一。在公路工程施工中主要用于沥青加热、开炸土石方等。

【常见类型】
根据煤的煤化程度,将煤(图3-10)分为以下三类:
(1)褐煤:颜色呈深色或褐色,水分多,性质很脆,挥发分离,易着火,燃烧时有浓烟;
(2)烟煤:呈亮黑色或暗黑色,质地细密,燃烧时发黄色火苗,冒浓烟,发热量高;
(3)无烟煤:是变质程度最高的煤,质地细密,亮黑色,挥发少,不易着火,无烟,耐烧。

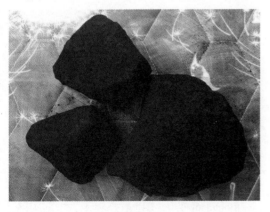
a)褐煤

b)烟煤

图　3-10

c)优质无烟煤　　　　　　　　　　d)无烟煤滤料

图 3-10　煤

每一种可进行细分,具体见表 3-7。

煤的细分种类　　　　　　　　　　表 3-7

大 种 类	细 分 种 类
褐煤	褐煤一号(HM1)、褐煤二号(HM2)
烟煤	贫煤(PM)、贫瘦煤(PS)、瘦煤(SM)、瘦煤(JM)、肥煤(FM)、气煤(QM)、弱黏煤(RN)
无烟煤	无烟煤二号(WY2)、无烟煤三号(WY3)

【计量单位】t
【价格说明】
材料计量标准按堆方计算。

3005002　电

【名词解释】
电是指工程用电。
【主要用途】
用于各种照明设施及电动施工机具,如电动凿岩机、电焊机、混凝土振捣器、电动卷扬机等。
【常见类型】
按照电的特性,电分为直流电和交流电两种:
(1)直流电:电流的大小和方向不随时间变化,即正负极性始终不会改变,用"DC"表示。如电池、蓄电瓶等产生的电流。
(2)交流电:电流的大小和方向(即正负极性)随时间而变化,用"AC"表示。交流电分为交流电源(作为能量,如我们电灯用的电)和交流信号(空中的电磁波)。
【计量单位】kW·h

3005004 水

【名词解释】
水是指工程用水。

【主要用途】
用于拌制混合料及养护、各类稳定土基层用水(路拌法洒水、厂拌用水),路面垫层用水,各类路面洒水等。

【常见类型】
工程用水可分为:
(1)地表水,如江、河、湖、水库等;
(2)地下水,如潜水、承压水、岩溶水、裂隙水等;
(3)自来水:城市给水管网系统供应的水;
(4)城市污水回用水:经过处理达到使用标准的污水;
(5)其他水:企业根据本身特定的条件使用上述各种水以外的水。

【计量单位】m^3

第4章 第40类:种植材及制品

【分类说明】
本类所列材料在公路工程中主要用于公路沿线绿化、环境保护与防护、支护工程。

第1节 4001 草材

草材指以植物为原料制成的材料,在公路中主要用于防护与支护工程。

4001001 麻 袋

【名词解释】
麻袋由粗糙结实的粗麻布制成。麻袋按原料可分为:黄麻、剑麻、驻麻等。按大小可分:大麻袋、小麻袋。大麻袋一般的国家标准为:107cm×74cm。

【主要用途】
在公路工程中多用于围堰等工程中。

【工程图片】(图4-1)

a)麻袋　　　　　　　　　　b)麻袋施工

图4-1 麻袋及麻袋施工

【计量单位】个

4001002 草　　袋

【名词解释】

以草绳为经、水稻秸秆为纬交叉编织而成的袋子。草袋分为普通草袋、缝边草袋。草袋分为：小草袋、大草袋、小缝边草袋、大缝边草袋四种类型。

【主要用途】

本材料主要用于公路定额中重力式码头和围堰等工程。

【工程图片】（图4-2）

a)草袋

b)草袋施工

图4-2　草袋

【计量单位】 个

4001003 稻草纤维

【名词解释】

稻草纤维是以稻草为原料提取的纤维状材料。在公路定额中主要为防护工程定额的材料。

【主要用途】

可以用作边坡绿化时的覆盖物，以达到美化景观的效果。

【工程图片】（图4-3）

图4-3　稻草纤维

【计量单位】kg

4001004 芦　苇

【名词解释】
芦苇,多年水生或湿生的高大禾草,生长在灌溉沟渠旁、河堤沼泽地等。
【主要用途】
本材料适用于防护工程中防风固沙、防雪防沙。
【工程图片】(图4-4)

a)芦苇图片

b)公路两边布满防风固沙的芦苇栅栏

c)防风固沙芦苇方格沙障

图4-4　芦苇

【计量单位】kg

4001005 棉　　秆

【名词解释】

棉秆即棉花的根部及茎部,也称棉秆、棉花秆。

【主要用途】

在公路工程中,棉秆主要用于防护工程中防风固沙处理。在流动沙丘上,将棉秆或与其他材料扎成沙障,以削弱风力,起到防风固沙的作用。

【工程图片】(图4-5)

a)

b)

图4-5　棉秆及棉秆沙障、防风固沙

【计量单位】kg

4001006 稻　　草

【名词解释】

稻草,水稻的茎。一般指脱粒后的稻秆。

【主要用途】

在公路工程中,稻草主要用于防护工程中防风固沙处理。在流动沙丘上,将稻草、棉秆等材料扎成挡风墙,以削弱风力的侵蚀,同时有截留降雨的作用,提高沙层的含水率,以利于沙生植物的生长。

【工程图片】(图4-6)

【计量单位】kg

a)稻草堆　　　　　　　　　　　　b)稻草沙障

图 4-6　稻草

4001007　草　帘

【名词解释】

草帘别名草苫子,是用水稻秸秆为原料经过简易的草帘机加工而成。

【主要用途】

在公路工程中,草帘主要用于防护工程中防风固沙处理。草帘可使地面粗糙,减小风力,能截留水分,提高沙层含水率,有利于固沙植物的存活。

【工程图片】(图 4-7)

a)成捆的草帘　　　　　　　　　　b)摊开的草帘

图 4-7　草帘

【计量单位】kg

4001008　棉　纱　头

【名词解释】
棉纱丝,一般工程中可使用纺织棉纱余料。
【主要用途】
在公路工程中一般用于交通工程及沿线设施工程控制柜安装中。
【工程图片】(图4-8)

a)　　　　　　　　　　　　　　b)

图4-8　棉纱头

【计量单位】 kg

第2节　4003　木材

本类所列材料主要为木制品,一般在公路中用于防护与支护工程及环境保护工作中的辅材。

4003001　原　木

【名词解释】
原条长向按尺寸、形状、质量的标准规定或特殊规定截成一定长度的木段,这个木段称为原木。
【主要用途】
主要用作工程构造物的模型板、支撑脚手板、脚手架、垫木等。
【工程图片】(图4-9)
【规格】
一般规定材长不超过12m或40英尺;刨切材材长一般在260~320cm,长度进级按倍数增加;径级不超过120cm。

图4-9 原木及原木模板

【计量单位】m^3

4003002 锯　　材

【名词解释】

伐倒树木经打枝和剥皮后的原木或原条,按一定的规格要求加工后的成材称为锯材。本材料广泛用于公路工程中,中板 δ 为 19~35mm,中方混合规格。

【主要用途】

主要用作工程构造物的木模板、脚手架、垫本等。

【工程图片】(图4-10)

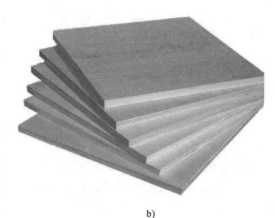

图4-10 锯材及锯材模板

【常见分类】

整边锯材:宽材面相互平行,相邻材面互为垂直。

毛边锯材:宽材面相互平行,窄材面未着锯。

板材:宽度尺寸为厚度尺寸2倍以上。

枋材:宽度尺寸为厚度尺寸 2 倍以内(但根据相关规范规定:30mm×50mm、35mm×50mm、35mm×60mm、40mm×60mm、40mm×70mm、45mm×60mm、45mm×70mm、45mm×80mm、50mm×66mm、50mm×70mm、50mm×80mm、50mm×90mm、60mm×70mm、60mm×80mm、60mm×90mm、60mm×100mm、60mm×110mm 等枋材均按板材评定)。

【计量单位】m³

4003003 枕 木

【名词解释】
枕木,木质的轨枕。
【主要用途】
用于木桥、公路临时轨道铺设。
【工程图片】(图 4-11)

a)

b)

图 4-11 枕木及枕木轨道

(1)普通枕木:宽度 320mm、厚度 160mm、长度 2500mm;
(2)道岔枕木(普通):宽度 220mm、厚度 160mm、长度 2600~4850mm,以 150mm 进位,共计 16 个长度规格;
(3)道岔枕木(标准):宽度 240mm、厚度 160mm、长度 2600~4800mm,以 200mm 进位,共计 12 个长度规格;
(4)桥梁枕木:宽度 220mm,厚度 240mm、260mm、280mm、300mm,长度 3000mm。
【计量单位】m³

4003006 木 粉

【名词解释】
木材打成的粉末叫木粉,也称锯木屑,为家具木材加工的下脚料。

【主要用途】

在公路工程中,木粉主要用于植草护坡中 CS 混合纤维喷灌护坡的基材材料,木粉加入能降低基材的密度,增加透气性,有一定的保水性,提高基材的肥效。

【工程图片】(图 4-12)

图 4-12　木粉

【选用须知】

宜选择经过堆酵处理的木粉。新鲜的木粉谨慎使用,容易生病菌;松香类的木粉谨慎使用,有可能招来白蚁等虫害。

【发酵方法】

木粉发酵可参考以下做法:木粉加入清水充分搅拌湿润,堆放宽高 0.5～0.6m、上宽 1.5m、下宽 2m 的梯形,覆膜待其发酵。发酵过程中监测发酵堆的中心温度,在温度上升至 70℃时,及时翻堆,并视湿润程度,添加适量水分,过湿或水分不均匀都会影响基材的发酵均匀度。在不同季节,所需发酵时间有所不同,光照充足、温度高时需发酵时间短一些,低温寡照可能需要较长的时间,具体情况根据发酵堆的中心温度及 EC 值、pH 值变化而定,一般需要一个半月以上,翻堆三次以上。

木粉发酵完全的特征:①发酵堆后期温度自然降低;②无臭;③呈现疏松的团粒结构;④颜色转为深褐色。

【计量单位】 m^3

4003007　木　柴

【名词解释】

木柴指作燃烧用的小块木头。本材料广泛用于公路工程中。

【主要用途】

主要用作锅炉燃料。

【工程图片】
有劈裂木柴、原木棍木枝(图4-13)。

a)劈裂木柴　　　　　　　　　　　b)原木棍木枝

图4-13　木柴

【计量单位】kg

4003008　木　纤　维

【名词解释】
木纤维是以木材加工剩余物为原料,采用高温、高压机械分解方式生产而成的一种纤维。
【主要用途】
可广泛应用于公路、铁路、矿山恢复等各类喷播工程的辅料。
【工程图片】(图4-14)

图4-14　木纤维

【指标】(表4-1)

木 纤 维 指 标　　　　　　　表4-1

项　　目	单　　位	指　　标
纤维长度	mm	3~6.5
含水率	%	15±3
有机质含量	%	>99
持水性(吸水倍数)	倍	>8
颜色		本色、绿色

【计量单位】kg

4003009　维 萨 面 板

【名词解释】

利用胶合板与竖肋(木工字梁)采用自攻螺丝和地板钉连接,竖肋与横肋(双槽钢背楞)采用连接爪连接,在竖肋上两侧对称设置两个吊钩组装而成的模板。两块模板之间采用芯带连接,用芯带销固定,从而保证模板的整体性,使模板受力更加合理、可靠。维萨模板为装卸式模板,拼装方便,在一定的范围和程度上能拼装成各种大小的模板。

【主要用途】

维萨面板易拆装易更换,广泛应用于爬模、翻模等各种桥梁结构现浇模板系统中。

【工程图片】(图4-15)

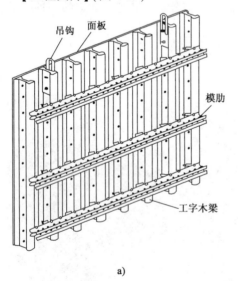
a)

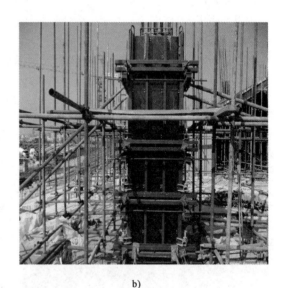
b)

图4-15　维萨面板

【维萨面板板的组装顺序】

(1)货物送到现场后,工地模板方面的负责人应将各部件分门别类码放于工地木工房,不得随意乱堆,以免丢失。

(2)在木工房的平台上将模板拼装好,注意保证其平整度,上好吊钩。
(3)组装主背楞桁架,连接件安装要紧。
(4)第一次浇筑混凝土、预埋埋件。
(5)先将三脚架和后移装置组装起来,插好销子,上好平台立杆,安装埋件支座。
(6)拆模、安装三脚架及模板,第二次浇筑混凝土。
(7)提升模板及支架,安装吊平台,第三次浇筑混凝土。
(8)重复第三次浇筑。

【维萨面板使用应注意的问题】
(1)同一单元块的两榀桁架之间应用 $\phi 48$ 钢管连接禁锢,平台搭设安全可靠。
(2)埋件系统预埋的位置要求准确,在浇筑混凝土前必须由专人再次复核其位置,确保误差不大于1mm。
(3)每次拆模后都须将面板上附着的杂物清理干净,并在浇混凝土前刷脱模剂。
(4)拆模后如模板须落地,则其面板不可直接放在地面上,而应在地面上先垫木方,再将模板放在木方上,以保证模板的周转次数。
(5)模板整个单元往上提升时,吊钩一定要吊于主背楞上部的吊具上,切记不得吊于模板的吊钩上。
(6)浇筑混凝土前,模板的下部应利用三脚架上的后移装置将模板调到能够与已浇好的混凝土紧紧接触,防止再次浇筑混凝土时发生漏浆及错台。
(7)模板支好后,各单元块间次背楞一定要用芯带及楔形销连好,保证各单元之间连成一个整体,同时保证各单元连好后呈一条直线。
(8)浇筑混凝土前,对拉螺杆一定要按图纸位置拉接,以保证混凝土质量。
(9)要定期检查模板单元上各螺丝的松紧情况,如发现有松动,应及时拧紧。

【计量单位】 m^2

第3节 4005 竹材

本类所列材料均以竹为原材料制品,一般在公路工程中用于支挡工程。

4005001 毛 竹

【名词解释】
毛竹为禾本科刚竹属,单轴散生型常绿乔木状竹类植物。本定额中毛竹规格为 $\phi=60mm, L \geqslant 6m; \phi=70 \sim 90mm, L_L \geqslant 6m$。

【主要用途】
用作基坑支护、园林绿化、竹桥、梁柱、棚架、脚手架及防护工程中竹笼填石护坡。

【工程图片】(图4-16)

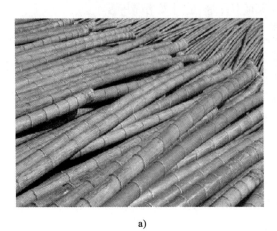 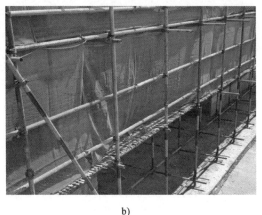

a) b)

图 4-16 毛竹及毛竹脚手架

【特点】

毛竹竹秆高大通直,具有材质坚韧轻强,割裂性高,收缩量小,弹性、刚性好,硬度大,纤维长,篾性优良,纹理通直,光滑亮洁等特点。

【计量单位】 根

4005002 竹 胶 模 板

【名词解释】

该模板所用主要材料为竹胶板,竹胶板是以毛竹材料作主要架构和填充材料,经高压成坯的建材。竹胶模板是高强覆膜桥梁板,本定额中的竹胶模板指规格 2.44m × 1.22m,厚度 7 ~ 15mm。

【主要用途】

适用于桥梁、隧道等的模板。

【工程图片】(图 4-17)

【优点】

工程建设中,在浇筑混凝土构件前,需按照设计图纸规定的构件形状、尺寸等制作出与图纸规定相符的模型,围成模型的材料就是模板,通俗地说模板就是做出一个模子,将混凝土浇筑进去,做成构件。模板一般分为钢模板、木模板、复合木模板。木模板一般都是根据构件尺寸制作,没有固定规格。竹胶板做模板,做出的构件表面光滑平整,可以节约抹灰工序。钢模板通常都有固定尺寸。

【计量单位】 m^2

【价格说明】

竹胶模板的价格受模板的材质、规格两方面因素影响。

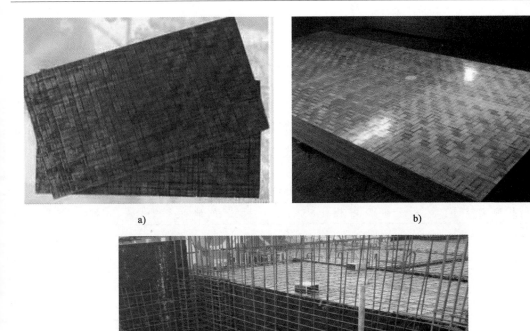

图 4-17 竹胶模板及施工用竹胶模板

第 4 节 4007 其他种植材

第 5 节 4009 乔木

乔木在公路中一般用于绿化及环境保护工程。本节详细地介绍了公路上常见的乔木生长习性、分布地区等内容。

4009001 乔 木

【名词解释】

有根部发生独立的直立主干,树干和树冠有明显区分且高度通常在 6m 至数十米的木本植物称为乔木。

【主要用途】

适用于公路工程中绿化美化工程,主要作为行道树,观赏价值较高。

【常见类型】

落叶乔木:每年秋冬季节或干旱季节叶全部脱落的乔木,一年内叶子便会全数脱落,全部老叶脱落后便进入休眠时期。一般绝大多数的落叶树都处于温带气候条件下,夏天繁茂、冬天落叶,少数树种可以带着枯叶而越冬。

常绿乔木:终年具有绿叶且株型较大的木本植物,这类植物的叶寿命是两三年或更长,并且每年都有新叶长出,在新叶长出的时候也有部分旧叶的脱落,由于陆续更新,所以终年都能保持常绿。

乔木种类、生活习性及分布地区见表4-2。

乔木种类、生活习性及分布地区 表4-2

乔木种类		生长习性	分布地区	备注
落叶乔木	银杏	喜适当湿润而排水良好的深厚壤土,适于生长在水热条件比较优越的亚热带季风区。在酸性土(pH4.5)、石灰性土(pH8.0)中均可生长良好,而以中性或微酸土最适宜,不耐积水之地,较能耐旱	主要分布在温带和亚热带气候区内。以山东、浙江、江苏、安徽、广西、湖北、四川、江苏、贵州等省(自治区)最多	一般作为行道树在路基两侧栽植
	水杉	喜气候温暖湿润,耐寒性强,耐水湿能力强,喜光,不耐贫瘠和干旱。土壤为酸性山地黄壤、紫色土或冲积土,pH值4.5~5.5	分布于湖北、重庆、湖南三省交界的利川、石柱、龙山三县的局部地区	一般作为行道树在路基两侧栽植
	鸡爪枫	喜光,耐阴,排水良好的土壤。要求土壤的pH值为小于7.0的酸性。可容忍黏土和酸性土壤	分布于山东、河南南部、江苏、浙江、湖南、湖北、安徽、江西、贵州等省	可作公路工程绿化景观点缀植物,起到观赏效果
	红枫	性喜阳光,适合温暖湿润气候,怕烈日曝晒,较耐寒,稍耐旱,不耐涝,适生于肥沃疏松、排水良好的土壤,微酸性土、中性土和石灰性土中均可生长	长江流域、全国大部分地区均有栽培。主要产地有江苏、浙江、安徽、江西、山东、湖南、河北等	一般作为行道树在路基两侧栽植,也可用于互通、服务区绿化景观工程
	玉兰	喜光,较耐寒,可露地越冬。爱干燥,忌低湿,栽植地渍水易烂根。喜肥沃、排水良好而带微酸性的砂质土壤,在弱碱性的土壤上亦可生长,对有害气体的抗性较强	北京及黄河流域以南均有栽培	一般用于道路两侧作行道树,也可用于互通、服务区绿化景观工程
	紫薇	喜暖湿气候,喜光,略耐阴,亦耐干旱,抗寒,忌涝,喜肥,尤喜深厚肥沃的砂质壤土,忌种在地下水位高的低湿地方,具有较强的抗污染能力,对二氧化硫、氟化氢及氯气的抗性较强	广东、广西、湖南、福建、江西、浙江、江苏、湖北、河南、河北、山东、安徽、陕西、四川、云南、贵州及吉林省(自治区)均有生长或栽培	也为灌木。一般用于道路两侧作行道树,也可用于互通、服务区绿化景观工程,可用于工矿区
	白桦	喜光,不耐阴。耐严寒。对土壤适应性强,喜酸性土,湿润土壤、沼泽地、干燥阳坡及湿润阴坡均能生长	东北、华北、河南、陕西、宁夏、甘肃、青海、四川、西藏、云南省(自治区)均有生长或栽培	一般作为行道树在路基两侧栽植

续上表

乔木种类		生长习性	分布地区	备 注
落叶乔木	榆树	喜光,耐寒,抗旱,能适应干凉天气,喜肥沃、湿润而排性良好的土壤,不耐水湿,能耐干旱瘠薄和盐碱土。对烟尘及氟化氢等有毒气体的抗性较强	分布于东北、华北、西北及西南各省区。长江下游各省区有栽培	一般作为行道树在路基两侧栽植
	鹅掌楸	喜光及温和湿润气候,有一定的耐寒性,喜深厚肥沃、适湿而排水良好的酸性或微酸性土壤(pH值4.5~6.5),在干旱土地上生长不良,也忌低湿水涝	产于陕西、安徽以南,西至四川、云南,南至南岭山地	一般作为行道树在路基两侧栽植
	构树	喜光,适应性强,耐干旱瘠薄,也能生于水边,多生于石灰岩山地,也能在酸性土及中性土上生长;耐烟尘,抗大气污染能力强	分布于黄河、长江和珠江流域地区	一般作为行道树,也用作为荒滩、偏僻地带及污染严重的工厂的绿化树种
	落叶松	喜光的强阳性树种,适应性强,耐低温寒冷。对土壤水分条件和土壤养分条件的适应范围很广	分布于东北大、小兴安岭、老爷岭、长白山、辽宁西北部、河北北部、山西、陕西秦岭、甘肃南部、四川北部、西部及西南部、云南西北部、西藏南部及东部、新疆阿尔泰山及天山东部	一般作为行道树在路基两侧栽植,也可用于互通、服务区绿化景观工程
	池杉	强阳性树种,不耐阴。喜温暖、湿润环境,稍耐寒,耐涝,也能耐旱。适宜生长在深厚疏松的酸性或微酸性土壤	分布于长江南北水网地区	一般作为行道树栽植在道路两侧
	合欢	喜光,喜温暖,耐寒、耐旱、耐土壤瘠薄及轻度盐碱,对二氧化硫、氯化氢等有害气体有较强的抗性	我国黄河流域至珠江流域各地亦有分布,分布于华东、华南、西南以及辽宁、河北、河南、陕西等省区	可作行道树栽培,也可用于互通、服务区绿地的点缀装饰
	龙爪槐	喜光,稍耐阴。能适应干冷气候。喜生于土层深厚、湿润肥沃、排水良好的沙质壤土。对二氧化硫、氟化氢、氯气等有毒气体及烟尘有一定抗性	现南北各省区广泛栽培,华北和黄土高原地区尤为多见	一般作为行道树栽植在道路两侧,在互通、服务区绿化景观带栽植可起到观赏效果
	乌桕	喜光,不耐阴。喜温暖环境,不甚耐寒。适宜生长在深厚肥沃、含水丰富的土壤,对酸性、钙质土、盐碱土均能适应	主要分布于黄河以南各省区,北达陕西、甘肃	可作行道树,或栽植于道路景观带
	栾树	喜光,稍耐半阴的植物;耐寒,但不耐水淹,耐干旱和瘠薄,对环境的适应性强,喜欢生长于石灰质土壤中,耐盐渍及短期水涝	产于北部及中部大部分省区,各地可栽培	可做行道树,也能作互通、服务区绿化景观树,起到观赏效果

续上表

乔木种类		生长习性	分布地区	备注
落叶乔木	刺槐	喜光,不耐庇阴。萌芽力和根蘖性都很强。喜土层深厚、肥沃、疏松、湿润的壤土、沙质壤土、沙土或黏壤土。在积水、通气不良的黏土上生长不良,甚至死亡	各地广泛栽植	一般作为行道树栽植于道路两侧。适用于工矿区绿化及荒山荒地绿化
	海棠花	性喜阳光,不耐阴,忌水湿,极为耐寒,对严寒及干旱气候有较强的适应性	主要分布于河北、山东、陕西、江苏、浙江、云南	对二氧化硫有较强的抗性,可用于城市街道绿地和矿区绿化,可植于人行道两侧
	法国梧桐	喜光,喜湿润温暖气候,较耐寒。对土壤要求不严,适生于微酸性或中性、排水良好的土壤,能适应城市街道透气性差的土壤。抗空气污染能力较强,叶片具有吸收有毒气体和滞积灰尘的作用	各地从北至南均有栽培	一般作为行道树栽植于道路两侧
	柳树	喜光,喜湿,耐寒,是中生偏湿树种。但一些树种也较耐旱和耐盐碱,在生态条件较恶劣的地方能够生长	各地从北至南均有栽培	南方个别种类为常绿树种。可作行道树,也能在互通、服务区绿化景观树,起到观赏效果
常绿乔木	樟树	喜光,喜温暖湿润气候,耐寒性不强。深厚、肥沃、湿润的酸性或中性黄壤、红壤中生长良好,不耐干旱、瘠薄和盐碱土,耐湿	长江流域以南有分布	一般作为行道树栽植于道路两侧
	紫檀	喜强光,对土壤不苛求	主要分布于台湾、广东和云南(南部)	可作为行道树栽植于道路两侧
	马尾松	不耐庇阴,喜光、喜温。喜微酸性土壤,怕水涝,不耐盐碱	产于江苏(六合、仪征),安徽(淮河流域、大别山以南),河南西部峡口,陕西汉水流域以南,长江中下游各省区	可作为行道树,也可栽植于互通、服务区绿化景观带
	石楠	喜光稍耐阴,喜温暖、湿润气候,深根性,对土壤要求不严,但以肥沃、湿润、土层深厚、排水良好、微酸性的砂质土壤最为适宜。对烟尘和有毒气体有一定的抗性	主产长江流域及秦岭以南地区,华北地区有少量栽培	可用作绿篱,栽植于互通、服务区绿化景观带
	柚木	喜光,喜深厚、湿润、肥沃、排水良好的土壤	云南、广东、广西、福建、台湾等省区普遍引种	一般作为行道树栽植于道路两侧
	大叶女贞	适应性强,喜光,稍耐阴。喜温暖湿润气候,稍耐寒,不耐干旱和瘠薄,适生于肥沃深厚、湿润的微酸性至微碱性土壤	长江流域及南方,主要培育繁殖基地有江苏、山东、浙江、湖南等省市。湖北、四川、陕西、云南、西藏省区,华北、西北地区也有栽培	可用作绿篱,栽植于互通、服务区绿化景观带

续上表

乔木种类		生长习性	分布地区	备注
常绿乔木	广玉兰	喜光,而幼时稍耐阴。喜温湿气候,有一定抗寒能力。适生于干燥、肥沃、湿润与排水良好微酸性或中性土壤	主要分布于长江流域及以南,北方如北京、兰州等地,已由人工引种栽培	可作为行道树,也可栽植于互通、服务区绿化景观带
	雪松	喜阳光充足,也稍耐阴,在气候温和凉润、土层深厚排水良好的酸性土壤上生长旺盛	在长江中下游一带生长最好	可作为行道树,也可栽植于互通、服务区绿化景观带
	桧柏	喜光树种,较耐阴,喜温凉、温暖气候及湿润土壤	产于东北南部及华北等地,北自内蒙古及沈阳以南,南至两广北部,东自滨海省份,西至四川、云南均有分布	可作绿篱,行道树,也可栽植于互通、服务区绿化景观带
	塔柏	喜光树种,喜温凉、温暖气候及湿润土壤	各地从北至南均有栽培	可作行道树、绿篱,也可栽植于互通、服务区绿化景观带
	竹柏	喜温热湿润气候,性耐阴、喜湿润、但无积水的地带生长。对土壤要求严格,在沙页岩、花岗岩、变质岩等母岩发育的深厚、疏松、湿润、腐殖质层厚、呈酸性的沙壤土至轻黏土较适宜。喜山地黄壤及棕色森林土壤,尤以沙质壤土生长迅速,在贫瘠的土壤上生长极为缓慢,石灰岩地不宜栽培,低洼积水地栽培亦生长不良	产于浙江、福建、江西、湖南、广东、广西、四川	一般为行道树,栽植于道路两侧。或作为景观树栽植于互通、服务区绿化景观带
	龙柏	喜阳、稍耐阴。喜温暖、湿润环境,抗寒。抗干旱,忌积水,适生于肥沃、深厚的土壤,对土壤酸碱度适应性强,较耐盐碱	产于内蒙古乌拉山、河北、山西、山东、江苏、浙江、福建、安徽、江西、河南、陕西南部、甘肃南部、四川、湖北西部、湖南、贵州、广东、广西北部及云南等地	可作绿篱、行道树,也可栽植于互通、服务区绿化景观带
	圆柏	极耐寒,耐干旱,对土壤要求不严,中性土、钙质土、微酸性土及微碱性土均能生长	产于东北南部及华北等地,北自内蒙古及沈阳以南,南至两广北部,东自滨海省份,西至四川、云南均有分布	可作绿篱,一般栽植于互通、服务区绿化景观带
	桂花	喜温暖,喜阳光,亦能耐阴,抗逆性强,既耐高温,也较耐寒。桂花对土壤的要求不太严,除碱性土和低洼或过于黏重、排水不畅的土壤外,一般均可生长	西南部、四川、陕南、云南、广西、广东、湖南、湖北、江西、安徽、河南等地,均有野生桂花生长,现广泛栽种于淮河流域以南地区,其适生区北可抵黄河下游,南可至两广、海南等地	也为灌木。可作绿篱,一般栽植于互通、服务区绿化景观带,也可作行道树

续上表

乔木种类		生 长 习 性	分 布 地 区	备 注
常绿乔木	棕榈	喜温暖湿润气候,喜光。耐寒性极强,稍耐阴。适生于排水良好、湿润肥沃的中性、石灰性或微酸性土壤,耐轻盐碱,也耐一定的干旱与水湿。抗大气污染能力强	分布于长江以南各省区	可作行道树,一般栽植于互通、服务区绿化景观带

【工程图片】(图4-18)

a)落叶乔木

b)常绿乔木

图4-18 乔木

【计量单位】株

第6节 4011 灌木

本类所列材料均属灌木类,在公路工程中起到绿化及环境保护的作用。

4011001 绿 篱

【名词解释】
由灌木、荆棘、树枝或小乔木以近距离的株行距密植,栽成单行或双行,紧密结合的规则的种植形式,称为绿篱,也称植篱、生篱等。

【主要用途】
在工程中,绿篱主要起到减弱噪声、美化环境、围定场地、划分空间、遮盖不良视点、隔离防护、防尘防噪、屏障或引导视线于景物焦点、引导游人观赏路线的作用,还起着挡风、阻拦动物等作用。

【工程图片】(图 4-19)

a) 高绿篱

b) 中绿篱

c) 矮绿篱

d) 修剪绿篱

图 4-19　绿篱

【常见材料】(表 4-3)

绿篱种类及常见材料　　　　　　　　表 4-3

绿篱种类	高度	宽度	常见材料	备注
高绿篱	>1.5m	—	构树、柞木、法国冬青、大叶女贞、桧柏、榆树、锦鸡儿、紫穗槐等	一般用于中央分隔带,路基两侧,互通、服务区景观绿化带
中绿篱	<1.3m	<1.0m	栀子、含笑、木槿、红桑、吊钟花、变叶木、金叶女贞、金边珊瑚、小叶女贞、七里香、火棘、茶树等	
矮绿篱	<0.4m	—	月季、黄扬、六月雪、千头柏、万年青、彩色草、红叶小檗、茉莉、杜鹃等	一般用于路基两侧,互通、服务区景观绿化带

【计量单位】m

4011002　灌　木

【名词解释】
指没有明显的主干、呈丛生状态比较矮小而丛生的木本植物,多年生,高度在 3~6m 以下,并在出土后即行分枝,或丛生地上。其地面枝条有的直立(直立灌木),有的拱垂(垂枝灌木),有的蔓生地面(蔓生灌木),有的攀缘他木(攀缘灌木),有的在地面以下或近根茎处分枝丛生(丛生灌木)。如其高度不超过 0.5m 的称为小灌木;如地面枝条冬季枯死,翌春重新萌发者,成为半灌木或亚灌木。

【主要用途】

适用于公路工程中绿化美观工程,可做地被覆盖植物。通过人工修剪造型、与其他植物组合色块,能起到丰富景观、增加绿量的视觉效果。

【常见类型】

阔叶类:叶形扁平,有各种形状,叶表面具有角质层或蜡质层,耐旱能力远不及针叶植物。阔叶植物多生长于平原、沃土区域。

针叶类:叶形为针状,针叶表面附有油脂层,能防水分蒸发,耐旱。针叶植物较粗放,多生长在山坡、丘陵地带。

【工程图片】(图 4-20)

a)阔叶类灌木:小叶女贞

b)针叶类灌木:沙柳

图 4-20 灌木

【适宜地点】(表 4-4)

灌木种类及适宜地点　　　　　　　　　　表 4-4

灌木种类		适宜地点	备注
阔叶类	夹竹桃	喜欢充足的光照,温暖和湿润的气候条件,中国境内各地皆可种植	常绿植物。可用于中央分隔带或互通、服务区景观绿化工程,起到观赏作用
	木芙蓉	喜温暖、湿润环境,不耐寒,忌干旱,耐水湿。中国辽宁、河北、山东、陕西、安徽、江苏、浙江、江西、福建、台湾、广东、广西、湖南、湖北、四川、贵州和云南等省区	落叶植物。可用于互通、服务区景观绿化工程,起到观赏效果
	杜鹃	性喜凉爽、湿润、通风的半阴环境,既怕酷热又怕严寒,喜欢酸性土壤。中国江苏、安徽、浙江、江西、福建、台湾、湖北、湖南、广东、广西、四川、贵州和云南省区	常绿植物。可用于互通、服务区景观绿化工程,起到观赏作用

续上表

灌木种类		适宜地点	备注
阔叶类	月季	喜温暖、日照充足、空气流通的环境	常绿植物。可丛植、片植、行植,作绿化美观工程
	小叶女贞	喜光照,稍耐荫,较耐寒,华北地区可露地栽培。适宜中国陕西南部、山东、江苏、安徽、浙江、江西、河南、湖北、四川、贵州西北部、云南、西藏省区	落叶植物。常作绿篱
	红继木	耐旱,喜温暖,耐寒冷。适宜长江中下游及以南大部分地区,如湖南浏阳、长沙、江苏苏州、无锡	常绿植物。多用于绿篱、地被栽植,可用于中央分隔带及互通、服务区绿化景观工程
	木槿	喜光和温暖潮润的气候,稍耐阴,耐热又耐寒,对环境的适应性很强,较耐干燥和贫瘠,对土壤要求不严格。中国台湾、福建、广东、广西、云南、贵州、四川、湖南、湖北、安徽、江西、浙江、江苏、山东、河北、河南、陕西等省区,均有栽培	落叶植物。多作绿篱
	花石榴	性喜温暖、阳光充足和干燥的环境,耐干旱,也较耐寒,不耐水涝,不耐阴,对土壤要求不严,以肥沃、疏松、适湿而排水良好的沙壤土最好	落叶植物。多用于绿篱,可用于中央分隔带及互通、服务区绿化景观工程
	大叶黄杨	喜光,稍耐阴,有一定的耐寒力。适宜贵州西南部(镇宁、罗甸)、广西壮族自治区东北部(临桂、灌阳)、广东西北部(连州市一带)、湖南南部(宜章)、江西南部(安远、会昌)。华北地区需保护越冬	常绿植物。多用于绿篱、地被栽植,可用于中央分隔带及互通、服务区绿化景观工程
	阔叶十大功劳	喜温暖湿润气候,耐半阴,不耐严寒,可在酸性土、中性土至弱碱性土壤中生长,但以排水良好的沙质土壤为宜。产于浙江、安徽、江西、福建、湖南、湖北、陕西、河南、广东、广西、四川省区	常绿植物。用于互通、服务区绿化景观工程,可用于工业园区绿化
	法国冬青	耐荫、喜光植物。喜温暖、阳光。稍耐阴,不耐寒。华东地区、华南地区	常绿植物,常做绿篱。可用于中央分隔带及互通、服务区绿化景观工程
	海桐	喜光,能耐寒冷,亦颇耐暑热。适宜长江流域、淮河流域	常绿植物。可列植成绿篱,或丛植于草坪之间。可用于中央分隔带及互通、服务区绿化景观工程
	马甲子	产于江苏、浙江、安徽、江西、湖南、湖北、福建、台湾、广东、广西、云南、贵州、四川省区	落叶植物。可作绿篱,用于高速公路两旁作篱笆之用
	美女樱	喜阳光、不耐阴,较耐寒、耐荫差、不耐旱,对土壤要求不严,但以在疏松肥沃、较湿润的中性土壤能节节生根,生长健壮,开花繁茂。中国各地均有引种栽培	常绿植物。可用于高速公路、城市道路绿化带、大转盘、坡地、花坛等

续上表

灌木种类		适宜地点	备注
阔叶类	凤尾兰	喜温暖湿润和阳光充足环境,性强健,耐瘠薄,耐寒,耐阴,耐旱也较耐湿。中国华北以南地区均适宜	常绿植物。常植于花坛中央、建筑前、草坪中、池畔、台坡、建筑物、路旁及绿篱等栽植用
	迎春	喜光,温暖而湿润的气候,稍耐阴,略耐寒,怕涝。产于中国甘肃、陕西、四川、云南西北部,西藏自治区东南部	落叶植物。可栽植于草坪之间,多用于中央分隔带及互通、服务区绿化景观工程
	金叶女贞	喜光,耐阴性较差,耐寒力中等,适应性强,在我国长江以南及黄河流域等地的气候条件均能适应	半常绿植物。用于绿地广场美化景观工程
	月桂	喜光,稍耐阴。喜温暖湿润气在城市绿地、公园和住宅小区和城市广场、花坛和绿带中有引种栽培	常绿植物。可植为绿篱
	茶花	惧风喜阳、地势高爽、空气流通、温暖湿润、排水良好、疏松肥沃的砂质壤土,黄土或腐殖土。原产于中国东部,在长江流域、珠江流域和云南各地	常绿植物。在城市绿地、公园和住宅小区和城市广场、花坛和绿带中均适宜
	紫荆	喜光,稍耐阴,较耐寒。喜肥沃、排水良好的土壤,不耐湿。产于我国东南部,北至河北,南至广东、广西,西至云南、四川,西北至陕西,东至浙江、江苏和山东等省区	落叶植物。可栽植于草坪之间,多用于中央分隔带及互通、服务区绿化景观工程
针叶类	龙柏球	喜阳光充足,能耐轻寒碱,耐水涝,较耐旱。江苏、浙江、安徽、湖南	常绿植物。可植为绿篱
	沙柳	较耐旱,喜水湿;抗风沙,耐一定盐碱,耐严寒和酷热。内蒙古、河北、陕西、山西、甘肃、青海、四川、西藏省区	常绿植物。一般作为行道树栽于道路两侧,起到防风固沙的作用,也可用于防护工程中
	矮紫杉	阴性,非常耐寒,中国北京地区,吉林省,辽宁的丹东、大连、沈阳,以及青岛、上海、杭州等地有栽培	常绿植物。可植为绿篱
	红叶石楠球	性喜强光照,耐低温,耐土壤瘠薄,有一定的耐盐碱性和耐干旱能力。主要产地分布在江浙地区	常绿植物。可作绿篱、行道树,多用于中央分隔带及互通、服务区绿化景观工程
	栀子花	喜温湿,向阳,较耐寒,耐半阴,怕积水,要求疏松、肥沃和酸性的沙壤土。产于长江流域,中国中部及中南部都有分布	常绿植物。成片丛植或配置于林缘、庭前、庭隅、路旁,植作花篱也极适宜

【计量单位】株

4011003　灌　木　苗

【名词解释】

灌木苗指灌木幼苗的总称,即具有根系和苗干的树苗。凡在苗圃中培育的树苗不论年龄大小,在未出圃之前,都称树苗。

【主要用途】

主要用于公路工程绿化景观工程,可起到减弱噪声,美化环境,遮盖不良视点、隔离防护、防尘防噪、屏障或引导视线于景物焦点的作用。

【常见类型】(图 4-21)

带土球苗木:常绿树,生长期的灌木苗,长途运输苗木,一般木本的以及草本的、价值高的、植株大的一般宜带土球。

裸根苗木:小苗休眠期或春季移栽时可裸根不带土球。

a)带土球树苗　　　　　　　　　　b)裸根树苗

图 4-21　灌木苗

【计量单位】株

第 7 节　4013　草本植物

草本植物是木质部不发达、细胞壁木质素含量少、茎秆柔软的一类植物。本类所列材料均属草本植物,一般用于公路防护工程,也用于绿化景观。

4013001　草　　籽

【名词解释】

草籽是草的种子。工程中用草籽,应品种准确、纯正,无病虫害,符合设计文件要求。

【主要用途】

在工程中,一般用于边坡防护喷播植草、撒草籽,能快速建构地表覆盖层,充分发挥植被自身的生态恢复能力,提高边坡稳定性;也可用于互通、服务区景观绿化带地被植物栽植,形成草坪。

【常见类型】

冷季型草籽:最适生长温度 15～25℃。可忍受 -15℃ 极限低温和 35℃ 以上的极限高温。干旱和炎热是这类草的主要限制因素。

暖季型草籽:最适生长温度 26～32℃。主要限制因素是低温强度与高温持续时间。这类草在夏季或温暖地区生长最为旺盛。

【工程图片】(图 4-22)

图 4-22 草籽及绿化示意图

【适宜地点】(表 4-5)

草籽种类及生长习性　　　　　表 4-5

草籽种类		生长习性	适宜地点
冷季型草籽	剪股颖	多年生草本,具细弱的根状茎。有一定耐盐碱力、抗病能力,耐瘠薄,不耐水淹	四川东部、云南、贵州及华中、华东等省区。海拔 300～1700m

续上表

草籽种类		生长习性	适宜地点
冷季型草籽	早熟禾	喜光,耐阴,耐旱,耐瘠薄	江苏、四川、贵州、云南、广西、广东、海南、台湾、福建、江西、湖南、湖北、安徽、河南、山东、新疆、甘肃、青海、内蒙古、山西、河北、辽宁、吉林、黑龙江省区
	高羊茅	性喜寒冷潮湿、温暖的气候,耐高温;喜光,耐半阴,对肥料反应敏感,抗逆性强,耐酸、耐瘠薄,抗病性强	适宜华北和西北中南部没有极端寒冷冬季的地区,华东和华中,以及西南高海拔较凉爽地区种植
	多年生黑麦草	喜温暖湿润土壤,耐湿,不耐旱	长江流域、四川、云南、贵州、湖南一带生长良好
暖季型草籽	狗牙根	极耐热和抗旱,耐淹、耐盐	适宜温暖潮湿、温暖半干旱地区,华北、西北、西南及长江中下游等地
	百喜草	耐旱性、耐暑性极强,耐寒性尚可,耐阴性强,耐踏性强	广东、广西、海南、福建、四川、贵州、云南、湖南、湖北、安徽等南方大部分地区
	马蹄金	性喜温暖、湿润气候,具有一定耐践踏能力,喜光照耐荫蔽,抗病、污染能力强	中国长江以南各省区及台湾省均有分布,在贵州、广西、福建、四川、浙江、湖南等地有广泛分布
	白三叶	喜温暖湿润的气候,阳光充足的旷地,不耐旱,最适于生长在年降雨量为800~1200mm的地区	适应性较强,能在不同的环境条件下生长,中亚热带及暖温带地区分布较广泛,如四川、湖南、湖北、贵州、云南、新疆、甘肃、吉林、黑龙江等地

【产品类型】

产品类型包括剪股影草籽、早熟禾草籽、高羊茅草籽、多年生黑麦草草籽、狗牙根草籽、百喜草草籽、马蹄金草籽、白三叶草籽。

【计量单位】kg

4013002　草　皮

【名词解释】

一种用于铺设的人工培育的绿色植物,连带薄薄的一层泥土铲下来的草,称之为草皮。

【主要用途】

通过人工或其他方式将其铺设在预设的地段,以起到防风固沙、防止水土流失的作用。适用于公路工程中绿化美观工程,可用于护坡或铺成草坪,美化环境,或铺在堤岸表面,防止冲刷。

【工程图片】(图4-23)
【适宜地区】(表4-6)

a)草皮　　　　　　　　　　　　b)铺设好的草皮

图 4-23　草皮

草皮种类、生长习性　　　　　　　　　　　　　表 4-6

草皮种类	生 长 习 性	适 宜 地 区	备　　注
马尼拉草皮	抗旱性和抗热性极好,较耐寒	广泛用于温暖潮湿、温暖半干旱和过渡地带	多年生草本植物。生长迅速,成坪较快,观赏价值高
矮生麦冬草皮	多年生常绿草本,叶片丛生,叶短株矮。喜阴,耐寒,不择土壤,适应性强	北方	常绿草本植物。一般作草坪、护坡,为常见地被植物
狗牙根草皮	极耐热和抗旱,耐淹、耐盐	适宜温暖潮湿、温暖半干旱地区,华北、西北、西南及长江中下游等地	多年生地被植物。常用于公路工程中草坪、边坡生态恢复
黑麦草草皮	喜温暖湿润的气候,不耐高温,耐瘠性好,耐盐性较强	暖温带	多年生或一年生禾本科草本植物。常用于公路工程中草坪、边坡生态恢复
高羊茅草皮	性喜寒冷潮湿、温暖的气候,耐高温;喜光,耐半阴,抗逆性强,耐酸、耐瘠薄,抗病性强	主要分布于北方地区	多年生地被植物。生长较快,耐践踏性强,多用于一般性的地面覆盖和保土草坪的建植
早熟禾草皮	喜光,耐阴性也强,可耐 50%～70%郁闭度,耐旱性较强	在中国南北各省区均有分布	一年生或冬性禾草。常用于边坡绿化,起到水土保持作用
结缕草草皮	喜光,不耐阴,抗旱,抗寒,耐高温;要求疏松肥沃、排水良好、中性至微碱性的砂质壤土	产于东北、河北、山东、江苏、安徽、浙江、福建、台湾	多年生草本。抗踩踏、再生力强、病虫害少、寿命长。一般用于草坪、护坡
台湾草草皮	喜温暖气候和湿润的土壤环境,也具有较强的抗旱性,但耐寒性和耐荫性较差,对土壤要求不严,以肥沃、pH 值 6～7.8 的土壤最为适宜	产中国南部地区,其他地区亦有引种栽培	多年生草本植物。其耐践踏性强,低矮平整,茎叶纤细美观,具一定的弹性,侵占力极强,易形成草皮,一般用于草坪、护坡

【产品类型】
产品类型包括马尼拉草皮、矮生麦冬草皮、狗牙根草皮、黑麦草草皮、高羊茅草皮、早熟禾草皮、结缕草草皮、台湾草草皮。

【计量单位】 m²

4013003　　多年生草本植物

【名词解释】
多年生草本植物一般指寿命超过两年的草本植物,包括常绿草本植物和落叶草本植物。在公路定额中,本材料适用于绿化及环境保护工程中栽植多年生草本生植物等。

【主要用途】
通过人工或其他方式将其铺设在预设的地段,在公路工程中可用于绿化美观工程,栽于景观绿化带,美化环境。

【工程图片】(图4-24)

a)龙舌兰

b)紫罗兰

图4-24　多年生草本植物

【种类】
风信子、紫罗兰、龙舌兰、长寿花、牡丹、菊花、水仙、红掌、三色堇等。

【计量单位】 株

4013004　　花　　苗

【名词解释】
花苗指各类花卉植物的幼苗的总称,是具有观赏价值的草本植物。

【主要用途】
通过人工或其他方式将其种植在预设的地段,在公路工程中可用于绿化美观工程,栽于景观绿化带,美化环境。

【工程图片】(图 4-25)

图 4-25　花苗

【注意】

移植:移植时切断幼苗的主根,可使苗株产生更多的侧根,形成发达的根系,有利其生长。移植之前,播种的幼苗一般要间枝疏苗,除去过密、瘦弱或有病的小苗。移植时的土壤要干湿得当,一般要在土干时移植,不要压上过紧,以免根部受伤,待浇水时土粒随水下沉,就可和根系密接。移植以无风阴天为好,如果天气晴朗、光强、炎热,宜在傍晚移植。

定植:定植前,要根据植物的需要,改良土壤结构,调整酸碱度,改良排水条件,定植时要开穴,穴应较待种苗的根系或泥团较大较深,将苗茎基提近土面,扶正入穴。草花苗种植后,次日要复浇水。球根花卉种植初期一般不需浇水,如果过于干旱,则应浇一次透水。

【计量单位】株

第 8 节　4015　藤本植物

本节详细介绍了藤本植物的定义以及常见的藤本植物的生活习性、用途等内容。

4015001　攀 缘 植 物

【名词解释】

攀缘植物又名藤本植物,是指茎部细长,不能直立,只能依附在其他物体(如树、护坡、墙等)或匍匐于地面上生长的一类植物。在公路定额中,本材料适用于绿化及环境保护工程中栽植攀缘植物等定额。

【主要用途】

充分利用攀缘植物进行垂直绿化能拓展绿化空间,增加道路绿量。可通过人工或其他方式将其种植在预设的地段,以起到提高整体绿化水平,改善生态环境的重要途径。适用于公路工程中绿化美观工程,可用于护坡,美化环境。

【工程图片】(图 4-26)

a) 在高速公路护坡上的藤本植物:凌霄

b) 常春藤

图 4-26　攀缘植物

【工程类型】(表 4-7)

攀缘植物种类、生长习性　　　表 4-7

攀缘植物种类	生 长 习 性	用　途	备　注
爬山虎	喜阴湿,不怕强光,耐寒、耐旱、耐贫瘠,覆盖力强,适应性强	垂直绿化、护坡,石漠化治理	可种植在阴面、阳面,寒冷地区多种植在向阳地带。对氯化物的抵抗力较强,适合空气污染严重的工矿区栽培
五叶地锦	耐寒、耐旱,喜阴湿环境,怕涝渍	垂直绿化,攀缘山石、护坡	对二氧化硫等有害气体有较强的抗性,适合工矿区的栽培
络石	能耐寒,但忌严寒;耐暑热、耐旱、耐湿、耐半阴,喜光	墙垣绿化、地被、护坡与石漠化治理	因其喜暖喜光,宜植于向阳处(如能避烈日、直射尤佳)。河南北部以至华北地区露地不能越冬
钻地风	林下耐阴植物,对弱光具有一定忍耐能力,有一定的喜光性,抗旱能力弱	墙垣绿化、护坡及石漠化治理	选择阳光充足,温暖沙质土壤种植
"七姊妹"("十姐妹")	较耐阴,耐干旱,耐寒	墙垣、垂直绿化,可植于山坡、堤岸,保持水土及治理石漠化	冬季、秋季栽植为宜,夏季应注意水分和温度控制,否则不宜生根
扶芳藤	喜温暖,耐寒、耐阴,喜湿润,不喜阳光直射	墙垣绿化、地被、造型及石漠化治理	—
异叶地锦(异叶爬山虎)	耐干旱,耐高温,耐贫瘠,爬壁力极强	城市高层垂直绿化,护坡,石漠化治理	定植需靠攀附物旁栽种

续上表

攀缘植物种类	生长习性	用途	备注
绿叶地锦 (绿叶爬山虎)	喜温湿,耐阴,攀缘力、覆盖力极强	城市高层垂直绿化、护坡、河岸坡体绿化及石漠化治理	—
常春藤	性喜温暖、荫蔽的环境,忌阳光直射,喜光线充足,较耐寒,抗性强	垂直绿化、攀缘墙垣、山石、护坡	忌高温闷热的环境,气温在30℃以上生长停滞
凌霄	性喜阳、温暖湿润的环境,稍耐阴。喜欢排水良好土壤,较耐水湿	垂直绿化、攀缘墙垣、山石、护坡	忌酸性土,忌积涝、湿热,一般不需要多浇水,不要施肥过多,否则影响开花
紫藤	喜光,较耐阴,较耐寒,能耐水湿及瘠薄,适应性强	垂直绿化	以土层深厚、排水良好、向阳避风的地方栽培最适宜。主根深,侧根浅,不耐移栽。生长较快,寿命很长。缠绕能力强,它对其他植物有绞杀作用

【计量单位】株

第9节 4017 水生植物

能在水中生长的植物,统称为水生植物。水生植物可用于恢复、保护湿地,维护当地生态环境。其常见类型根据水生植物的生活方式,一般分为挺水植物、浮叶植物、沉水植物、漂浮植物及湿生植物,如图4-27所示。

a)挺水植物:莲

b)浮叶植物:荇菜

图 4-27

c)沉水植物:金鱼藻

d)漂浮植物:水葫芦

e)湿生植物

图 4-27　水生植物

【常见类型】(表 4-8)

水生植物类型及定义　　　　　　　　　　　表 4-8

类　型	定　义	种　类
挺水植物	植物的根、根茎生长在水的底泥之中,茎、叶挺出水面;其常分布于 0～1.5m 的浅水处,其中有的种类生长于潮湿的岸边	荷花、菖蒲、水葱、香蒲、芦苇等
浮叶植物	生于浅水中,根长在水底土中的植物,仅在叶外表面有气孔,叶的蒸腾非常大	睡莲、王莲、菱、荇菜、田字苹等
沉水植物	植物体全部位于水层下面营固着生存的大型水生植物	黑藻、金鱼藻、苦草、菹草、狐尾藻等
漂浮植物	根不着生在底泥中,整个植物体漂浮在水面上的一类浮水植物	凤眼莲、大漂、水鳖、"满江红"、槐叶萍等
湿生植物	生长在过度潮湿环境中的植物或阳光充足、土壤水分饱和的沼泽地区或湖边	"满江红"、清萍、水萍、水芙蓉、布袋莲等

第10节 4019 其他植物

其他植物是指除灌木、乔木、草本植物、花卉之外的植物,如竹类。

4019001 散 生 竹

【名词解释】
散生竹属禾本科多年生木质化植物,分散生长,每根竹子间互不相连,株间有一定间距的竹子,即单轴散生型竹子,具有真正的地下茎(竹鞭),竹秆在地面呈散生状。

【主要用途】
竹类植物具有调节气候、涵养水源、保持水土、固土防冲、防风减灾等良好功能,对维持生态平衡、保护人类生存环境起到很好的作用。适用于公路工程中绿化美观工程,可用于道路两旁、隧道口、服务区等处,可美化道路,柔和的线条添加了亲切感。

【工程图片】(图4-28)

图4-28 散生竹

【用途及分布】(表4-9)

散生竹类型及生长习性　　　　　表4-9

常见散生竹类型	生 长 习 性	用　途	分　布
湘妃竹	适应性强,对土壤要求不严,喜酸性、肥沃和排水良好的砂壤土	常用于园林绿化,道路景观布置	产于湖南、河南、江西、浙江等地
刚竹	抗性强,适应酸性土至中性土,但pH值8.5左右的碱性土及含盐0.1%的轻盐土亦能生长,但忌排水不良。能耐-18℃的低温	常用于园林绿化中,道路景观布置	主要分布在我国长江流域,生于低山坡,竹材强韧

续上表

常见散生竹类型	生 长 习 性	用　　途	分　　布
紫竹	阳性,喜温暖湿润气候,耐寒,能耐-20℃低温,耐阴,忌积水,适合砂质排水性良好的土壤,对气候适应性强	常用于园林绿化中,道路景观布置	分布于浙江、江苏、安徽、湖北、湖南、福建及陕西等省

【计量单位】株

4019002　丛　生　竹

【名词解释】

丛生竹属禾本科多年生木质化植物,竹类植物的地下茎形成多节的假鞭,节上无芽无根,由顶芽出土成秆。竹秆在地面呈丛状,密聚生长在一起,株间间隙小,结构紧凑的竹子。

【主要用途】

具有很强的观赏价值。适用于公路工程中绿化美观工程,可用于道路两旁、隧道口、服务区等处,提供视觉的屏障,具有防风功能,也起到隔离作用,防止噪声与灰尘的过度污染。

【工程图片】(图4-29)

图4-29　丛生竹

【用途及分布】(表4-10)

丛生竹类型及生长习性　　　　　表4-10

常见丛生竹类型	生 长 习 性	用　　途	分　　布
佛肚竹	性喜温暖、湿润、不耐寒。宜在肥沃、疏松、湿润、排水良好的砂质壤土中生长	宜做景观植物栽植	北回归线以南的热带地区,可在露地安全越冬,华南北部的背风向阳处,尚可栽培。华中至华北的广大地区,均只宜盆栽,置温室或室内防寒越冬

续上表

常见丛生竹类型	生 长 习 性	用　　途	分　　布
凤尾竹	喜温暖湿润和半阴环境,耐寒性稍差,不耐强光曝晒,怕渍水,宜肥沃、疏松和排水良好的壤土	宜用于低矮绿篱的配植材料	长江以南各地
慈竹	要求造林地土层厚度40cm以上、肥沃、湿润、疏松、排水良好、pH值5.0~7.5的沙壤土和壤质土,在干旱瘠薄、石砾太多和黏重土壤不宜选作造林地	具有观赏价值,宜栽于道路两侧、服务区	陕西、湖北、湖南、广西、四川、贵州、云南等省区

【计量单位】 株

第5章 第50类:化工原料及制品

第1节 5001 塑料、橡胶及制品

本节所列材料主要为塑料、橡胶等材质制品。一般在公路工程中用于防排水、桥梁、隧道、交通工程等工程项目中。

5001001 聚四氟乙烯滑板

【名词解释】

聚四氟乙烯橡胶材质做成的滑板,表面摩擦系数较小。其制品用途广,具有极为优越的综合性能:耐高低温、耐腐蚀(强酸、强碱、王水等)、耐气候、高绝缘、高润滑、不黏附、无毒害等优良特性。

【主要用途】

用于桥梁支座。主要用作道轨密封件及润滑材料。

【工程图片】(图5-1)

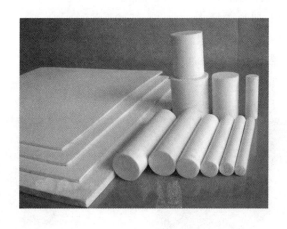

图5-1 聚四氟乙烯滑板

【计量单位】kg

5001002　聚四氟乙烯滑块

【名词解释】

聚四氟乙烯橡胶材质做成的滑块,表面摩擦系数较小。

【主要用途】

四氟支座滑块适用于桥梁上部安装顶推用支座滑块。

【工程图片】(图5-2)

 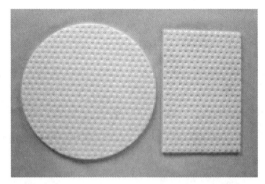

图5-2　聚四氟乙烯滑块

【计量单位】　块

5001003　胶　　管

【名词解释】

胶管是以高分子化学原料通过硫化等工艺挤压成型的橡胶抽拔管,是一种用于混凝土构件小直径成孔的新型芯模,可反复使用。

【主要用途】

主要为桥梁上形成较小预应力孔而设计,也可用于其他建筑行业混凝土的成孔,使用时应严格按照工作压力选用,应在最佳的凝固时间抽拔。

【工程图片】(图5-3)

图5-3　胶管

【常用规格】(表5-1、表5-2)

胶管常用规格尺寸表(单位:mm)　　　　　　表5-1

外径	50	55	60	65	70	75	80	90
内径	20	20	22	22	25	28	32	35
壁厚	15	17.5	19	21.5	22.5	23.5	24	27.5

注:内径可根据用户要求,直径误差±2mm。

胶管的物理力学指标　　　　　　表5-2

序号	检测项目	技术要求	单位
1	外观	无表面裂口、无熟胶粒、无胶层海绵;胶层气泡、表面杂质痕迹长度不应大于3mm、深度不应大于1.5mm,且每米不多于一处,外径偏差±4mm,不圆率小于20%	—
2	邵尔A硬度	65±5	°
3	拉伸强度	≥12	MPa
4	扯断伸长率	≥350	%
5	300%定伸强度	≥6	MPa

【计量单位】m

5001004　橡　胶　条

【名词解释】
条形橡胶密封制品,用于密封、严实的橡胶类条形物体。

【主要用途】
应用于铁路机车、汽车、飞机、桥梁、高层建筑、电冰箱及各种工业零件上,起到防止外界灰尘、空气、水等进入系统的一种橡胶密封元件。

【常见类型】
考虑到耐老化、耐臭氧性能要求,橡胶条一般采用氯丁橡胶、乙丙橡胶、硅橡胶、天然—氯丁—丁苯并用橡胶、橡塑并用胶料等耐老化性能优良的胶料制造。
橡胶条的种类按截面结构形式,可分实心胶条、空心胶条、海绵胶条和复合胶条,根据其使用部位及使用条件,可设计不同的截面结构。
按制造方法分类有挤出成型连续硫化法、挤出成型硫化罐硫化法或模压硫化法。

【工程图片】(图5-4)

【计量单位】kg

a)实心橡胶条

b)变形缝橡胶条

图 5-4　实心橡胶条及变形缝橡胶条

5001005　绝缘橡胶板

【名词解释】

具有较大体积电阻率和耐电击穿的胶板,用 NR,SBR 和 IIR 等绝缘性能优良的非极性橡胶制造。

【主要用途】

用于对绝缘、防静电有特殊要求的配电等工作场合的台面或铺地绝缘材料。

【常见类型】

颜色以黑色为主,可根据使用需求选择绿色、红色、灰色、蓝色、黄色。表面主要为平面,可选择防滑表面(条纹防滑、皮革纹防滑、方块防滑等)。产品厚度 3~50mm,宽度 0.1~2m,长度 0.1m 至无限长度,标准件为:5m/件或 10m/件或 50kg/件或 100kg/件,绝缘抗电压 1kV,3kV,5kV,10kV,20kV,30kV,35kV,40kV,最高可达 100kV(表 5-3)。

绝缘橡胶板配置　　　　　　表 5-3

额定电压(kV)	板材厚度(mm)	板材比重(kg/m²)	板 材 颜 色
5	3	5.8	红,绿,黑
10/15	5	9.2	
20	6	11	
25	8	14.8	
30	10	18.4	
35	12	22	

【工程图片】(图 5-5)

【计量单位】kg

a)绝缘橡胶板

b)橡胶板

图 5-5 绝缘橡胶板及橡胶板

5001006 氯 化 乳 胶

【名词解释】
氯丁二烯的聚合物乳液。

【主要用途】
氯化乳胶干燥成膜即使在低温下都具有非常高的弹性,而且具有很好的耐水性。由于此类聚合物具有结晶倾向,成膜表现出高延伸率的同时也具有高拉伸强度,因此具有优异的弹性。加入氯化乳胶到单组分或双组分乳化沥青中,拉伸强度、韧性、延展性及软化点和低温柔韧性都会提高。因为具有这些特性,氯化乳胶改性的乳化沥青可用于桥面防水涂层来提高长期的防水性能以保护混凝土桥梁。

【工程图片】(图 5-6)

图 5-6 氯化乳胶

【计量单位】kg

5001007 聚丙烯纤维

【名词解释】
由等规聚丙烯纺制成的合成纤维。

【主要用途】
在混凝土中掺加聚丙烯纤维能有效地提高混凝土材料的抗裂性、抗冲击性、抗冻性能、改善混凝土的抗疲劳特性。

【工程图片】(图5-7)

a)聚丙烯纤维　　　　　　　　　　b)聚丙烯单丝纤维

图 5-7　聚丙烯纤维及聚丙烯单丝纤维

【物理性能指标】(表5-4)

聚丙烯纤维的物理性能指标　　　　　　表 5-4

项　目	产品类型	
	聚丙烯纤维网	聚丙烯单丝纤维
抗拉强度(MPa)	≥400	≥350
弹性模量(MPa)	≥3500	
密度(g/cm^3)	0.91±0.01	
熔点(℃)	160~170	
断裂延伸率(%)	≥6	8~30
抗碱能力	抗拉强度的保持率不小于99%	

【命名】
命名规则：

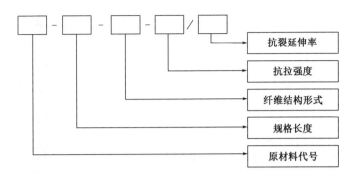

示例1:长度为20mm、抗拉强度大于500MPa、断裂延伸率大于20%的聚丙烯纤维网的型号为:PPF-20-M-500/200。

示例2:长度为19mm、抗拉强度大于400MPa、断裂延伸率大于10%的聚丙烯单丝纤维的型号为:PPF-19-S-400/100。

【计量单位】kg

5001008 聚丙烯腈纤维

【名词解释】
是一种由聚丙烯腈或丙烯腈含量大于85%(质量百分比)的丙烯腈共聚物制成的合成纤维。
【主要用途】
掺加在混凝土中,使得混凝土性能发生明显的改善,同时也使得混凝土的使用寿命得到延长。
【工程图片】(图5-8)

图5-8 聚丙烯腈纤维

【物理性能指标】(表5-5、表5-6)

聚丙烯腈纤维不同功能要求的物理性能指标　　　　表5-5

类型	项目		
	抗拉强度(MPa)	断裂延伸率(%)	弹性模量(MPa)
加强型纤维	≥910	>20	>17100
防裂型纤维	>910	>15	
辅助型纤维	<910	10~15	

聚丙烯腈纤维的物理性能指标   表5-6

项 目	指 标
密度(g/cm³)	≥1.18
熔点(℃)	≥220
抗碱能力	抗拉强度得保持率不小于99%
耐热稳定性	良好

【命名】
命名规则：

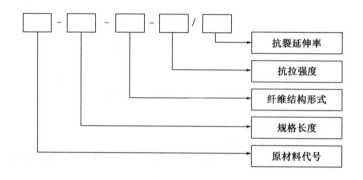

示例：长度为18mm、抗拉强度大于910MPa、断裂延伸率大于15%的聚丙烯腈单丝纤维的型号为：PAN-18-S-910/15。

【计量单位】kg

5001009　三维植被网

【名词解释】
由土工合成材料(如聚乙烯)细丝制作的，是土工网的一种，具有三维结构，中空的土工合成材料网。是用于植草固土用的一种三维结构的似丝瓜网络样的网垫，称为三维植被网，也称为土工三维植被网或三维土工网。可分为塑料三维土工网和经编三维土工网。

【主要用途】
三维植被网的存在，对减少边坡土壤的水分蒸发，增加入渗量有良好的作用。同时，由于三维植被网材料为聚乙烯，具有吸热保温的作用，可促进种子发芽，有利于植物生长。主要用于公路、铁路、河道、堤坝等坡面防护。

【常见类型】
施工中常见EM2、EM3、EM4、EM5等规格，他们分别表示的是层数，比如EM2表示三维植被网由2层土工网组成，施工时，可根据需要定制层数。塑料三维植被网及经编三维植被网如图5-9所示。

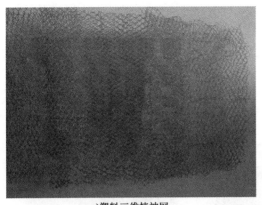
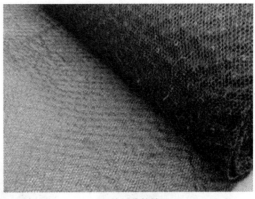

a)塑料三维植被网　　　　　　　　　　b)经编三维植被网

图 5-9　塑料三维植被网及经编三维植被网

【工程图片】(图 5-10)

a)　　　　　　　　　　　　　　b)

图 5-10　三维植被网施工

【计量单位】　m^2

5001010　塑料防水板、5001011　橡胶防水板

【名词解释】

防水板是以高分子聚合物为基本原料,加入一定的功能性助剂为辅料,经挤出成型的平面板状防水防渗材料,多与土工布、止水条(带)一起使用。

【主要用途】

在隧道等工程建设中广泛运用。公路工程中多用于隧道工程,是保证隧道防水功能的主要措施。

【常见类型】

塑料防水板[图 5-11a)]:用塑料做成的防水板,根据塑料的材质不同可分为:EVA 防水板、HDPE 防水板、LLDPE 防水板、PC 防水板、BCE 防水板、LLDPE 防水板、LDPE 防水板等。定额中所消耗的是指:厚 1.2mm 的塑料防水板。

橡胶防水板[图5-11b)]:用橡胶做成的防水板,板面上有排水结构,插入土层或置于结构层中,板面起到排水作用。

复合式防水板[图5-11c)]:上述塑料与橡胶防水板中材质与土工布混合而成,类似于复合土工布(膜)。

a)塑料防水板　　　　　b)橡胶防水板　　　　　c)复合防水板

图5-11　塑料防水板、橡胶防水板、复合防水板

【产品规格】(表5-7)

防水板规格　　　　　表5-7

类　型	产品规格(标称不透水压力)(MPa)					
防水板	RB0.1	RB0.2	RB0.3	RB0.4	RB0.5	RB0.6

【工程图片】(图5-12)

图5-12　隧道防水板施工

【命名】

命名规则:

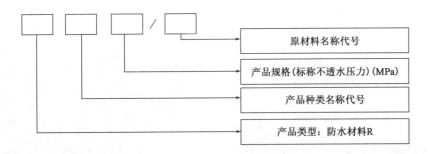

示例:高密度聚乙烯为主要原料制成的板状防水层,且不透水压力为 0.2MPa 的防水板(RB),表示为:RB0.2/HDPE,也叫作 HDPE 防水板。

【计量单位】 m^2

5001012　塑料板盲沟

【名词解释】

塑料板盲沟又称塑料盲沟、暗沟、暗渠等,它是将热塑性合成树脂加热溶化后通过喷嘴挤压出纤维丝叠置在一起,并将其相接点熔接而成的三维立体多孔材料。一般需要将塑料芯体外包裹滤布组合,塑料芯体有矩形、中空矩阵、圆形、中空圆形等多种结构形式,又称速排龙。不同的结构形式以适应排水、止水和固定的需要,相对其他软质塑料板材具有一定的刚度,对保持排水腔有利,材质比重较小,成本相对降低,具有耐寒耐腐蚀、耐菌蚀不易老化,使用寿命长。国际上将其称为复合土工排水体,又称三维排水板。

【主要用途】

在公路、铁路路基路肩的加固排水;隧道、地铁地下通道的排水;各种挡土墙边垂直及水平排水中也有用到。隧道工程常用于掩埋至隧道衬砌中起防渗排水的作用。

【常见类型】(图 5-13 及表 5-8、表 5-9)

a)塑料板盲沟(Y5、Z6)

b)塑料板盲沟(J2)

图　5-13

c)塑料板盲沟(J0)

d)塑料板盲沟(Y1、Z4)

图 5-13 塑料板盲沟

塑料板盲沟横截面形状及代号　　　　　　　　　　表 5-8

横截面形状	代　号	横截面形状	代　号	横截面形状	代　号
矩形实心	J0	圆形实心	Y0	圆形三柱支撑	Z3
矩形单孔	J1	圆形单孔	Y1	圆形四柱支撑	Z4
矩形双孔	J2	圆形三孔	Y3	圆形五柱支撑	Z5
矩形四孔	J4	圆形五孔	Y5	圆形六柱支撑	Z6

注:未列横截面状况的排水芯体应特殊说明。

塑料板盲沟型号规格及纵向通水量　　　　　　　　　　表 5-9

型 号 规 格	纵向通水量(m^3/h)
DC0.5	≥0.5
DC1.0	≥1.0
DC1.5	≥1.5
DC3	≥3
DC5	≥5
DC10	≥10
DC15	≥15
DC20	≥20
DC25	≥25

【工程图片】(图5-14)

图5-14　塑料板盲沟施工

【命名】
命名规则：

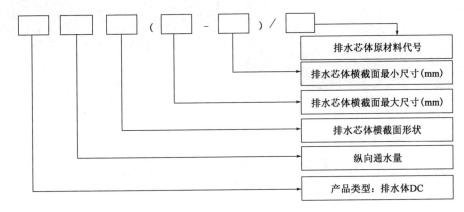

示例：纵向通水量为15m³/h，外径是200mm，内径是140mm的聚乙烯圆形单孔(Y1)的塑料板盲沟/速排龙，表示为：DC15Y1(200-140)PE。

【计量单位】m

5001013～5001015　PVC塑料管

【名词解释】
是以聚氯乙烯为主要原料，加入适量助剂，经挤出成型的管材产品。

【主要用途】
PVC塑料管分为PVC给水管、排水管和穿线管三种。在公路工程中主要用于路基工程中的纵、横向排水及透水、桥梁的集中排水，各种挡土墙及边沟垂直、水平排水，隧道、地下道的排水，在沿线交通工程中用作电线电缆护套等。

【工程图片】（图 5-15）

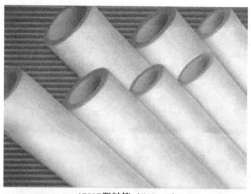
a)PVC塑料管（φ50mm）

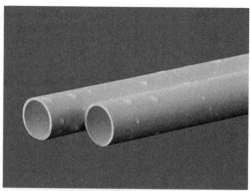
b)PVC塑料管（φ100mm）

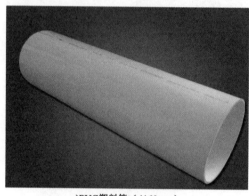
c)PVC塑料管（φ160mm）

d)PVC塑料管施工

图 5-15　PVC 塑料管及其施工

【规格】（表 5-10、表 5-11）

管材公称压力和规格尺寸（单位：mm）　　表 5-10

PVC 塑料管 公称外径 d	壁厚 e				
	公称压力				
	0.6MPa	0.8MPa	1.0MPa	1.25MPa	1.6MPa
50		2.0	2.4	3.0	3.7
100	3.2	3.9	4.8	5.7	7.2
160	4.7	5.6	7.0	7.7	9.5

PVC 管种类及规格　　表 5-11

PVC 管种类	PVC 管规格（mm）
PVC 穿线管	16　20　25　30　40　50　75　90　100
PVC 排水管	40　50　75　90　100　160　200　250　315　400　500
PVC 给水管	20　25　32　40　50　63　75　90　100　160　200

注：PVC 塑料管价格的区别主要体现在产品的质量和厚度上面，同时，不同的使用环境应采用不同的规格，需在工程质量与成本上取得平衡。

【计量单位】 m

5001016　PVC阻燃塑料管

【名词解释】

PVC阻燃管是指以聚氯乙烯树脂为主要原料,加入其他添加剂挤出成型的套管,套管不易被火焰点燃,或虽能被火焰点燃但点燃后无明显的火焰传播,且当火源撤去,在规定的时间内火焰可自熄。

【主要用途】

PVC阻燃塑料管广泛用于建筑工程之混凝土内,楼板间或墙内作为电线导管(暗管),也可作为一般配线导管(明管)及通信线缆、网络布线用管等。

【工程图片】(图5-16)

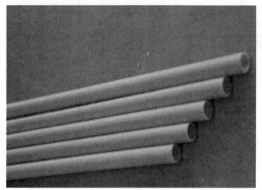
a)PVC阻燃塑料管

b)PVC阻燃塑料管的敷设

图5-16　PVC阻燃塑料管及其敷设

【规格】(表5-12)

阻燃管规格尺寸　　　　表5-12

公称尺寸(mm)	外径d_2(mm)	极限偏差(mm)	最小内径d_1(mm)		硬质套管最小壁厚(mm)	米制螺纹	套管长度L(m)	
			硬质套管	半硬质、波纹套管			硬质磁管	半硬质波纹管套管
16	16	0~0.3	12.2	10.7	1.0	M16×1.5	根据运输及工程要求定	25~100
20	20	0~0.3	15.8	14.1	1.1	M20×1.5		
25	25	0~0.4	20.6	18.3	1.3	M25×1.5		
32	32	0~0.4	26.6	24.3	1.5	M32×1.5		
40	40	0~0.4	34.4	31.2	1.9	M40×1.5		
50	50	0~0.5	43.2	39.6	2.2	M50×1.5		
63	63	0~0.6	57.0	52.6	2.7	M63×1.5		

【命名】（表 5-13、表 5-14）

型号命名规则及产品类型　　　　　　　　　　　表 5-13

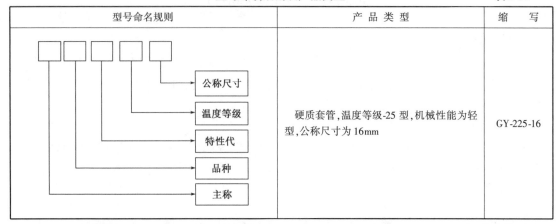

型号命名规则	产品类型	缩　写
公称尺寸／温度等级／特性代／品种／主称	硬质套管,温度等级-25 型,机械性能为轻型,公称尺寸为 16mm	GY-225-16

PVC 阻燃管特征及代号　　　　　　　　　　　表 5-14

阻燃管特性	阻燃管参数及代号
阻燃管公称尺寸	16　20　25　32　40
机械性能	轻型（2）　中型（3）　重型（4）　超重型（5）
温度等级	－25　－15　－5　90　90／－25
弯曲特点	套管（G）　硬质（Y）　半硬质（B）　波纹（W）

【计量单位】m

5001017　塑　料　软　管

【主要用途】
作一般水管使用。
【工程图片】（图 5-17）

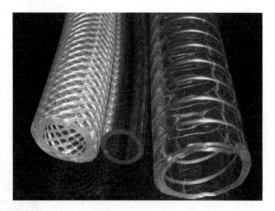

图 5-17　塑料软管

【计量单位】kg

5001018~5001020　塑料弹簧软管

【名词解释】
管身可适量伸缩,具有一定弹性的塑料软管。

【主要用途】
用于油管或者注浆管,大直径的用于隧道工程的塑料排水管沟和作为电线电缆护套。

【工程图片】(图5-18)

图5-18　塑料弹簧管

【计量单位】m

5001021~5001030　双壁波纹管

【名词解释】
以聚氯乙烯为主要原料,加入必要的添加剂,经挤成型的管材。双壁波纹管是指管壁截面和扩口为双层结构,内壁光滑、外壁呈环形波纹状,内外壁中空的特殊管材。该管材外形美观,抗压力强,水阻小,耐酸碱腐蚀,易安装运输,具有节能,节材节水的显著优点。

【主要用途】
适用于排水工程中的预埋管道,地下管线的保护套管和通信电缆护套管等。不同的排水要求,预埋不同管径的双壁波纹管(PVC-U)。在本定额中主要用于1-2排水工程;6-4通信系统。

【工程图片】(图5-19)

【材料规格】
双壁波纹管(PVC-U)根据直径分有10种:100mm、200mm、300mm、400mm、500mm、600mm、700mm、800mm、900mm、1000mm。

【计量单位】m

图 5-19　双壁波纹管(PVC-U)

5001031～5001033　塑料打孔波纹管

【名词解释】

塑料打孔波纹管是由高密度聚乙烯(HDPE)添加其他助剂而形成的外形呈波纹状的新型渗、排水塑料管材。该管材的管孔在波谷中且为长条形,有效地克服了平面圆孔产品易被堵塞而影响排水效果的弊端,针对不同的排水要求,管孔的大小可为 10mm×1mm～30mm×3mm,并且可以在 360°、270°、180°、90°等范围内均匀分布。

【主要用途】

适用于路基纵向、横向排水及透水,各种挡土墙背面及边沟垂直、水平排水,隧道、地下道的排水,也用于隧道施工中二次衬砌前的防排水。

【工程图片】(图 5-20)

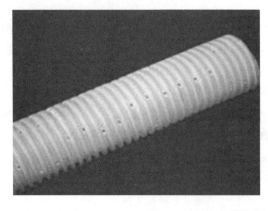

图 5-20　塑料打孔波纹管(ϕ100mm、ϕ200mm、ϕ400mm)

【主要技术指标】

(1)垂直加压至外径的 40%,立即卸荷,试样不破裂,不分层。

(2)温度在0℃,高度1m的条件下,用质量为1kg的重锤,冲击10次,应9次以上无开裂。

(3)内壁均匀光滑,透水孔均匀地打在波谷高度的1/2以下,打在波谷高度1/2以上的孔数不大于总数的10%。

(4)透水面积≥45cm²/m。

(5)纵向回缩率≤3.0%。

(6)弯曲度≤2%。

(7)环刚度≥6.3kg/m²。

【计量单位】m

5001034～5001042　塑料波纹管

【名词解释】

高密度聚乙烯树脂(HDPE)或聚丙烯(PP)为主要原料,经热熔挤出成型的预应力混凝土桥梁用塑料波纹管。

【主要用途】

用于后张预应力钢绞线制作、张拉,作为预应力筋的成孔管道。在桥梁施工中是代替原有金属波纹管的理想产品。

【工程图片】(图5-21)

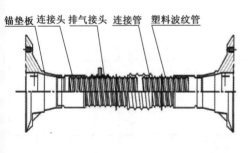

a)塑料波纹管结构图

b)塑料波纹管实物图

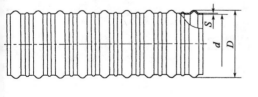

c)图形塑料波纹管

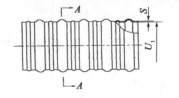

d)扁形塑料波纹管

图5-21　塑料波纹管

【材料规格】(表 5-15)

材料规格　　　　　　　　　　　　　　　　　　表 5-15

材料代码	本节材料名称	说　明
5001033	塑料波纹管 90×25mm	
5001034	塑料波纹管 SBG-50Y	
5001035	塑料波纹管 SBG-60Y	
5001036	塑料波纹管 SBG-75Y	
5001037	塑料波纹管 SBG-100Y	
5001038	塑料波纹管 SBG-130Y	
5001048	塑料波纹管 SBG-55B	
5001049	塑料波纹管 SBG-72B	
5001050	塑料波纹管 SBG-90B	

【命名】(表 5-16)

命名规则及产品类型　　　　　　　　　　　　　表 5-16

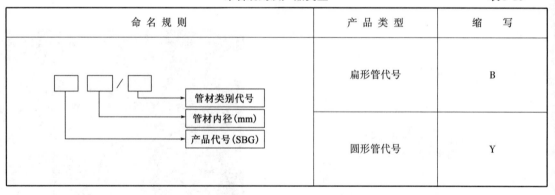

命名规则	产品类型	缩　写
	扁形管代号	B
	圆形管代号	Y

示例 1：内径为 50mm 的圆形塑料波纹管型号：SBG-50Y。

示例 2：长轴方向内径为 55mm 的扁形塑料波纹管型号：SBG-55B。

【计量单位】 m

5001043　PVC 注浆管

【名词解释】

管内芯骨架主要采用高级塑料(PVC)为主材，具有良好的柔韧性。在管体上均匀设有四排出浆孔和起单向开关作用的发泡条，起到全断面出浆作用，以防砂浆将所有出浆孔堵塞。当施工缝发生渗水现象时，进行注浆修补，带有压力的浆液会将发泡条压缩，并均匀地注入混凝土施工缝的间隙中,将渗漏水堵住、可重复注浆、防水效果好且费用低。

【主要用途】
适用于路基防护工程锚孔注浆。

【工程图片】(图5-22)

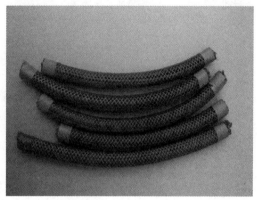

图5-22 PVC注浆管

【计量单位】 m

5001044　塑料管(含连接件)

【名词解释】
以塑料树脂为原料、加入稳定剂、润滑剂等,以"塑"的方法在制管机内经挤压加工而成。主要有聚氯乙烯管,聚乙烯管,聚丙烯管、聚甲醛管、超高分子量聚乙烯管等。

【主要用途】
主要用作排水管以及电线安装配套用的穿线管等。

【常见类型】
在非金属管路中,应用最广泛的是塑料管。塑料管种类很多,分为热塑性塑料管和热固性塑料管两大类。属于热塑性的有聚氯乙烯管,聚乙烯管,聚丙烯管、聚甲醛管、超高分子量聚乙烯管等;属于热固性的有酚塑料管等。塑料管的主要优点是耐蚀性能好、质量轻、成型方便、加工容易,缺点是强度较低,耐热性差。

【工程图片】(图5-23)
【优点】
塑料管材与传统金属管道相比,具有自重轻、耐腐蚀、耐压强度高、卫生安全、水流阻力小、节约能源、节省金属、改善生活环境、使用寿命长、安装方便等特点,受到了管道工程界的青睐并占据了相当重要的位置,形成一种势不可当的发展趋势。

【计量单位】 m

 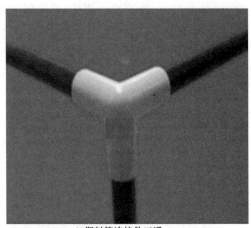

a)塑料管连接件四通　　　　　　　　　b)塑料管连接件三通

图 5-23　塑料管连接件

5001045　钢塑复合管

【名词解释】

产品以无缝钢管、焊接钢管为基管,内壁涂装高附着力、防腐、食品级卫生型的聚乙烯粉末或涂环氧树脂涂料。采用前处理、预热、内涂装、流平、后处理工艺制成的给水镀锌内涂塑复合钢管,是传统镀锌管的升级型产品,钢塑复合管一般用螺纹连接。

【主要用途】

钢塑复合管的用途非常广泛,石油、天然气输送,工矿用管,饮水管,排水管等等各种领域均可以见到这种管的身影。该管道具有柔韧性好、寿命长、防腐耐磨、耐压性能好等优点。

【工程图片】(图 5-24)

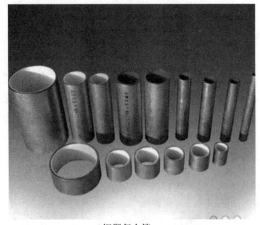 

a)钢塑复合管　　　　　　　　　b)钢塑复合管结构

图 5-24　钢塑复合管及其结构

【常见类型】

钢塑复合管有很多分类,可根据管材的结构分类为:钢带增强钢塑复合管,无缝钢管增强钢塑复合管,孔网钢带钢塑复合管以及钢丝网骨架钢塑复合管。当前,市面上最为流行的是钢带增强钢塑复合管,也就是我们钢塑复合管结构常说的钢塑复合压力管,这种管材中间层为高碳钢带通过卷曲成型对接焊接而成的钢带层,内外层均为高密度聚乙烯(HDPE)。这种管材中间层为钢带,所以管材承压性能非常好,不同于铝带承压不高,管材最大口径只能做到63mm,钢塑管的最大口径可以做到200mm,甚至更大;由于管材中间层的钢带是密闭的,所以这种钢塑管同时具有阻氧作用,可直接用于直饮水工程,而其内外层又是塑料材质,具有非常好的耐腐蚀性。

【计量单位】 m

5001046　ϕ1500mm 软质通风管

【名词解释】
使用帆布、PVC夹网布、PVC阻燃夹网布等软质材料做成的中空的用于通风的管材,与隧道通风机配合使用,广泛应用于隧道纵向通风的集中送入式、集中排出式、送排组合式通风,也叫风带。

【主要用途】
适用于隧道工程中的施工通风,向隧道内输送新鲜空气,排除有害气体,降低粉尘浓度。

【工程图片】(图5-25)

图5-25　软质通风管

【计量单位】 m

5001048　塑料管支架

【名词解释】
又称电缆保护管管枕,管托,管架。管枕分为玻璃钢管管枕、电力管管枕、涂塑钢管管枕。具有优良的力学性能。具有抗弯曲疲劳性。

【主要用途】
用于对塑料管或涂塑钢管进行卡位和固定。通过管枕的多种组合的排列,可以组成多层以多列的多导管排管系统。

【常见类型】

分为玻璃钢管管枕、电力管管枕、涂塑钢管管枕。包括:60号、90号、110号、125号、139号、160号、167号、180号、187号、192号、200号、210号、219号、225号、280号、295号等十多种型号。

【工程图片】(图5-26)

图5-26 塑料管支架

【计量单位】 套

5001049 橡胶止水带

【名词解释】

用于止水的橡胶带,以天然橡胶与各种合成橡胶为主要原料,掺加各种助剂及填充料,经塑炼、混炼、压制成型而成。

【主要用途】

橡胶止水带主要用于混凝土现浇时设在施工缝及变形缝内与混凝土结构成为一体的基础工程,多用在隧道涵洞、输水渡槽、拦水坝等构筑物,在公路工程中主要用于隧道施工。止水带是用在预留混凝土衬砌施工缝、伸缩缝和混凝土防护层分段节点处防水。

【常见类型】

根据使用情况可分类为:中埋式橡胶止水带❶、背贴式橡胶止水带❷、钢边橡胶止水带、遇水膨胀橡胶止水带、平板式橡胶止水带、注浆管型橡胶止水带。

根据外观形式可以分为:CB型止水带(指中间有孔的中埋式止水带)、CP型止水带(指中

---

❶中埋式橡胶止水带又称中置式橡胶止水带或内埋式橡胶止水带,是一种在混凝土变形缝、伸缩缝等混凝土内部设置的止水带,具有以止水带的材料弹性和结构形式来适应混凝土伸缩变形的能力。

❷背贴式止水带又称外贴式止水带或外置式止水带,是一种在地下构筑物混凝土变形缝、沉降缝壁板外侧(迎水面)设置的一种止水构造,具有以止水带的材料弹性和结构形式来适应混凝土伸缩变形的能力。

间无孔的中埋式止水带)、EP 型止水带(又称外贴式止水带或背贴式止水带,是指外贴式中间无孔型止水带)、EB 型止水带(外贴式中间有孔的止水带,又称外贴式止水带或背贴式止水带)。

按材质可分为:天然橡胶止水带、氯丁橡胶止水带、三元乙丙橡胶止水带。

【工程图片】(图 5-27)

a)中埋式橡胶止水带（CB型）

b)中埋式橡胶止水带（CP型）

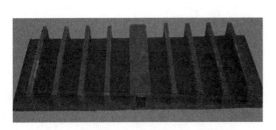

c)背贴式橡胶止水带（EB型）

d)背贴式橡胶止水带（EP型）

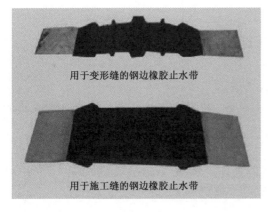

e)钢边橡胶止水带

f)平板式橡胶止水带

图 5-27

g)遇水膨胀橡胶止水带　　　　　　　h)注浆管型橡胶止水带

图 5-27　橡胶止水带

【型号规格】

橡胶止水带常用宽度(mm):230、250、270、280、290、395、300、350、400 等。特殊规格可定做。包装:20m/卷、30m/卷。其品种规格较多,有桥形、山形、P 形、U 形、Z 形、乙形、T 形、H 形、E 形、Q 形等。各种形状、尺寸、不同部位的需要备有十字形、丁字形、斜度形和内外转角形的止水带可根据不同工程需要定制。定额中指的是:15mm×300mm 的规格。

【计量单位】 m

5001050　橡胶止水条

【名词解释】

橡胶止水条是采用一种既有橡胶制品特性,又有遇水自行膨胀以止水的功能,用于止水的橡胶条。

【主要用途】

当混凝土浇灌时,橡胶止水条遇水膨胀,把混凝土施工缝隙封死,以达到止水的目的。其广泛应用于地铁、隧道等工程以及其他混凝土工程施工缝、伸缩缝、裂缝中。

【常见类型】

分类:橡胶止水条分为:腻子型橡胶止水条、制品型橡胶止水条、自黏性橡胶止水条、加强网型橡胶止水条、注浆管型橡胶止水条。

注浆管型橡胶止水条:是在橡胶条上带有注浆管的止水条,分为带注浆管止水条、BW注浆管止水条、注浆管型膨胀止水条。

【工程图片】(图5-28)

a)PZ制品型遇水膨胀橡胶止水条

b)BW腻子型注浆管遇水膨胀止水条

c)BW腻子型橡胶止水条

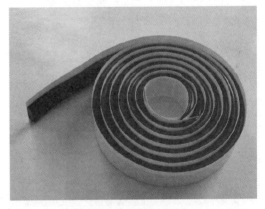

d)GB自黏性止水条

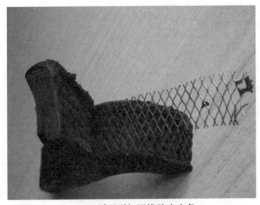

e)BW腻子型加网橡胶止水条

f)各类止水条

图5-28 橡胶止水条

【计量单位】m

5001051 塑料排水板

【名词解释】

塑料排水板别名塑料排水带,有波浪形、口琴形等多种形状。中间是挤出成型的塑料芯板,是排水带的骨架和通道,其断面呈并联十字,两面以非织造土工织物包裹作滤层,具有一定宽度的复合型产品。一般将宽度为10cm的称为排水带,宽度不小于100cm的称为排水板芯带。采用中心收卷成圆形的饼状,96g/m、200m/卷,直径0.8~1.3m,高度0.1m。

【主要用途】

塑料排水板用插板机插入软土地基,在上部预压荷载作用下,软土地基中空隙水由塑料排水板排到上部铺垫的砂层或水平塑料排水管中,由其他地方排出,起支撑作用,加速软基固结。塑料排水板的作用设计,施工设备基本与袋砂井相同。故在公路工程中主要用于软土地基处理工程。

【常见类型】(图5-29和表5-17)

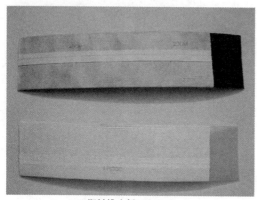
a) 塑料排水板SPB-A

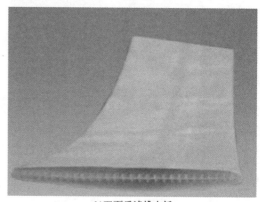
b) 双面反滤排水板

图5-29 塑料排水板SPB-A及双面反滤排水板

按照打设软土地基深度分类 表5-17

类型	适用打设深度(m)	厚度(mm),厚度允许偏差±0.5%	宽度(mm),宽度允许偏差±2%
SPB-A	10	≥3.5	>95
SPB-A_0	15	≥3.5	
SPB-B	20	≥4	
SPB-B_0	25	≥4	
SPB-C	35	≥4.5	

按功能分为四类:

双面反滤排水板(带),代号为FF;

单面反滤排水板(带),代号为F;

一面反滤排水,另一面隔离防渗排水板(带),代号FL;

加筋兼反排水板(带),代号FI。

【工程图片】(图5-30)

图 5-30　塑料排水板施工

【命名】
命名规则：

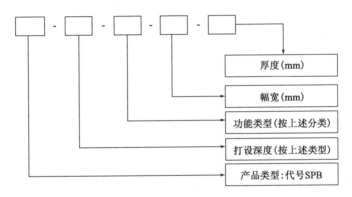

示例：打设深度小于 25m 的软土地基，幅宽为 1000mm、厚度为 10mm 的单面反滤排水板（带）表示为：SPB-B-F-1000-10。

【计量单位】 m

5001052　塑料编织袋

【名词解释】
　　塑料编织袋按主要材料构成分为聚丙烯袋、聚乙烯袋；按缝制方法分为缝底袋、缝边底袋。其主要生产工艺是利用塑料原料经挤出薄膜、切割、单向拉伸为扁丝，经过经纬编织得到产品，一般称为编织袋。

【主要用途】
　　广泛用于公路、铁路、海港等工程建设中。在公路工程中多用于路肩排水碎石盲沟、软基处理、编织袋围堰、袋装砂井等工程中。

【工程图片】(图 5-31)

图 5-31 塑料编织袋及其施工

【类型】(表 5-18)

塑料编织袋类型及型号 表 5-18

类 型	型号(最大允许装载质量/kg)				
	LA 型	TA 型	A 型	B 型	C 型
塑料编织袋	10	20	30	50	60

【命名】
命名规则：

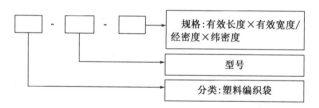

规格可根据需要选择相应大小。

示例：长度 600mm,宽度 450mm,无特殊使用功能的塑料编织袋,命名为:塑料编织缝底袋-TA-600×450。

【计量单位】个

5001054 塑料拉筋带

【名词解释】
塑料材质(聚丙烯)的拉筋,也可称作塑料土工加筋带,代号 SLLD。

【主要用途】
用于加筋土、拉筋挡土墙等。

【工程图片】(图 5-32)

图 5-32 塑料拉筋带

【规格】(表 5-19)

塑料拉筋带种类及规格　　　　表 5-19

种　类	规格:标称断裂极限拉力(kN)						
塑料拉筋带	3	7	10	13	—	—	—

【计量单位】t

5001055　塑料扩张环

【名词解释】
又名隔离架,支撑环,对中支架。采用聚乙烯(PE)材料,应用于配合预应力锚杆(锚索)的制作。

【主要用途】
用于扩张钢绞线(形成像藕一样的受力,锚固得更紧)和理顺钢绞线(钢绞线不会混乱,使之受力均匀充分),边坡治理,大型地下洞室及深基坑预应力锚索护坡支护等工程。

【工程图片】(图 5-33)

图 5-33 塑料扩张环

【计量单位】个

5001056　复合式防水板

内容同 5001010 塑料防水板、5001011 橡胶防水板。

5001058　植　生　袋

【名词解释】

植生袋又叫绿网袋、绿化袋——采用无纺布和遮阳网制作,抗紫外线性能优,耐用性长,透水性与透气性俱佳。

【主要用途】

公路工程中可用于植草护坡等工程。

【工程图片】(图 5-34)

a)植生袋　　　　　　　　　　　　　　b)植生袋护坡

图 5-34　植生袋及其护坡

【计量单位】个

5001059　耐　候　胶

【名词解释】

是密封胶的一种,具有一定的耐候性。使用时用挤胶枪将胶从密封胶筒中挤到需要密封的接缝中,密封胶在室温下吸收空气中的水分,固化成弹性体,形成有效密封。

【主要用途】

接缝材料在公路中主要用于安装圆管涵,主要起防水密封作用。

【工程图片】(图 5-35)

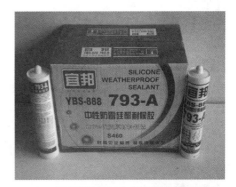

a)耐候胶　　　　　　　　　　b)"美氏793A"中性耐候硅酮密封胶

图 5-35　耐候胶

注：1. 使用前请做材料相容性测试；
　　2. 不用于结构性装配或表面温度(45°C)以上的材料；
　　3. 不用于渗出油污或溶剂的材料。

【计量单位】kg

5001064　PVC 胶

【名词解释】
PVC 胶是一款单组分快速挥发性溶剂，是专门的塑胶表面处理剂，以处理后能达到高强度的黏合力，特别适合 PVC 塑料工艺的一般常用黏结和表面处理工序作业。

【主要用途】
产品用途广泛，可解除各种难黏的透明或白色塑料制品如：聚氯乙烯（PVC）、聚乙烯（PE）、聚丙烯（PP）、ABS、PMMA、尼龙、海绵、薄膜、泡沫塑料等；对金属和非金属材料也有较好的黏结强度，如有机玻璃、竹、木材、橡胶、金属、织物、纸张；尤其是对塑料与金属、非金属材料的互黏、交叉黏结更具有超强的黏结强度。

【工程图片】（图 5-36）

a)PVC胶　　　　　　　　　　b)PVC胶粘剂

图 5-36　PVC 胶及 PVC 胶粘剂

【使用事项】

(1)若有必要,可适量加水稀释以便于涂胶。

(2)均匀涂胶后开放时间建议:1~2min 黏合,黏合物料时应保持紧压 10~15min,以自然干胶在 3h 以上为最佳。

(3)存放于 25~30℃避光阴凉通风处,远离热源、火源。

【计量单位】kg

5001065　环氧树脂胶水

【名词解释】

环氧树脂胶水是一种重要的热固性树脂胶水。尤其是因其具有优良的物理机械性能、电绝缘性能、耐化学腐蚀性能、耐热及黏结性能,用它配制的环氧树脂胶粘剂素有"万能胶"之称。

【主要用途】

广泛地应用于黏结各种金属和非金属材料。如:钢铁、铝材、陶瓷、玻璃、塑料等,配制聚酰胺防腐涂料,糊制玻璃,浇铸电器,密封电子元件等。以及用作为环氧富锌底漆、环氧云铁底漆、环氧石漆、环氧煤沥青漆等。

【工程图片】(图 5-37)

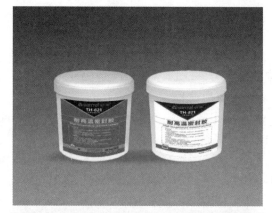
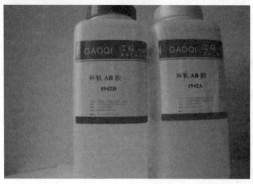

图 5-37　环氧树脂胶水

【计量单位】kg

第2节　5003　化工剂类

本节所列材料主要为化工类产品。一般作为辅料使用于公路工程施工中。

5003001　纤维稳定剂

【名词解释】
纤维稳定剂是采用特选的天然木材或矿石为原料,经特定的化学处理得到的有机纤维。

【主要用途】
纤维稳定剂具有良好的分散性,广泛用于沥青道路、混凝土、砂浆、石膏制品等领域,对防止涂层开裂、提高保水性和施工的和易性、增加强度、增强对表面的附着力等有良好的效果。

【工程图片】(图 5-38)

图 5-38　纤维稳定剂

【计量单位】t

5003002　高次团粒剂

【名词解释】

用于边坡喷播的一种外观为白色粉末的颗粒或结晶体(溶水后成无色透明)。

【主要用途】

高次团粒剂与混合泥浆反应之后喷播出来的具有十分疏松的气密结构土壤(称之为团粒结构)具有十分理想的疏水性能(称之为疏水反应)并且具有自然土壤中才有的稳定土壤结构,并且不会因为土壤的松散、通透而流失土壤基材与养分,使得高次团粒具有植物生长快速,植物品种繁多的特点。

【工程图片】(图5-39)

图5-39　高次团粒剂

【计量单位】 kg

5003003　压 浆 料

【名词解释】

压浆料是一种专用于后张法预应力管(孔)压浆施工的产品。由多种优质水泥基材料和高性能外加剂优化配制而成,具有优异的流动性,浆体稳定,充盈度好,凝结时间可调,无收缩、微膨胀,强度高,不含对钢筋有害物质等特点。

【主要用途】

各种铁路、公路桥梁后张法预应力孔道压浆;大型预应力结构孔道压浆;各种混凝土结构接头处止漏灌浆;帷幕灌浆,锚固灌浆,空隙填补或修复等。

【工程图片】(图5-40)

【施工要点】

水料比为 0.26～0.28,可根据灌浆部位不同进行调整。

首先在搅拌机中加入实际拌和水的 80%～90%,开动搅拌机,均匀加入全部压浆料,边加入边搅拌。全部粉料加入完毕,然后快速搅拌 3min,加入剩下的 10%～20% 的拌和水,继续搅拌 2min。

压浆料自搅拌至压入孔道的延续时间,视气温情况而定,一般在 30min～1h 范围内。

压浆料在使用前和压注过程中应连续搅拌,以维持浆体的均匀性和流动性。

压浆时浆体温度应保持在 5～30℃ 之间,否则应采取措施满足条件。

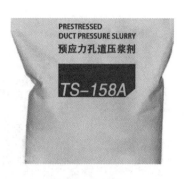

图 5-40　压浆料

【注意事项】

搅拌机转速不低于 1000r/min。

因延迟使用所致的流动度降低的水泥浆,不得通过加水来增加其流动度。

施工时,在高温条件下,应选择温度较低的时间,如夜间施工;在低温条件下,应按冬季施工标准进行。

【计量单位】t

5003004　膨　胀　剂

【名词解释】

膨胀剂是一种在水泥凝结硬化过程中使混凝土(包括砂浆及水泥净浆)产生可控制的膨胀以补偿收缩的外加剂。

【主要用途】

主要用于补偿混凝土、自防水混凝土、自应力混凝土和抗裂防渗混凝土的收缩。

【常见类型】

(1)膨胀剂的适应宜掺量为水泥 1.5%～2%,内掺法。

(2)适用于 32.5 级以上的水泥。

(3)制备补偿收缩混凝土时,要求计量准确,膨胀剂与砂、石同时加入搅拌机内,其拌和时间比普通混凝土延长 30～60s。

(4)浇灌混凝土要求振捣密实,不得有蜂窝、孔洞,注意早期浇水养护,养护期 4～10d。掺膨胀混凝土水化时需水量大,比普通混凝土更加强养护(如浇水、覆盖),使其表面始终处于潮湿条件,只有在充分水分条件下膨胀剂才能充分发挥作用。混凝土养护期为 7～14d,养护条件较好时最少也要 7d,即使混凝土强度已达拆模条件,也必须保水养护足够时间,在终凝后 2h 即可开始浇水养护。

【工程图片】(图 5-41)

【计量单位】kg

a)硫铝酸钙类

b)硫铝酸钙—氧化钙类

c)氧化钙类

d)氧化镁类

图 5-41　膨胀剂

5003005　高效减水剂

【名词解释】

高效减水剂又称为超塑化剂或分散剂,是一种能提高混凝土的工作性,在混凝土流动性相同的条件下能大幅减少拌和用水量,显著地提高混凝土强度的外加剂,并且是用量最大、应用最广的混凝土外加剂。

【主要用途】

适用于各类工业与民用建筑、水利、交通、港口、市政等工程中的预制和现浇筑钢筋混凝土;适用于高强、超高强和中等强度混凝土,以及要求早强、适度抗冻、大流动性混凝土;适用于蒸养工艺的预制混凝土构件;适用于做各种复合型外加剂的减水增强组分(即母料)。

【工程图片】(图 5-42)

【特性】

(1)高效减水剂对水泥有很强的分散作用,能大大提高水泥拌和物流动性和混凝土坍落度,同时大幅度降低用水量,显著改善混凝土工作性。但有的高效减水剂会加速混凝土坍落度损失,掺量过大则会导致泌水。高效减水剂基本不改变混凝土凝结时间,掺量大时(超剂量掺入)稍有缓凝作用,但并不延缓硬化混凝土早期强度的增长。

图 5-42 减水剂

(2) 能大幅度降低用水量从而显著提高混凝土各龄期强度。在保持强度恒定时,则能节约 10% 的水泥或更多。

(3) 氯离子含量微少,对钢筋不产生锈蚀作用。能增强混凝土的抗渗、抗冻融及耐腐蚀性,提高了混凝土的耐久性。

【计量单位】kg

5003006 锚固剂

【名词解释】

锚固剂又称为结构锚固胶。

【主要用途】

适用于钢筋的锚固。本定额主要用于隧道锚杆的锚固。

【工程图片】(图 5-43)

图 5-43 锚固剂

【使用安装】

(1)锚固剂,使用前应辨明其使用类型,类型以颜色来区分,超快速 cka 为黄色,快速 k 为蓝色,中速 z 为白色。

(2)锚固剂,安装前必须看清包装箱上标明的树脂锚杆锚固剂的规格尺寸,是否与设计要求的规格尺寸相符。

(3)锚固剂,包装箱上都标有生产日期,锚固剂应尽快使用,在 22~25℃ 环境温度条件下保存时间不得超过 3 个月。

【计量单位】t

5003007 气 密 剂

【名词解释】

是一种水泥混凝土外加剂,改善混凝土的气密性能,提高混凝土的密实性,抗裂防渗性能。气密剂为硅灰、粉煤灰和高效减水剂按比例掺配而成的复合剂。在混凝土中掺入一定数量的气密剂,主要起到以下两方面的作用:一是气密剂具有高效减水剂的减水作用,可降低混凝土的水灰比,使混凝土均匀致密,孔隙率降低,毛细孔、连通孔数量大大减少,孔结构得到显著改善;二是气密剂能与水泥水化物氢氧化钙、水化铝酸钙等发生二次化学反应,生成铝酸钙凝胶、钙矾石等,可自动填充与堵塞毛细孔、凝胶孔,并产生适量的膨胀,增强了混凝土的密实性能。

【主要用途】

适用于有各种酸性介质、有害气体渗透的硫酸盐、镁盐、盐类结晶、硫酸型酸性、溶出型(含碳酸型)等侵蚀的石膏地层、含盐地层、镁盐渍土,高水压渗漏的煤系地层、石膏岩层、碳酸盐岩层、盐渍盐湖、海水氯盐侵蚀、高瓦斯渗透地区穿越的铁路、公路隧道混凝土工程。

【工程图片】(图 5-44)

【计量单位】kg

图 5-44　气密剂

第 3 节　5005　火工材料

本节所列材料在公路工程建造中主要用作燃料、石方爆破、石料开采和隧道开凿等工程项目中。

5005001　乳化炸药

【名词解释】
乳化炸药是以氧化剂水溶液为分散相,以不溶于水、可液化的碳质燃料作为连续相,利用乳化剂的乳化作用及敏化剂的敏化作用而形成的一种油包水(W/O)型特殊结构的含水混合炸药。

【主要用途】
适用于露天及无瓦斯煤尘等爆炸危险的地下爆破工程,也可用于有水或潮湿的爆破场合。

【常见类型】目前研制出的品种很多,有用于露天矿的露天型乳化炸药,用于中硬岩石爆破的岩石型乳化炸药和用于煤矿井下的许用型乳化炸药,还有用于光面爆破的小直径低爆速的乳化炸药。在公路工程中主要用到的乳化炸药有:1号岩石乳化炸药、2号岩石乳化炸药和岩石粉状乳化炸药(表 5-20)。

几种炸药的爆炸性能及其比较　　　　表 5-20

品　　种	爆炸性能			
	殉爆距离(cm)	爆速(m/s)	猛度(mm)	做功能力(mL)
岩石粉状乳化炸药	5~8	3700~4300	15~18	340~380
1号岩石乳化炸药	不小于4	不小于4500	不小于16	不小于320
2号岩石乳化炸药	不小于3	不小于3200	不小于12	不小于260

【工程图片】(图 5-45)

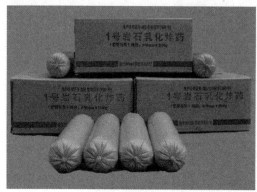
a)1号岩石乳化炸药

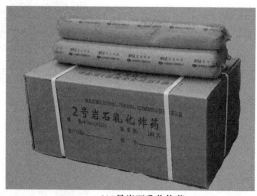
b)2号岩石乳化炸药

c)岩石粉状乳化炸药

d)岩石乳化炸药

图 5-45 乳化炸药

【命名】(表 5-21)

命名规则及产品类型 表 5-21

命名规则	产品类型	缩　写
	岩石粉状乳化炸药	Y-FR
	1号岩石乳化炸药	1-Y-RH
	2号岩石乳化炸药	2-Y-RH

【计量单位】kg

5005002 硝 铵 炸 药

【名词解释】

硝铵炸药是以硝酸铵为主要成分的粉状混合炸药。多为浅黄色或灰白色,吸湿性强,易结块,有效保存期通常为6个月。受潮后敏感性和威力显著降低,同时产生毒气。

【主要用途】

主要用于爆破土壤与岩石等。

【常见类型】

根据不同的使用场合和性能特点,通常分为岩石硝铵炸药、煤矿许用硝铵炸药和露天硝铵炸药。在公路工程中通常使用到的炸药为:1号硝铵炸药和2号硝铵炸药。

【工程图片】(图5-46)

a) 1号岩石硝铵炸药　　　　　　　　b) 2号岩石硝铵炸药

图5-46　硝铵炸药

【技术性能】(表5-22)

硝铵炸药的主要技术性能　　　　　　　　表5-22

	成分性能和指标	1号岩石硝铵炸药	2号岩石硝铵炸药
性能	水分(不大于)(%)	0.3	0.3
	密度(g/cm³)	0.95~1.1	0.95~1.1
	猛度(不小于)(mm)	13	12
	爆力(不小于)(mL)	350	320
	殉爆Ⅰ(cm)	6	5
	殉爆Ⅱ(cm)		
	爆速(m/s)		3600
爆炸参数计算值	氧平衡(%)	0.52	3.38
	质量体积(L/kg)	912	924
	爆热(kJ/kg)	4078	3688
	爆温(℃)	2700	2514
	爆压(Pa)		3306100

【命名】(表5-23)

命名规则及产品类型　　　　　　　　表 5-23

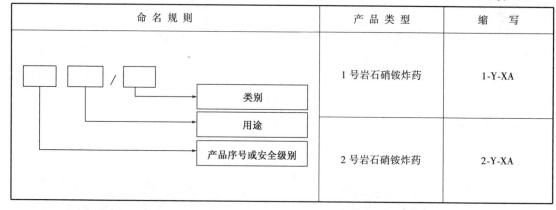

【计量单位】kg

5005003　导　火　线

【名词解释】

导火线也叫导火索、引火线，是点燃火雷管的配套材料，它是以具有一定密度的粉状或者粒状黑火药为索芯，外面用塑料、棉纱线或纸条、沥青等材料包缠而成的圆形索状起爆材料，直径约为 2.2mm。

【主要用途】

用以引爆雷管或黑火药。

【常见类型】

普通导火线按燃速分为 6 个型号：1 号为 60～80s/m、2 号为 80～100s/m、3 号为 100～125s/m、4 号为 125～150s/m、5 号为 150～180s/m、6 号为 180～215s/m。军事及工程上常用的是 3 号普通导火线（表 5-24）。

3 号导火索性能　　　　　　　　表 5-24

名称	外观尺寸	燃速	喷火强度	燃烧性能	防潮能力
3 号普通导火线	外径：5.2～5.8mm（手榴弹用导火索为 5.6～6.0mm）；药芯直径：≥2.2mm（手榴弹用导火索为 2.5mm，黑火药粉 6g/m）；每卷长度：100m（或 50m）	在空气中正常状态下为 100～125s/m	有效喷火距离≤50mm	在燃烧过程中应无爆声、中途熄灭及跑火现象，允许有烧焦、沥青渗出等现象	两端密封放入 1m 深的常温静水中浸 2h（塑料导火线 5h）后，应符合燃烧性能要求。药芯受潮则失效

【工程图片】（图 5-47）

【计量单位】m

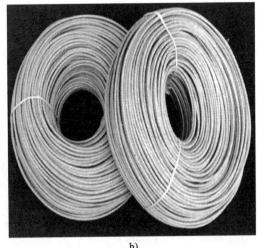

a)　　　　　　　　　　　　　b)

图 5-47　普通导火线

5005004　砂　包　线

【名词解释】
砂包线是一种耐高温线,铜线外面包一层棉纱,一般较为细小。

【主要用途】
用于爆破中的连接线。

【工程图片】(图 5-48)

图 5-48　砂包线

【计量单位】 m

5005005　母　　线

【名词解释】
里面是导线,外面是用胶质做绝缘体的一种线。导线的材料应采用绝缘性良好、导电性能好的铜芯线或铝芯线,胶质材料一般为聚氯乙烯绝缘材料。

【主要用途】

导线主要用作电爆网路中的连接线,在公路工程中主要用于路基工程中的抛坍爆破石方。

【常见类型】

胶质导线按其在电爆网路中的不同位置划分为端线、脚线、连接线、区域线和母线。

端线:直径1.13～1.38mm的绝缘线。

连接线:为连接各孔口或药室之间的连接线,规格同端线。

脚线:雷管脚线(长1.5～2.0m)主要材料为铜芯或镀钢芯的聚氯乙烯绝缘电线。雷管出厂就带有长为2m、直径为0.4～0.5mm的脚线。装入大于2m的孔或药室时,必须接线连线连到孔口或药室口外。

母线:连接电源与区域线的导线,因它不在爆落范围内使用,可多次重复使用。

【工程图片】(图5-49)

图5-49 胶质导线

【表示方法】

产品用型号、导体标称直径、绝缘颜色及标准编号如下表示。

系列代号:电雷管引爆用电线——DB

材料代号:铜芯导体——省略

　　　　　镀锌钢芯导体——G

　　　　　绝缘聚氯乙烯——V

绝缘厚度代号:

　　　　薄型绝缘——－1

　　　　厚型绝缘——－2

型号(名称):

DBV-1(电雷管引爆用铜芯薄型聚氯乙烯绝缘电线)

DBV-2(电雷管引爆用铜芯薄型聚氯乙烯绝缘电线)

DBGV-1(电雷管引爆用镀锌钢芯薄型聚氯乙烯绝缘电线)

DBGV-2(电雷管引爆用镀锌钢芯厚型聚氯乙烯绝缘电线)

示例:电雷管引爆用直径0.4mm铜芯薄型聚氯乙烯绝缘电线,红色,表示为:

DBV-1　0.4　红 GB/T 18014—2008

【规格】(表5-25)

砂包线规格　　　　　　　　　表5-25

型号	导体标称直径（mm）	绝缘最薄厚主不小于（mm）	电线平均外径(mm)		20℃时导体直流电阻不大于(Ω/m)
			下限	上限	
DBV-1	0.40	0.15	0.85	0.95	0.150
	0.45	0.15	0.85	0.95	0.119
	0.50	0.15	0.90	1.00	0.090
	0.60	0.17	1.00	1.10	0.067
DBV-2	0.40	0.20	0.90	1.00	0.150
	0.45	0.20	0.90	1.00	0.119
	0.50	0.25	1.20	1.30	0.090
	0.60	0.25	1.20	1.30	0.067
DBGV-1	0.44	0.15	0.85	0.95	0.838
	0.47	0.15	0.85	0.95	0.734
	0.52	0.15	0.90	1.00	0.600
	0.59	0.17	1.00	1.10	0.466
DBGV-2	0.44	0.20	0.90	1.00	0.838
	0.47	0.20	0.90	1.00	0.734
	0.52	0.25	1.20	1.30	0.600
	0.59	0.25	1.20	1.30	0.466

【计量单位】m

5005007　电　雷　管

【名词解释】

电雷管是利用电能来引爆的雷管,是电力起爆系统的主要部件。

【主要用途】

适用于露天及井下采矿、筑路、兴修水利等爆破工程中,也用于起爆炸药、导爆索、导爆管等。

【常见类型】

电雷管按发火时间不同分为瞬发电雷管和延期时电雷管。瞬发电雷管是指通入足够电量后,瞬间(13ms以内)爆炸的电雷管;延时电雷管是指通入足够的电量后,还要经过一段时间才能爆炸的电雷管。起爆能力号数根据起爆能力的大小划分为6号和8号,公路工程中常用的为6号瞬发电雷管。雷管脚线长度规定为2m。

【工程图片】（图 5-50）

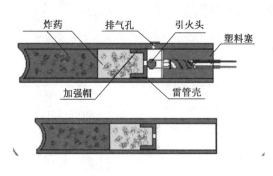
a)电雷管结构图

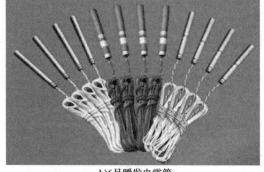
b)6号瞬发电雷管

图 5-50　电雷管

【使用注意事项】

(1)使用前,应用专用仪表逐发检测电阻值,合格品方可投入使用。

(2)抽取时应捏紧管体附近的脚线,严禁捏着管体拉出脚线。

(3)起爆药包加工方法有扎孔装配和启口装配两种。

(4)设计和敷设电爆网路时,应对网络电阻计算与校核,确保各支路电阻均衡。

(5)同一电爆网路的电雷管应为同厂、同批、同型号产品,不应将不同厂家、品种、型号的雷管混杂使用。

【命名】（表 5-26 ~ 表 5-29）

命名规则及产品类型　　　　　　　　　表 5-26

命名规则	产品类型	缩　写
□□-□□ 起爆能力号、特征代号 / 电感度类别代号 / 延期类别及系列号 / 管壳材料代号	纸壳6号瞬发电雷管	Z-6
	钢壳毫妙延期电雷管	GMS1-8

管壳材料及代号　　　　　　　　　表 5-27

管壳材料	纸	塑料	钢	铝及铝合金	铜	覆(镀)铜钢及法兰钢
代号	Z	S	G	L	T	F

延期类别及代号　　　　　　　　　表 5-28

延期类别	ms	0.25s	0.5s	s
代号	MS	QS	HS	S

电感度类别及代号　　　　　　　　　表 5-29

电感度类别	普通电感度	钝感	高钝感	特钝感
代号	A	B	C	D

【计量单位】个

5005008　非电毫秒雷管

【名词解释】

导爆管雷管又称非电毫秒雷管,是专门与导爆管配套使用的一种雷管,它是导爆管起爆系统的起爆元件。导爆管雷管是用塑料导爆管引爆,而延期时间以毫秒数量级计量延期时间的雷管,它由导爆管、封口塞、延期体和火雷管组成。

【主要用途】

适用于露天及井下采矿、筑路、兴修水利等爆破工程中。

【常见类型】

根据是否有延期和延期时间不同,现在生产的导爆管雷管主要有四种:①瞬发导管雷管;②毫秒(MS)导爆管雷管;③半秒(HS)导爆管雷管;④秒(S)延期导爆管雷管。

【工程图片】(图5-51)

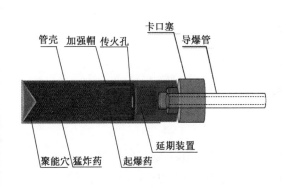

a)非电毫秒雷管结构图　　　　b)非电毫秒雷管

图5-51　非电毫秒雷管

【结构特征及延时时间】(表5-30、表5-31)

非电毫秒雷管的结构特征　　　　表5-30

雷管种类	MS(HS)	
雷管号数	8	8
结构形式	平底	凹底
外径(mm)	7.1	6.9~7.1
长度(mm)	58~60	58~60
外壳材料	钢	其他金属

注:其他金属是指铝、钢、铜、覆铜钢。

非电毫秒雷管延时时间　　　　　表 5-31

段别	1	2	3	4	5	6	7	8	9	10
延时时间(ms)	0	25	50	75	110	150	200	250	310	380
段别标志	MS1	MS2	MS3	MS4	MS5	MS6	MS7	MS8	MS9	MS10
段别	11	12	13	14	15	16	17	18	19	20
延时时间(ms)	460	550	650	760	880	1020	1200	1400	1700	2000
段别标志	MS11	MS12	MS13	MS14	MS15	MS16	MS17	MS18	MS19	MS20

【命名】(表 5-32)

命名规则及产品类型　　　　　表 5-32

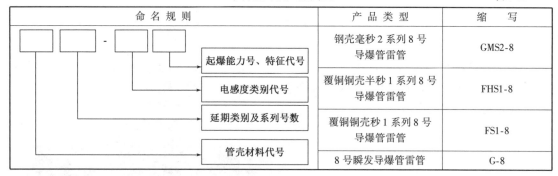

命名规则	产品类型	缩写
起爆能力号、特征代号 电感度类别代号 延期类别及系列号数 管壳材料代号	钢壳毫秒 2 系列 8 号导爆管雷管	GMS2-8
	覆铜铜壳半秒 1 系列 8 号导爆管雷管	FHS1-8
	覆铜铜壳秒 1 系列 8 号导爆管雷管	FS1-8
	8 号瞬发导爆管雷管	G-8

【计量单位】个

5005009　导　爆　索

【名词解释】

导爆索是以太安或黑索金等猛炸药作药芯,用棉、麻、纤维、塑料或金属等材料作被覆层制成传递爆轰能的索状火工品。经雷管起爆后,导爆索可以直接引爆炸药,也可以作为独立的爆破源。

【主要用途】

主要用于露天台阶深挖,硐室和地下深孔的爆破,起引爆炸药的作用。

【工程图片】(图 5-52)

a)塑料皮导爆管

b)棉线导爆管

图 5-52　导爆管

【性能】（表 5-33）

导爆索主要性能　　　　　表 5-33

名称	外观	药芯	反应方式	反应速度	防水性能	有效期
普通导爆索	外径 5.7~6.2mm 红或红花色	1.2~30g/m 黑索今，呈白色	爆炸	爆速 6500~7000m/s	可用于水下爆炸作业	2 年

【计量单位】m

第 4 节　5007　土工材料

本节所列材料在公路工程建造中主要用于防护排水及路基处理工程等项目中。

5007001　土　工　布

【名词解释】

土工布，又称土工织物，是土工合成材料中的一种，一般是以聚乙烯为主要材料，是由合成纤维通过织造或非织造而成的土工合成材料。其按照编制类型的不同，分为织造（也称有纺）和非织造（也称无纺）两大类。织造（也称有纺）类分为机织和针织类；非织造（也称无纺）类分为针刺、热粘、化粘、热轧等类。成品为布状，一般宽度为 4~6m，长度为 50~100m。土工布具有优秀的过滤、排水、隔离、加筋、防渗、防护作用，具有质量轻、抗拉强度高、渗透性好、耐高温、抗冷冻、耐老化、耐腐蚀的特性。

【主要用途】

广泛用于公路和铁路等土工工程：土层分离的过滤材料；护坡的防冲刷材料；铁路、公路、机场跑道路基的补强材料，沼泽地带修路的加固材料；防霜、防冻的保温材料；沥青路面的防裂材料。一般工程主要是使用的无纺土工布。

【常见类型】（图 5-53）

a) 短纤针刺非织造土工布

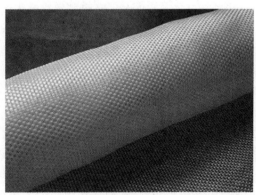
b) 长丝机织土工布

图　5-53

c)长丝纺粘针刺非织造土工布(有时根据用途也可以称为透水土工布)　　d)裂膜丝机织土工布

图 5-53　常见土工布类型

以上是按照土工布编织类型的不同而划分的类别。

而在工程中还有其他一些为了不同的功能作用而形成的土工布,例如将土工布和塑料或其他聚合物材料结合;或无纺与有纺土工织物的结合形成新的复合土工布。

(1)防渗(或防水)土工布:布以塑料薄膜作为防渗基材,与无纺土工布复合而成的土工防渗材料,它的防渗性能主要取决于塑料薄膜的防渗性能。

(2)复合土工膜:是在薄膜的一侧或两侧贴上土工布,形成复合土工膜。其形式有一布一膜、二布一膜、两膜一布等不同产品。它是集防渗排水于一体的土工布材料,使用寿命长。

(3)经编复合土工布:是以玻璃纤维(或合成纤维)为增强材料,通过与短纤针刺无纺布复合而成的新型土工材料。是一种可用于加筋增强,隔离防护,并具有三维整体法向及水平均有较好的聚水,导水的作用。是一种多功能的土工复合材料。它是当今国际上高水平的应用土工复合的基材。

(4)烧毛土工布:全称—聚酯长丝烧毛土工布。是将土工布单(双)面加糙,在工程中与 HDPE 膜的糙面互相结合,增大布膜之间的摩擦力,起到良好的应用效果。它包括无纺土工布基层,在无纺土工布基层上设有一层烧结层,能有效地阻止紫外线对化纤的损害,增强土工布的抗老化性,是专为垃圾卫生填埋场边坡防滑设计研制的新一代垫衬防护土工布。

(5)加筋(或不加筋)土工布:由高强纤维丝束与无土工纺布复合编织而成,无纺土工布垫在其下,经编技术将其缠绕捆扎,使纤维丝束与无纺土工布固结在一起,既保持无纺土工布的反滤,又具有机织布的强度。加筋土工布一般被铺设在路堤底部,以调整上部荷载对地基的应力分布。通过加筋土工的纵横向抗拉力,来提高地基的局部抗剪强度和整体抗滑稳定性,并减少地基的侧向挤出量,一般适用于强度不均匀的软基地段、路基高填土、填挖结合处或桥头填土的软基处理。

【工程图片】(图 5-54)

a)防渗土工布

b)经编复合土工布

c)复合土工布/复合土工膜(两布一膜)

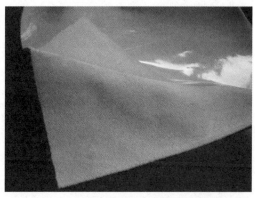

d)复合土工膜/布（一布一膜）

e)(长丝)烧毛土工布

f)加筋土工布

图 5-54

g)土工布施工(一)

h)土工布施工(二)

图 5-54 土工布

【种类】(表 5-34)

土木布种类及标准每延米拉伸强度   表 5-34

土工布种类	标准每延米拉伸强度(kN/m)								
长丝热轧无纺土工织物 KGCZ	3	4	6	8	10	15	20	25	30	40
长丝热粘无纺土工织物 KGCN	3	4	6	8	10	15	20	25	30	40
长丝化粘无纺土工织物 KGCH	3	4	6	8	10	15	20	25	30	40
长丝针刺无纺土工织物 KGCC	3	4	6	8	10	15	20	25	30	40
短纤热轧无纺土工织物 KGDZ	3	4	6	8	10	15	20	25	30	40
短纤热粘无纺土工织物 KGDN	3	4	6	8	10	15	20	25	30	40
短纤化粘无纺土工织物 KGDH	3	4	6	8	10	15	20	25	30	40
短纤针刺无纺土工织物 KGDC	3	4	6	8	10	15	20	25	30	40
针织有纺土工织物 WZ	20	35	50	65	80	100	120	150	180	—
机织有纺土工织物 WJ	20	35	50	65	80	100	120	150	180	—

【命名】(表 5-35、表 5-36)

原材料名称代号   表 5-35

名 称	代 号	名 称	代 号
聚乙烯	PE	聚丙烯	PP
高密度聚乙烯	HDPE	聚酯	PES
无碱玻璃纤维	GE	聚酰胺	PA

注:1. 未列原材料,其名称应特殊说明。
2. 未列塑料及树脂基础聚合物的名称缩写代号按 GB/T 1844.1 规定表示。

命名规则及产品类型　　　　　　　表 5-36

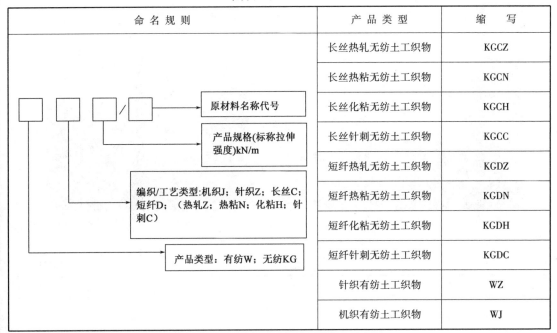

命名规则	产品类型	缩写
	长丝热轧无纺土工织物	KGCZ
	长丝热粘无纺土工织物	KGCN
	长丝化粘无纺土工织物	KGCH
	长丝针刺无纺土工织物	KGCC
	短纤热轧无纺土工织物	KGDZ
	短纤热粘无纺土工织物	KGDN
	短纤化粘无纺土工织物	KGDH
	短纤针刺无纺土工织物	KGDC
	针织有纺土工织物	WZ
	机织有纺土工织物	WJ

示例:拉伸强度为 15kN 的聚丙烯长丝热粘无纺土工织物,型号表示为:KGCN15/PP。
不论实际使用的是以上哪种类型土工布,在概预算定额中统称为土工布(混合规格)。
【计量单位】 m^2

5007002　玻璃纤维布

【名词解释】
玻璃纤维布,是一种性能优异无机非金属的材料,又叫玻璃纤维织物,玻璃纤维织带,简称为玻璃布。它是以玻璃球或废旧玻璃为原料经高温熔制、拉丝、络纱、织布等工艺制成的。其单丝的直径为几个微米到二十几个微米,相当于一根头发丝的 1/20~1/5,每束纤维原丝都由数百根甚至上千根单丝组成。一般宽 1.0~1.37m,长为 100~200m。

【主要用途】
可以用于做防水卷材(玻纤胎),植物(绿化种植)生长初期覆盖膜,混凝土养护覆盖膜,路基处理等。在公路工程中一般与沥青合用,布设防水层,起防水作用。

【工程图片】(图 5-55)
【规格类型】(表 5-37)
玻璃纤维布按成分:主要是中碱、无碱、高碱(是对玻璃纤维中碱金属氧化物的成分进行分类)。
玻璃纤维布按其经纬方向的分类有:无捻粗纱,单经向布,单纬向布。无捻粗纱按玻璃成分的不同其分类有:E-GLASS 无碱玻璃无捻粗纱和 C-GLASS 中碱玻璃无捻粗纱。
根据国家标准一般施工采用无碱玻璃纤维布,也简称 E 玻璃纤维布。

a)玻璃纤维布　　　　　　　　b)玻璃纤维布处治网裂病害

图 5-55　玻璃纤维布及处治网裂病害

玻璃纤维布规格及类型　　　　　　　　　　　表 5-37

产品规格	组织类型	厚度(mm)
EW25	平纹	0.025 ± 0.005
EW30*	平纹	0.030 ± 0.005
EW30B	平纹	0.030 ± 0.005
EW40	平纹	0.040 ± 0.005
EW60	平纹	0.060 ± 0.006
EW80*	斜纹	0.080 ± 0.008
EW90	平纹	0.090 ± 0.009
EW100	平纹	0.100 ± 0.010
EW110	平纹	0.110 ± 0.011
EW130*	斜纹	0.130 ± 0.013
EW140	平纹	0.140 ± 0.014
EW180*	斜纹	0.180 ± 0.018
EW200	平纹	0.200 ± 0.020
EW240*	斜纹	0.240 ± 0.024

注:带 * 的产品为钓鱼竿用布。

【命名】

示例:公称厚度为 0.1mm,宽度为 90dm 的 E 玻璃纤维布标记为:EW100-90。

【计量单位】 m^2

5007003　土 工 格 栅

【名词解释】

用聚丙烯、聚氧乙烯等高分子聚合物经热塑或模压而成的二维网格状或具有一定高度的三维立体网格屏栅,当作为土木工程使用时,称为土工格栅。

【主要用途】

适用于堤坝和路基补强、边坡防护、洞壁补强、大型机场、停车坪、码头货场等永久性承载的地基补强。

【常见类型】(图5-56、表5-38)

a)单向拉伸土工格栅

b)双向拉伸土工格栅

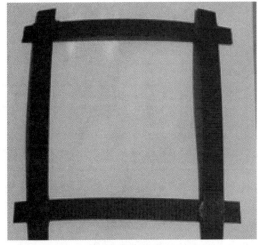

c)单向经编、黏焊土工格栅

d)双向经编、黏焊土工格栅

图5-56 土工格栅

土工格栅种类　　　　　　　　　　　　表5-38

格栅种类	标准每延米抗拉强度(kN/m)						
单向拉伸土工格栅 GDL	20	35	50	80	100	125	150
双向拉伸土工格栅 GS	20	35	50	80	100	125	150
单向经编土工格栅 GDJ	25	40	60	80	100	125	150
双向经编土工格栅 GS	25	40	60	80	100	125	150
单向黏结、焊接土工格栅 GDZ	25	40	60	80	100	125	150
双向黏结、焊接土工格栅 GSZ	25	40	60	80	100	125	150

【工程图片】(图 5-57)

图 5-57　土工格栅施工

【命名】(表 5-39)

命名规则及产品类型　　　　表 5-39

命名规则	产品类型	缩　写
	单向拉伸土工格栅	GDL
	双向拉伸土工格栅	GSL
	单向经编土工格栅	GDJ
	双向经编土工格栅	GSJ
	单向黏结、焊接土工格栅	GDZ
	双向黏结、焊接土工格栅	GSZ

示例：每延米极限拉力为 25kN 的单向拉伸土工格栅，原材料为聚丙烯，表示为：GDL25/PP。

【计量单位】m^2

5007004　土 工 格 室

【名词解释】

土工格室是由强化的 HDPE 片材料，经高强力焊接而形成的一种三维网状格室结构。一般经超声波针式焊接而成。因工程需要，有的在膜片上进行打孔。它伸缩自如，运输时可缩叠起来，使用时张开并充填土石或混凝土料，构成具有强大侧向限制和大刚度的结构体。

【主要用途】

它可用来作为垫层，处理软弱地基增大地基的承载能力，也可铺设在坡面上构成坡面防护结构，还可以用来建造支挡结构等。在公路工程中用于处理半填半挖路基；风沙地区路基；台背路基填土加筋；多年冻土地区路基；黄土湿陷路基处理；盐渍土、膨胀土；用于路基处理。相对土工格栅，土工格室强度更大，效果更好，但成本有所提高。

【常见类型】
土工格室可分为塑料土工格室和增强土工格室两种类型(图5-58)。

a)增强土工格室　　　　　　　　b)塑料土工格室

图5-58　增强土工格室及塑料土工格室

塑料土工格室由长条形的塑料片材,通过超声波焊接等方法连接而成,展开后是蜂窝状的立体网格。长条片材的宽度即为格室的高度。格室未展开时,在同一条片材的同一侧,相邻两条焊缝之间的距离为焊接距离。

增强土工格室是在塑料片材中加入低伸长率的钢丝、玻璃纤维、碳纤维等筋材所组成的复合片材,通过插件或扣件等形式连接而成,展开后是蜂窝状的立体网格。格室未展开时,在同一条片材的同一侧,相邻两连接处之间的距离为连接距离。

土工格室的高度一般为 50～300mm。单组土工格室的展开面积应不小于 4m×5m。土工格室片边缘接近焊接处的距离不大于100mm。

【工程图片】(图5-59)

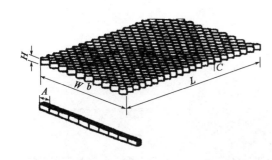

A-焊接距离;H-格室高度;C-格室间格室片的边缘连接处;L-单组格室展开后的长度;b-格室间格室片的中间连接处;W-单组格室展开后的宽度

a)土工格室示意图　　　　　　　　b)土工格室施工

图5-59　土工格室

【命名】(表 5-40)

原材料名称代号　　　　　　　　　　　　　　　表 5-40

名 称	代 号	名 称	代 号
聚乙烯	PE	聚丙烯	PP
钢丝	GSA	钢丝绳	GSB
玻璃纤维	EC		

命名规则：

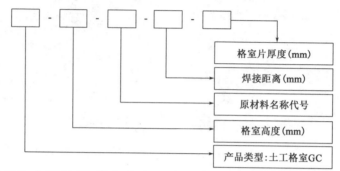

示例 1：聚乙烯为主要材料，其格室高度为 100mm，焊接距离为 340mm，格室片厚度为 1.2mm，塑料土工格室型号：GC-100-PE-340-1.20。

示例 2：钢丝为受力材料（裹覆聚乙烯），其格室高度为 150mm，焊接距离为 400mm，格室片厚度为 1.5mm，增强土工格室型号：GC-150-GSA-400-1.50。

【计量单位】m^2

5007005　长桶形土工袋

【名词解释】

将土工布设计成直径分别为 10cm、20cm、30cm 的长桶形编织袋。长桶形土工编织袋沙障的规格、形式分为长桶形无鳍沙障、长桶形有鳍沙障。

【主要用途】

适用于公路项目中防风固沙工程。将沙装入袋中，然后在沙丘上设置成 1m×1m、1.5m×1.5m、2m×2m 的方格沙障。

【工程图片】(图 5-60)

图 5-60　长桶形土工袋

【计量单位】个

第5节 5009 其他化工原料及制品

本节所列材料主要为粘贴、装饰类的化工产品,广泛用于公路工程中。

5009001 无机富锌漆

【名词解释】

无机富锌漆是以无机聚合物(如硅酸盐、磷酸盐、重铬酸盐等)为成膜物质,锌粉与之反应,在金属表面形成锌铁络合物,形成坚实的防护涂膜。

【主要用途】

该漆可用于环境和条件较苛刻的钢铁结构、桥梁等,作为钢结构防锈耐热涂料。

【工程图片】(图5-61)

图5-61 无机富锌漆

【特性】

该漆具有优良的防腐蚀作用,以水为溶剂,无火灾危险,能耐400℃高温,耐原油耐溶剂性能优异。当温度低于5℃相对湿度大于85%时不宜施工。

【技术指标】(表5-41)

无机富锌漆技术指标　　　　表5-41

中文名	颜色及外观	延度	干燥时间	附着力
无机富锌漆	红灰色至深灰色,色调不足,漆膜平整	≥20s	表干≤15min	漆膜不脱落

【计量单位】kg

5009002 油　漆

【名词解释】
油漆是一种能牢固覆盖在物体表面,起保护、装饰、标志和其他特殊用途的化学混合物涂料。
【主要用途】
该漆主要用于公路交通安全设施中各种混凝土护栏、标志、里程碑、百米桩等结构物,起到保护、醒目、标志的作用以及钢管栏杆和防眩板等的防腐。
【工程图片】(图5-62)

图5-62　油漆

【计量单位】 kg

5009003 标　线　漆

【名词解释】
是以热塑性丙烯酸树脂为基料,加入颜料、填料、助剂、溶剂等。
【主要用途】
该漆可用于沥青路面、水泥路面作为引导标线、禁止标线、警告标线等。
【工程图片】(图5-63)

图5-63　标线漆

【计量单位】 kg

5009004 涂 料

【名词解释】

涂料是涂覆在被保护或被装饰的物体表面,并能与被涂物形成牢固附着的连续薄膜,通常是以树脂,或油,或乳液为主,添加或不添加颜料、填料,添加相应助剂,用有机溶剂或水配制而成的黏稠液体。

【计量单位】kg

5009005 桥面防水涂料

【名词解释】

防水涂料是在常温下呈无固定形状的黏稠状液态高分子合成材料,经涂布后,通过溶剂的挥发或水分的蒸发或反应固化后在基层表面可形成坚韧的防水涂膜的材料的总称。桥面防水多采用水性沥青防水涂料。

【主要用途】

用于桥面防水。为了防止雨水渗入桥面而锈蚀钢筋,以提高梁体的使用寿命。

【计量单位】kg

5009006 防水卷材

【名词解释】

防水卷材采用高分子聚合物、改性材料、合成高分子复合材料,加入一定的功能性助剂等为辅料,以优质毡或复合毡为胎体,辅以功能性防水材料为覆面制成的平面防水片状卷材制品。

【主要用途】

主要是用于隧道、公路等处,起到抵御外界雨水、地下水渗漏的一种可卷曲成卷状的柔性防水材料,其作为工程基础与建筑物之间无渗漏连接,是整个工程防水的第一道屏障,对整个工程起着至关重要的作用。公路上一般指沥青防水卷材。

【工程图片】(图 5-64)

a)高分子防水卷材　　　　　　　　　　b)沥青防水卷材

图 5-64 防水卷材

【规格】（表5-42）

防水卷材规格　　　　　　　　　　　　　　　　表5-42

类　　型	产品规格（标称不透水压力）（MPa）					
防水卷材	RJ0.1	RJ0.2	RJ0.3	RJ0.4	RJ0.5	RJ0.6

【命名】

命名规则：

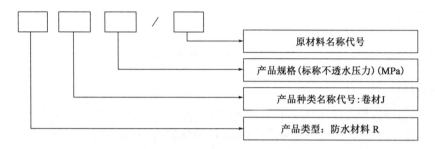

示例：采用SBS改性沥青为主要原料制成的防水层体，且不透水压力为0.3MPa的防水卷材（RJ），表示为：RJ0.3/SBS，也叫作沥青防水卷材。

【计量单位】 m^2

5009007　底　　油

【名词解释】

增加黏结性的打底油漆，又称底胶。

【主要用途】

一般用于热熔标线涂布前的路面处理，是热熔涂料与路面的黏合剂，底油中的有机溶剂极易湿润路面。在有机溶剂湿润路面的同时，底油中的树脂，橡胶弹性体覆盖被涂路面，有利于涂料渗透地面，增强标线与路面的附着力。

【计量单位】 kg

5009008　热熔涂料

【名词解释】

热熔型标线涂料主要组成为：合成树脂、着色颜料、填料、添加剂等。利用合成树脂热可塑性的特点，使热熔型涂料具有快干性。利用合成树脂的热熔着性，使标线与路面黏结牢固。涂料中加入添加剂可增加涂层塑性，使涂膜抗沉降、抗污染、抗变色。常温下为固态，边加温边熔化使用的涂料。

【主要用途】

热熔标线涂料主要用于二级及二级以上的高等级公路上，这种涂料划制的标线涂层厚度为1.0~2.5mm，涂料内混有反光玻璃珠，并在画线施工时，表面撒反光玻璃珠。这种标线具有快干、附着力强等特点,具有良好的夜间反光性能,使用寿命较长。

【计量单位】kg

5009009 环氧树脂

【名词解释】
指分子结构中含有 2 个或者 2 个以上环氧基并在适当的化学物质(固化剂)存在下能形成三维网状固化物的化合物的总称,是一类重要的热固性树脂。

【主要用途】
环氧树脂作为胶粘剂、涂料和复合材料等的树脂基材,广泛用于交通建设的各个方面。

【常见类型】(图5-65、表5-43)

a) 环氧树脂E-42

b) 环氧树脂E-44

c) 环氧树脂E-51

图 5-65 环氧树脂

环氧树脂规格　　　　　　　　　　表 5-43

国家统一型号		旧牌号	规　格				
			软化点(℃)或黏度(Pa·s)	环氧值(eq/100g)	有机氯(mol/100g)	无机氯(mol/100g)	挥发分(%)
环氧树脂	E-42	618	(<2.5)	0.48~0.54	≤0.02	≤0.001	≤2
	E-44	6101	12~20	0.41~0.47	≤0.02	≤0.001	≤1
	E-51	634	21~27	0.38~0.45	≤0.02	≤0.001	≤1

【命名】(表 5-44)

环氧树脂命名规则　　　　　　　　表 5-44

命名规则	产品类型	缩　写
	二酚基丙烷环氧树脂环氧平均值 0.42	E-42
	二酚基丙烷环氧树脂环氧平均值 0.44	E-44
	二酚基丙烷环氧树脂环氧平均值 0.51	E-51

环氧树脂以二酚基丙烷为主要组成物质,环氧值指标为 0.48~0.54eq/100g,则其平均值为 0.51,该树脂的全称为"E-51 环氧树脂"。

【计量单位】kg

5009010　PE 防护料

【名词解释】
即聚乙烯材质的防护料。

【主要用途】
一般是将高密度聚乙烯防护料通过塑料挤出机直接覆盖于成束的平行高强钢丝裸索上作为防护套。

【工程图片】(图 5-66)

图 5-66　高密度聚乙烯防护料

【计量单位】kg

5009011 水 玻 璃

【名词解释】
硅酸钠溶液,是一种水溶性硅酸盐,其水溶液俗称水玻璃,是一种矿黏合剂。

【主要用途】
水玻璃溶液涂刷或浸渍材料后(或作为添加剂),能渗入缝隙和孔隙中,固化的硅凝胶能堵塞毛细孔通道,提高材料的密度和强度,从而提高材料的抗风化能力。

(1)用浸渍法处理多孔材料,可使其密度和强度提高。常用水将液体水玻璃稀释到相对密度为1.35左右的溶液,多次涂刷和浸渍。对黏土砖、硅酸盐制品、水泥混凝土和石灰石等,均有良好的效果,但不能用以涂刷和浸渍石膏制品。

(2)配置防水剂,以水玻璃为基料,加入两种、三种或四种矾配制而成,分别称为二矾、三矾或四矾防水剂。这类防水剂凝结迅速,适合用于与水泥浆调和,堵塞漏洞、缝隙等局部抢修。

【工程图片】(图5-67)

图5-67 水玻璃

【计量单位】kg

5009012 油 毛 毡

【名词解释】
用地沥青或焦油沥青将浸透地沥青的石棉毡或精制毡黏结在一起而成的毡布,用作屋面防水,结构物防水。三油二毡就是三层热沥青+二层油毡的意思。

【主要用途】
公路工程中一般用于防水处理。

【工程图片】(图 5-68)

a)油毛毡

b)油毛毡施工

图 5-68 油毛毡及施工

【注意事项】
(1)易燃品,存放地及施工现场严禁烟火,并备用灭火器。
(2)操作时,施工人员需戴口罩和手套等防护装备。

【计量单位】 m²

5009013 玻 璃 钢 瓦

【名词解释】

用玻璃钢制成的瓦片。玻璃钢即玻璃纤维增强材料,由玻璃纤维与一种或数种热固性或热塑性树脂复合而成的材料,是20世纪初国外开发的一种新型复合材料,它具有轻质、高强、防腐、保温、绝缘、隔音等诸多优点。

【主要用途】

玻璃钢瓦轻质高强、耐腐蚀、寿命长,广泛用于工业厂房、仓库、温室、车站、码头、航空港、体育建筑、商业建筑、钢结构等诸多采光领域。

【工程图片】(图 5-69)

a)公共汽车停靠站防雨篷

b)玻璃钢瓦

图 5-69

c)玻璃钢隔热瓦

d)玻璃钢采光瓦

图 5-69 玻璃钢瓦及应用

【优点】

玻璃钢瓦轻质高强,产品弯曲强度大,在无外力情况下,自然弯曲度达 20%。抗冲击、抗腐蚀、耐老化、抗风、阻燃;长度任意,可拆卸重复使用,损耗低,运输安装无破损,而且色彩艳丽,颜色可由用户任意选择。

【主要类型】

产品常规类型分为经济型、耐候型、隔热型、阻燃型、防腐型五大类型。

产品形式有透明采光板,可用于大型屋面采光,如工业厂房、大型库房、大型超市、体育场馆、大型集贸市场;新型彩色玻璃钢瓦,广泛应用于化肥厂、化工厂、造纸厂、水泥厂、陶瓷厂、集贸市场、污水处理厂等需要抗腐蚀、耐老化的场所,以及汽车棚、自行车棚等。

玻璃钢瓦宽度不一,常用型号有 475 型(宽 475mm)、750 型、760 型、820 型、840 型、950 型、900 型、980 型,以及 1~3m 宽平板等 100 余种板型,长度可在保证能运输的情况下根据实际情况生产。

【计量单位】 m^2

5009014 反 光 油 漆

【名词解释】

反光油漆是以丙烯酸树脂为基料,与一定比例的定向反光材料混合在溶剂中配制而成,属于一种新型反光涂料。其反光原理是把照射的光线通过反光微珠反射回人的视线中,形成反光效果,夜间反光效果更加明显。具有反光率高,能防止紫外线光波照射,防止颜色淡化剥离,能抗极强的盐雾、抗酸碱的性能。

【主要用途】

广泛应用于公路隔离栏、水泥防撞墩、标志标牌等相关领域作为立面标记。

【工程图片】(图 5-70)

【特点】

反光油漆与目前道路两旁应用的反光膜不同之处是,反光膜只能用于平整光滑的表面,如:铝合金、玻璃、钢管等表面。而反光油漆除了在以上表面应用外,还可用于水泥混凝土、木材等不平整的物体表面。

图5-70　反光油漆

【计量单位】kg

5009015　冷塑路面材料底漆

【名词解释】
底漆由树脂、填料、溶剂和助剂四部分组成,用于填平漆面,支撑面漆,提供丰满度,降低成本,有利于节约能源。

【主要用途】
主要用于弯道和出入口、坡道路段和隧道口、交通事故多发路段以及区分不同的道路的彩色路面打底。
(1)填平作用:填充底层的细孔,便于在表面刷油漆。
(2)支撑面漆:使面漆能与路表面紧密地吸附在一起。
(3)提供丰满度:因为底漆里有很多粉料,能提供油漆的厚度。
(4)降低成本,节约能源:因为底漆的价格较面漆便宜。

【计量单位】kg

5009016　冷塑路面材料面漆

【名词解释】
是一种以合成聚合物树脂(活性丙烯酸树脂)为基料配以优质颜填料及助剂生产的新一代冷塑型丙烯酸路面材料。

【主要用途】
主要用于弯道和出入口、坡道路段和隧道口、交通事故多发路段以及区分不同的道路的彩色路面。

【工程图片】(图 5-71)

图 5-71　冷塑路面材料面漆

【特性】

使用该材料施工彩色防滑路面,无需大型设备,仅需将基料与固化剂按比例混合后,用滚涂的方式将其涂铺于路面上并黏合防滑砂层(可增加地面与轮胎之间摩擦力,有效减少车辆轮胎与路面间的摩擦噪声,降低路面对汽车轮胎的损伤),再喷涂一层黏合材料即可。使用该材料所施工的彩色防滑路面具有耐候性强、抗开裂、耐油污、抗重压、耐磨损、易施工、工期短等特点。

【计量单位】kg。

5009017　磷酸二氢钠

【名词解释】

磷酸二氢钠(sodium dihydrogen phosphate),又称酸性磷酸钠,分子式为 $NaH_2PO_4 \cdot 2H_2O$ 和 NaH_2PO_4,相对分子质量为 156.01 和 119.98。

【主要用途】

可作为缓冲剂、软水剂。

【工程图片】(图 5-72)

图 5-72　磷酸二氢钠

【注意事项】

储存于阴凉、通风的库房,远离火种、热源,防止阳光直射,包装密封。应与酸类分开存放,切忌混储。储区应备有合适的材料收容泄漏物。

【计量单位】kg

5009018 防火涂料

【名词解释】

防火涂料是用于可燃性基材表面,能降低被涂材料表面的可燃性、阻滞火灾的迅速蔓延,用以提高被涂材料耐火极限的一种特种涂料。

【主要用途】

适用于公路、铁路、地铁、过街隧道以及地下工程等混凝土结构的防火保护。

【工程图片】(图5-73)

图5-73 防火涂料

【性能指标】(表5-45)

防火涂料项目及性能指标　　　　　　　　　　　表5-45

序 号	项 目	性 能 指 标
1	外观	灰白色,颗粒状轻质粉体
2	干燥时间(表干)(h)	≤12
3	干密度(kg/m^2)	≤650
4	耐水性	经24h试验后涂层应无起层、发泡、脱落现象
5	耐碱性	经24h试验后涂层应无起层、发泡、脱落现象
6	耐冷热循环性(次)	≥15,涂层应无开裂、剥落、起泡现象
7	黏结强度(MPa)	混凝土≥0.05

续上表

序 号	项 目	性 能 指 标
8	抗压强度(MPa)	≥0.5
9	高温残余线收缩率(%)	≤4
10	产烟毒性	符合相关规范要求
11	耐火性能	涂层厚度15mm,耐火极限2.1h

【使用方法】

(1)施工前应对混凝土表面除灰、去污。

(2)涂料拌和按水:涂料为100∶120的比例配料。首先按比例将水加入涂料搅拌均匀,配好的涂料应在2h内用完。因施工机具、天气情况不同,可酌情加水调配。

(3)施工方法:施工应在5℃以上进行。第一道应喷涂,厚度在3~5mm为宜,以后每遍厚度3~5mm,直至达到防火设计要求。每遍施工间隔时间不少于24h。

(4)表面装饰:如采用喷涂施工,涂层外观为均匀粒状面,兼有吸音功能,一般不予抹平。确需抹平处理时,应在最后一遍喷涂后进行。有表面装饰要求时,可在防火涂层表面喷(刷)涂其他装饰材料。

【计量单位】 kg

5009019 面 漆

【名词解释】

面漆是涂装的最终涂层,因此对所用材料有较高的要求,不仅要有很好的色度和亮度,更要求具有很好的耐污染、耐老化、防潮、防霉性能,还要有不污染环境、安全无毒、无火灾危险、施工方便、涂膜干燥快、保光保色好、透气性好等特点。面漆需要具有装饰和保护功能,如颜色、光泽、质感等,还需有面对恶劣环境的抵抗性。

【主要用途】

主要用于隧道洞内装饰。

【计量单位】 kg

5009028 纤 维 素

【名词解释】

纤维素是用以改善沥青、混凝土、砂浆等路用材料性能的纤维材料。

【主要用途】

广泛用于沥青道路、混凝土、砂浆等领域,对防止涂层开裂、提高保水性、提高生产稳定性和施工的合宜性、增加强度、增强对表面的附着力等有良好的效果。

【常见类型】(图 5-74)

a)木质素纤维   b)有机化学合成纤维

c)无机矿物纤维

图 5-74　纤维素

SMA 推荐使用的絮状纤维质量标准,见表 5-46。

SMA 推荐使用的絮状纤维质量标准　　　　　表 5-46

序号	项目			技术指标
1	长度(mm)			<6.0
2	筛分析(%)	冲汽筛分仪	0.150mm 筛通过率	70 ± 10
		普通筛分仪	0.850mm 筛通过率	85 ± 10
			0.425mm 筛通过率	65 ± 10
			0.106mm 筛通过率	30 ± 10
3	灰分含量(%)			18 ± 5,无挥发物
4	pH 值			7.5 ± 1.0
5	吸油率(%)			不小于纤维自身质量 5 倍
6	含水率(%)(以质量计)			<5.0
7	耐热性(210℃,2h)			颜色、体积基本无变化,热失重不大于6%

【计量单位】 kg

第6章 第55类:矿土料及制品

【分类说明】
本章所列材料在公路工程建造中起基础性作用,大多用于构成工程实体本身,使用频率高、用量大、造价权重大。

第1节 5501 土及混合土料

5501001 泥 炭

【名词解释】
泥炭是一种经过几千年所形成的天然沼泽地产物,又称为草炭或泥煤,是煤化程度最低的煤,同时也是煤最原始的状态。

【主要用途】
在公路工程中,泥炭主要用于植草护坡中 CS 混合纤维喷灌护坡的基材材料,其可增加基材的团粒性,加强基材保水、保肥性和透气性。

【常见类型】(图6-1、表6-1)

图6-1 泥炭

泥 炭 分 类　　　　　　　　　　　　表 6-1

分　类	组　成	分　布　地
高位泥炭	由泥炭藓、羊胡子草等形成，含有大量的有机质，分解程度较差，氮和灰分含量较低，酸度高，pH 值为 6～6.5 或酸度更高	主要分布在高寒地区，中国东北及西南高原的高寒地区有很多高位泥炭的分布
低位泥炭	由低洼处、季节性积水或常年积水地方生长的需要无机盐养分较多的植物如苔草属、芦苇属和冲积下来的各种植物残枝落叶多年积累形成的。其分解程度较高，酸度较低，灰分含量较高	中国境内主要分布在华中、华北、东北、西南的低洼地带

【计量单位】 m^3

5501002　土

【名词解释】

土是连续、坚固的岩石在风化作用下形成的大小悬浮的颗粒，经过不同的搬运方式，在各种自然环境中生成的沉积物。公路工程土的种类分为四类。一类为巨粒土，二类为粗粒土，三位细粒土，四类为特殊土。

【主要用途】

本定额所用土是指路面基层稳定土用细粒土。

【常见类型】

土的种类：我国公路用土分类总体系包括巨粒土、粗粒土、细粒土和特殊土四类，共计 12 种（表 6-2）。

土 的 种 类　　　　　　　　　　　　表 6-2

巨　粒　土		粗　粒　土		细　粒　土			特　殊　土				
漂石土	卵石土	砾类土	砂类土	粉质土	黏质土	有机质土	黄土	膨胀土	红黏土	盐渍质土	冻土

【命名】（表 6-3）

土的成分、级配、液限和特殊土的基本代号　　　　　　　　　　　　表 6-3

成分代号	成分	漂石	块石	卵石	小块石	砾	角砾	砂	粉土	黏土	细粒土（C 和 M 合称）	混合土（粗细粒土合称）	有机质土
	代号	B	B_a	Cb	Cb_a	C	C_a	S	M	C	F	SI	O
级配代号	级配	级配良好						级配不良					
	代号	W						P					

续上表

成分代号	成分	漂石	块石	卵石	小块石	砾	角砾	砂	粉土	黏土	细粒土（C 和 M 合称）	混合土（粗细粒土合称）	有机质土
	代号	B	B_a	Cb	Cb_a	C	C_a	S	M	C	F	SI	O
液限高低代号	液限	高液限						低液限					
	代号	H						L					
特殊土代号	特殊土	黄土		膨胀土		红黏土			盐渍土				
	代号	Y		E		R			St				

示例:含砂高液限黏土 CHS。

有机质低液限粉土 MLO。

【计量单位】 m^3

5501003　黏　　土

【名词解释】

黏土是含沙粒很少、有黏性的土壤,因水分不容易从中通过具有较好的可塑性。一般的黏土都由硅酸盐矿物在地球表面风化后形成。

【主要用途】

配制水泥浆和用作黏土防水层。

【主要特征】

在野外鉴定,主要具有下列特征:

(1)自然风干后,用手不易掰开捏碎;

(2)干土破碎时,断口有坚硬的尖锐棱角;

(3)用刀切开时,切面光滑,颜色较深;

(4)水浸湿后有黏滑感,加水和成泥膏后容易搓成直径小于1mm 的细长泥条。用手指揉捻,感觉砂粒不多。

【技术指标】(表6-4)

制浆黏土的技术指标　　　　　　　　　　　　　表6-4

项　　目	指　　标
胶体率(%,不低于)	95
含砂率(%,不大于)	4
造浆能力(L/kg,不低于)	2.5

续上表

项　　目	指　　标
塑性指数	>25
小于0.005mm黏粒含量(%)	>50

注:1.当缺少适宜的黏土时,可用略差的黏土,并掺入30%的塑性指数大于25的黏土。
　　2.若采用砂黏土时,其塑性指数不宜小于15,大于0.1mm的颗粒不宜超过6%。

【工程图片】(图6-2)

图6-2　黏土

【计量单位】 m^3

5501004　膨　润　土

【名词解释】

膨润土也叫斑脱岩或膨土岩,是以蒙脱石为主的含水黏土矿的土,具有膨胀性、黏附性和吸附性。

【主要用途】

主要用于钻井泥浆。

【成分特性】

以蒙脱石为主,常含少量伊利石、高岭石、埃洛石、绿泥石、沸石、石英、长石、方解石等;一般为白色、淡黄色,因含铁量变化又呈浅灰、浅绿、粉红、褐红、砖红、灰黑色等;具蜡状、土状或油脂光泽;膨润土有的松散如土,也有的致密坚硬。主要化学成分是二氧化硅、三氧化二铝和水,还含有铁、镁、钙、钠、钾等元素。

【常见类型】

膨润土按用途分类分为三类:铸造用膨润土,以F表示;冶金球团用膨润土,以P表示;钻井泥浆用膨润土,以M表示。这里只介绍钻井泥浆用膨润土。

钻井泥浆用膨润土分 3 个品种:钻井膨润土、未处理膨润土、OCMA 膨润土。

【质量指标】(表 6-5)

钻井泥浆用膨润土质量指标　　　　　　　　表 6-5

产 品 品 种	钻井膨润土	未处理膨润土	OCMA 膨润土
黏度计 600r/min 读数(≥)	30		30
屈服值/塑性黏度(≤)	3	1.5	6
滤失量(cm^3,≤)	15.0		16.0
75μm 筛余,质量分数(%,≤)	4.0		2.5
分散后的塑性黏度(mPa·s,≥)		10	
分散后的滤失量(cm^3,≤)		12.5	
水分(质量分数)(%,≤)			13.0

【工程图片】(图 6-3)

图 6-3　膨润土

【计量单位】 kg

5501005　碎 石 土

【名词解释】

天然碎石土是指粒径大于 2mm 的颗粒含量超过全重 50% 的土,根据颗粒形状以及大小,由大到小,包括:漂石、块石、卵石、碎石、圆砾、角砾。与之相应的人工碎石土指在天然土里掺入漂石、块石或卵石、碎石或圆砾、角砾,使得粒径大于 2mm 的颗粒含量不低于 50%。

【主要用途】

用作路面基层,底基层水泥碎石土、石灰碎石土等稳定土的集料。

【常见类型】(表6-6)

碎石土常见类型　　　　　　　　　　　　　　表6-6

土的名称	颗粒形状	颗粒级配
漂石	圆形及亚圆形为主	粒径大于200mm的颗粒质量超过总质量50%
块石	棱角形为主	
卵石	圆形及亚圆形为主	粒径大于20mm的颗粒质量超过总质量50%
碎石	棱角形为主	
圆砾	圆形及亚圆形为主	粒径大于2mm的颗粒质量超过总质量50%
角砾	棱角形为主	

【计量单位】 m³

5501006 砂 砾 土

【名词解释】
富含砂砾的土,粒径大于2mm的颗粒含量不超过总质量的50%,且塑性指数I_p不大于1。

【主要用途】
用作路面基层、底基层水泥砂砾土、石灰砂砾土等稳定土的集料。

【常见类型】
(1)含碎石重黏土、硬黏土。
(2)含有碎石、卵石、建筑碎料和质量达25kg的顽石的肥黏土的重土壤。
(3)泥浆岩含有质量达10kg的顽石。

【计量单位】 m³

5501007 种 植 土

【名词解释】
种植土(Soil for Planting)理化性能好,结构疏松、通气、保水、保肥能力强,适宜于园林植物生长的土壤。

【主要用途】
用于种植植物,利于植物成活和生长。

【注意事项】
适宜植物生长的最佳土壤(体积比)为:矿物质45%、有机质5%、空气20%、水30%。土壤团粒最佳为1~5mm。要求土壤酸碱适中,排水良好,疏松肥沃,不含建筑和生活垃圾,且无毒害物质。土壤改良需因地制宜。

【计量单位】 m^3

5501008　植物营养土

【名词解释】
营养土是为了满足幼苗生长发育而专门配制的含有多种矿质营养,疏松通气,保水保肥能力强,无病虫害的床土。营养土一般由肥沃的大田土与腐熟厩肥混合配制而成。

【主要用途】
培育植物。用于种植植物,利于植物成活和生长。

【常见类型】
通用型。
成分:进口泥炭、椰糠、珍珠岩、控释肥颗粒。

【养分含量】(表6-7)

养分含量(g/L)　　　　　　　　　　　　　　　　表6-7

全氮(N)	0.6
磷酐(P_2O_5)	0.27
氧化钾(K_2O)	0.36

除含有以上表格中所示大量元素外,还含有中量元素以及植物更容易吸收的螯合态微量元素。微量元素总含量≥0.2g/L。

【计量单位】 m^3

5501009　粉　煤　灰

【名词解释】
粉煤灰是从煤燃烧后的烟气中收捕下来的细灰,粉煤灰是燃煤电厂排出的主要固体废物。我国火电厂粉煤灰的主要氧化物组成为:SiO_2、Al_2O_3、FeO、Fe_2O_3、CaO、TiO_2 等。

【主要用途】
作为混凝土的掺合料和路面基层、底基层石灰粉煤灰碎石等稳定土的掺料。

【对应编号】(表6-8)

粉煤灰名称及编号　　　　　　　　　　　　　　　　表6-8

名　　称	编　　号
一级粉煤灰	5501009
粉煤灰	5501010

【等级分类】(表6-9)

粉煤灰等级分类　　　　　　　　　　表6-9

级别	质量指标				
	细度 (0.045mm方空筛筛余)	需水量比	烧失量	含水率	三氧化硫
Ⅰ	≤12%	不大于95%	不大于5%	不大于1%	不大于3%
Ⅱ	≤20%	不大于105%	不大于8%	不大于1%	不大于3%
Ⅲ	≤45%	不大于115%	不大于15%	不规定	不大于3%

【工程图片】(图6-4)

图6-4　粉煤灰

【计量单位】t

5501011　硅　灰

【名词解释】

微硅粉也叫硅灰或称凝聚硅灰(Microsilica or Silica Fume)，是铁合金在冶炼硅铁和工业硅(金属硅)时，矿热电炉内产生出大量挥发性很强的 SiO_2 和 Si 气体，气体排放后与空气迅速氧化冷凝沉淀而成。它是大工业冶炼中的副产物，整个过程需要用除尘环保设备进行回收，因为密度较小，还需要用加密设备进行加密。

【主要用途】

水泥或混凝土掺合剂。微硅粉能够填充水泥颗粒间的孔隙，同时与水化产物生成凝胶体，与碱性材料氧化镁反应生成凝胶体。在水泥基的混凝土、砂浆与耐火材料浇注料中，掺入适量的硅灰，可起到如下作用：

(1)显著提高抗压、抗折、抗渗、防腐、抗冲击及耐磨性能。

(2)具有保水、防止离析、泌水、大幅降低混凝土泵送阻力的作用。

(3)显著延长混凝土的使用寿命。特别是在氯盐污染侵蚀、硫酸盐侵蚀、高湿度等恶劣环境下，可使混凝土的耐久性提高一倍甚至数倍。

(4)大幅度降低喷射混凝土和浇注料的落地灰，提高单次喷层厚度。

(5)是高强混凝土的必要成分，已有C150混凝土的工程应用。

（6）具有约5倍水泥的功效，在普通混凝土和低水泥浇注料中应用可降低成本。提高耐久性。

（7）有效防止发生混凝土碱集料反应。

（8）提高浇注型耐火材料的致密性。在与Al_2O_3并存时，更易生成莫来石相，使其高温强度、抗热振性增强。

（9）具有极强的火山灰效应，拌和混凝土时，可以与水泥水化产物$Ca(OH)_2$发生二次水化反应，形成胶凝产物，填充水泥石结构，改善浆体的微观结构，提高硬化体的力学性能和耐久性。

（10）微硅粉为无定型球状颗粒，可以提高混凝土的流变性能。

（11）微硅粉的平均颗粒尺寸比较小，具有很好的填充效应，可以填充在水泥颗粒空隙之间，提高混凝土强度和耐久性。

第2节　5503　粉、砂料

5503001　耶　粉

【名词解释】

耶粉即椰粉，也称为椰糠，是从椰子外壳纤维加工过程中脱落下的一种纯天然、可以降解的有机质，是一种新的环保型栽培基质。

【主要用途】

在公路工程中，耶粉主要用于植草护坡中CS混合纤维喷灌护坡的基材材料，其具有良好的保水性、透气性，并具有丰富的养分。耶粉经过日晒雨淋处理后，降低了其含盐度和传导性，有缓慢的自然分解率，有利于延长基质的使用期。

【常见类型】（图6-5、表6-10）

图6-5　耶粉

耶粉化学成分参考指标　　表6-10

指　　标	单　　位	数　　值
pH	—	5.0~6.8

续上表

指 标	单 位	数 值
碳氮比	—	80∶1
纤维素	%	20~30
木质素	%	65~70
有机质	g/kg	940~980
有机碳	g/kg	450~500
电导率	ms/cm	1.0以下

耶粉在我国海南地区大量生产,但含杂质比较多,需要经过1.5cm筛进行过筛处理,同时耶粉中含有较高的盐分,需要进行洗盐处理,电导率应控制在1.0ms/cm以下。

【计量单位】 m^3

5503003 熟 石 灰

【名词解释】

生石灰和水发生热反应生成熟石灰。

【主要用途】

主要用于路面基层、底基层石灰稳定土的结合料和特殊路基处理及结构物路基底灰土处理。

5503004 砂

【名词解释】

粒径小于5mm的天然集料。

【主要用途】

配制混凝土和砂浆。

【常见类型】

(1)按粒径划分(表6-11)

砂按粒径划分类别　　　　　表6-11

类　别	细度模数 μ_f	平均粒径
粗砂	3.1~3.7	大于0.5mm
中砂	2.3~3.0	0.35~0.5mm
细砂	1.6~2.2	0.25~0.35mm
特细砂	0.7~1.5	0.15~0.25mm

注:细度模数是指各号筛的累计筛余百分率之和除以100所得的商。

（2）按产源划分

河沙、海沙、湖砂和山砂。

【工程图片】（图6-6）

图6-6 砂

【计量单位】 m³

5503005 中（粗）砂

【名词解释】

细度模数μ_f在2.3~3.7，平均粒径大于0.35mm的砂。

【主要用途】

配制混凝土和砂浆。

【工程图片】（图6-7）

图6-7 中（粗）砂

【计量单位】 m³

5503006　路面用机制砂

【名词解释】

由机械破碎,筛分制成的,粒径小于4.75mm的岩石颗粒,但不包括软质岩、风化岩的颗粒。

【主要用途】

用作路面沥青混合料的细集料。

【规格】(表6-12)

路面用砂规格　　　　　　　　　表6-12

方孔筛 (mm)	圆孔筛 (mm)	通过各筛孔的质量百分率(%)		
		粗砂	中砂	细砂
9.5	10	100	100	100
4.75	5	90~100	90~100	90~100
2.36	2.5	65~95	75~100	85~100
1.18	1.2	35~65	50~90	75~100
0.6		15~29	20~59	60~84
0.3		5~20	8~30	15~45
0.15		0~10	0~10	0~10
0.075		0~5	0~5	0~5
细度模数 M_x		3.7~3.1	3.0~2.3	2.2~1.6

【计量单位】 m^3

5503007　砂　砾

【名词解释】

指的是砂和砾石的混合物,直径大于2mm。

【主要用途】

主要用作路基填料和路面垫层、软基处理垫层构造物基础垫层及路面基层、底基层水泥稳定砂砾等稳定土的结合料。

【计量单位】 m^3

5503008 天 然 砂 砾

【名词解释】
天然砂砾是最佳的筑路材料,易密实,承载力高,抗毛细水破坏作用强,重要成分是卵砾石,另外含有土、沙等细粒物质。

【主要用途】
本定额主要用于预制构件底座、预应力钢筋强拉台座、混凝土拌和站与基底垫层。

【计量单位】 m^3

5503010 煤 渣

【名词解释】
工业固体废物的一种,火力发电厂、工业和民用锅炉及其他设备燃煤排出的废渣,又称炉渣。主要成分是二氧化硅、氧化铝、氧化铁、氧化钙、氧化镁等。

【主要用途】
用于铺筑路面垫层和作为基层、底基层水泥矿渣、石灰矿渣稳定土的集料。

【工程图片】(图6-8)

图6-8 煤渣

【计量单位】 m^3

5503011 矿 渣

【名词解释】
矿石经过选矿或冶炼后的残余物称为矿渣。

【主要用途】
用作铺筑路面垫层和作为基层、底基层水泥矿渣、石灰矿渣稳定土的集料。

【常见类型】(表6-13)

矿渣常见类型 表6-13

黑色冶金矿渣	炼铁和炼钢过程中产生的高炉重矿渣和钢渣
有色冶金矿渣	冶炼钢、镍、铝和锌时产生的矿渣

【计量单位】 m^3

5503012 石 渣

【名词解释】
石渣是石方被破碎后留下的不规则的石头。

【主要用途】
用作铺筑路面垫层和作为底基层、基层水泥石渣稳定土的集料。

【计量单位】 m^3

5503013 矿 粉

【名词解释】
用石灰岩或岩浆岩中的强基性岩石经磨细得到的符合一定规格要求的石粉。

【主要用途】
作为沥青混合料的填料使用。

【质量要求】（表6-14）

矿粉质量要求 表6-14

指 标	高速公路、一级公路、城市快速路、主干路	其他等级公路与城市道路
视密度不小于(kg/m^3)	2.5	2.45
含水率不大于(%)	1	1
粒度范围 <0.6mm(%) <0.15mm(%) <0.075mm(%)	100 90~100 75~100	100 90~100 70~100
外观	无团粒结块	
亲水系数	<1	

【计量单位】 t

5503014 石 屑

【名词解释】
粒径小于5mm的人工集料，表面比砂粗糙，有尖锐棱角。

【主要用途】

在石屑中掺入足量的水泥和水,经拌和得到的混合料在压实和养护后,当其抗压强度符合规定的要求时,称为水泥稳定石屑,可用于路面工程,石屑也可用作回填材料。

【工程图片】(图6-9)

【计量单位】 m^3

图6-9 石屑

5503015 路面用石屑

【名词解释】

轧制并筛分碎石所得的粒径为2~10mm的粒料。

【主要用途】

本定额主要用于沥青混合料集料。

【规格】(表6-15)

路面用石屑规格 表6-15

规格	公称粒径（mm）	通过下列筛孔的质量百分率(%)				
		方孔筛(mm)	9.5	4.75	2.36	0.6	0.075
		圆孔筛(mm)	10	5	2.5	—	—
S15	0~5		100	85~100	40~70	—	0~15
S16	0~3			100	85~100	20~50	0~15

【计量单位】 m^3

第3节 5505 石料

石料是常见的混凝土集料。

5505001~5505004 砾 石

【名词解释】
风化岩石经水流长期搬运而成的粒径为 2~60mm 的无棱角的天然粒料。

【主要用途】
本定额主要用于铺筑低等级公路路面基层或面层。

【对应编号】(表 6-16)

砾石对应编号　　　　　　　　　　表 6-16

名　　称	编　号
砾石(2cm)	5505001
砾石(4cm)	5505002
砾石(6cm)	5505003
砾石(8cm)	5505004

【常见类型】
按平均粒径大小,又可把砾石细分为巨砾、粗砾和细砾三种。平均粒径 1~10m 的,称细砾;10~100mm 的,称粗砾;大于 100mm 的,称巨砾。砾石经胶结成岩后,称砾岩或角砾岩。

【工程图片】(图 6-10)

图 6-10　砾石

【计量单位】m³

5505005 片　　石

【名词解释】
由打眼放炮经开采选择所得的形状不规则的、边长一般不小于15cm的石块。

【主要用途】
用于桥梁及其他构造物砌筑工程。

【工程图片】（图6-11）

图6-11　片石

【计量单位】m³

5505006　开采片石、5505007　捡清片石

【名词解释】
片石由两种方法取得，一种是采石场机械开采片石，一种是利用开炸路基石方时捡清片石。

【主要用途】
本定额主要用于填筑渗水路基。

【计量单位】m³

5505008　大　卵　石

【名词解释】
卵石是自然形成的岩石颗粒，可形成砾岩。分为河卵石、海卵石和山卵石。卵石的形状多为圆形,表面光滑,与水泥的黏结较差,拌制的混凝土拌和物流动性较好,但混凝土硬化后强度较低。大卵石粒径大于8cm。

【主要用途】

本定额主要用于软土路基处理和竹笼、木笼等填料。

【工程图片】(图6-12)

【计量单位】m^3

图6-12 大卵石

5505009 煤 矸 石

【名词解释】

是采煤过程中产生的一种废料,是含碳量较低、比煤坚硬的黑灰色岩石。其主要成分是Al_2O_3、SiO_2,另外还含有数量不等的 Fe_2O_3、CaO、MgO、Na_2O、K_2O、P_2O_5、SO_3 和微量稀有元素(镓、钒、钛、钴)。

【主要用途】

公路工程中可以用来填筑路堤和充当基层集料。

【常见类型】

煤矸石有以下两种具有应用指导意义的分类方法:

(1)按是否自燃

①未燃煤矸石:呈黑色,含硫量低,不具活性;

②自燃煤矸石:呈浅红色、灰白色,含硫量较高,具有活性。

(2)按岩性

页岩类、泥岩类和砂岩类。

【物理与力学特性】

(1)可塑性

煤矸石一般具有低塑性,相对密度接近于土,能吸收一定水分。

(2)水稳性

干湿循环试验表明,自燃煤矸石水稳性一般较未燃煤矸石好。

(3)煤矸石在冻融循环后的质量损失一般较大

(4)压碎值

煤矸石具有一定的抗压碎能力,压碎值可以达到30%~40%。自燃煤矸石的压碎值比未燃煤矸石要高。

【工程图片】(图6-13)

图6-13 煤矸石

【计量单位】m³

5505010 风 化 石

【名词解释】

已经风化、强度有所降低的石头。

【主要用途】

本定额主要用于低等级公路路面磨耗层。

【工程图片】(图6-14)

图6-14 风化石

【计量单位】m³

5505011 白 石 子

【名词解释】
用白色石头破碎成的小石子。
【主要用途】
主要用作墙面水洗石、水磨地面装饰。
【计量单位】m^3

5505012 ~ 5505024 碎 石

【名词解释】
由天然岩石或大的片石经机械破碎、筛分而得到的石子,表面粗糙,颗粒多棱角。
【主要用途】
主要用作混凝土(水泥混凝土和沥青混凝土)及路面工程的粗集料。
【工程图片】(图6-15)

图6-15 碎石

【质量指标】（表6-17、表6-18）

混凝土用碎石质量指标　　　　　表6-17

项目		混凝土强度等级		项目		质量损失(%)不大于
		≥C30	<C30			
针片状颗粒含量	按质量计（%）	15	25	坚固性（硫酸钠法，5次循环后）	寒冷地区，经常处于干湿交替	5
含泥量		1.0	2.0			
泥块含量		0.5	0.7		严寒地区，经常处于干湿交替	3
有害物质含量	硫化物及硫酸盐含量	1.0			混凝土处于干燥条件，但粗集料风化或软弱颗粒过多	12
	有机质含量（比色法试验）	颜色应浅于标准溶液，若深于标准溶液则应配制成混凝土作强度对比试验。抗压强度比应不低于0.95			混凝土处于干燥条件，但有抗疲劳耐磨、抗冲击要求高或标号大于40号	5
小于2.5mm的颗粒含量按质量计（%）不大于		5	5			

路面用碎石质量指标　　　　　表6-18

指标	高速公路、一级公路、城市快速路、主干路	其他等级公路与城市道路
石料压碎值　　　　　（%）　不大于	28	30
洛杉矶磨耗损失　　　（%）　不大于	30	40
视密度　　　　　　　（%）　不大于	2.5	2.45
吸水率　　　　　　　（%）　不大于	2.0	3.0
对沥青的黏附性　　　（%）　不大于	4级	3级
坚固性　　　　　　　（%）　不大于	12	—
细长扁平颗粒含量　　（%）　不大于	15	20
水洗法<0.075mm颗粒含量（%）不大于	1	1
软石含量　　　　　　（%）　不大于	5	5
石料磨光值　　　　　（%）　不大于	42	实测
石料冲击值　　　　　（%）　不大于	28	实测

【对应编号】(表6-19)

名称及编号　　　　　　　　　　　　　表6-19

名　称	编　号	名　称	编　号
碎石(2cm)	5505012	路面用碎石(3.5cm)	5505019
碎石(4cm)	5505013	路面用碎石(5cm)	5505020
碎石(6cm)	5505014	路面用碎石(6cm)	5505021
碎石(8cm)	5505015	路面用碎石(7cm)	5505022
碎石	5505016	路面用碎石(8cm)	5505023
路面用碎石(1.5cm)	5505017	玄武岩碎石	5505024
路面用碎石(2.5cm)	5505018		

碎石(8cm):粒径6~8cm的碎石。
路面用碎石(3.5cm):路面用粒径2.5~3.5cm的碎石。
玄武岩碎石(2cm):用玄武岩加工的碎石,粒径0~2cm。
【计量单位】 m^3

5505025　块　石

【名词解释】
由成层岩中打眼放炮开采所得,或用楔子打入成层岩的明缝或暗缝中劈出来的石料。块石形状大致方正,无尖角,有两个较大的平行面,边角不可加工。

【主要用途】
用于桥梁及其他砌体构造物以及路面铺砌。

【常见类型】
主要有花岗石块石、砂石块石。

【工程图片】(图6-16)

a)花岗石块石　　　　　　　　b)砂石块石

图6-16　块石

【对应编号】（表6-20）

名称及编号　　　　　　　　　　　　　　　　　表6-20

名　　称	编　　号
块石	5505025
开采块石	5505026

【计量单位】 m³

5505027　盖　板　石

【名词解释】
采用天然石制成的盖板。

【主要用途】
用于封闭或铺设板涵。

【工程图图片】（图6-17）

图6-17　盖板石

【计量单位】 m³

5505028　料　　石

【名词解释】
由人工或机械开挖出的较规则的六面体石块（也称条石），是用来砌筑建筑物用的石料。

【主要用途】
料石主要用作砌体建筑物的镶面材料。

【常见类型】（图6-18）
毛料石：外观大致方正，一般不加工或者稍加调整。料石的宽度和厚度不宜小于200mm，长度不宜大于厚度的4倍。叠砌面和接砌面的表面凹入深度不大于25mm。

图 6-18 料石

粗料石:规格尺寸同上,叠砌面和接砌面的表面凹入深度不大于 20mm;外露面及相接周边的表面凹入深度不大于 20mm。

细料石:通过细加工,规格尺寸同上,叠砌面和接砌面的表面凹入深度不大于 10mm,外露面及相接周边的表面凹入深度不大于 2mm。

【对应编号】(表 6-21)

名 称 及 编 号 表 6-21

名　　称	编　　号
料石	5505028
粗料石	5505029
细料石	5505030

【计量单位】m^3

第 4 节　5507　砖瓦等贴材

砖瓦等贴材是用于地面或墙面的装饰性材料。

5507001　马　赛　克

【名词解释】

马赛克是用于拼成各种装饰图案用的片状小砖,主要由陶瓷、玻璃、金属和石材等组成。

【主要用途】

适用于墙面和地面的装饰铺贴。

【**常见类型**】(图6-19、表6-22)

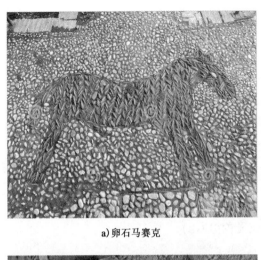

a) 卵石马赛克

b) 异形石材马赛克

c) 花岗岩马赛克

d) 陶瓷马赛克

图6-19 马赛克

马赛克种类及规格　　　　　　　　　表6-22

马赛克种类	规　　格
玻璃马赛克	玻璃马赛克一般为正方形,如20mm×20mm、25mm×25mm、30mm×30mm,其他规格尺寸由供需双方协商
石材马赛克	马赛克石粒边长均不大于10cm,表面积不大于50cm^2;砖联分正方形、长方形和其他形状
陶瓷马赛克	单块砖边长不大于95mm,表面积不大于55cm^2;砖联分正方形、长方形和其他形状

【**命名**】

命名规则:

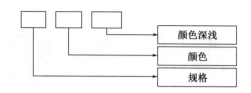

规格:用长宽尺寸数字表示规格,例:20×20。异形马赛克用其形状符号表示规格。

颜色系列代号:颜色共分为白、蓝、绿、灰、茶、紫、黑、肉色、黄、红十大系列,依次分别用 A、B、C、D、E、F、G、H、I、J、K 表示。

颜色深浅:在同一颜色系列中用阿拉伯数字从小到大表示,数学小表示颜色浅,数字大表示颜色深。

金星玻璃马赛克在颜色代号前加 S 表示。

陶瓷马赛克要注明表面特性,如:有釉(GL)或无釉(UGL)。

【计量单位】 m^2

5507002 瓷 砖

【名词解释】

是以耐火的金属氧化物及半金属氧化物,经由研磨、混合、压制、施釉、烧结之过程,而形成的一种耐酸碱的瓷质或石质等建筑或装饰材料,总称为瓷砖。其原材料多由黏土、石英砂等混合而成。

【主要用途】

适用于墙面和地面的装饰铺贴。

【常见类型】(图6-20、表6-23)

a)陶质砖

b)瓷质砖

图6-20 瓷砖

瓷砖种类吸水率　　　　　表6-23

瓷砖种类	吸 水 率
瓷质砖	≤0.5%
炻瓷砖	>0.5%, ≤3%

续上表

瓷砖种类	吸水率
细炻砖	>3%,≤6%
炻质砖	>6%,≤10%
陶质砖	≥10%

【命名】
命名规则：

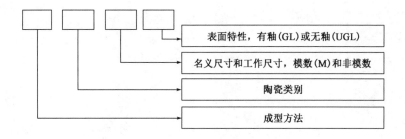

示例：精细挤压砖，AⅠM25cm×12.5cm(W240mm×115mm×10mm)GL。

【常见类型】(表6-24)

成型方法及陶瓷类别　　　　　　　　　　　　　　　　　表6-24

成型方法	A	挤压砖
	B	干压砖
	C	其他方法成型的砖
陶瓷类别	Ⅰ$_a$	低吸水率 $E≤0.5\%$
	Ⅰ$_b$	低吸水率 $0.5\%<E≤3\%$
	Ⅱ$_a$	中吸水率 $3\%<E≤6\%$
	Ⅱ$_b$	中吸水率 $6\%<E≤10\%$
	Ⅲ	高吸水率 $E>10\%$

【计量单位】m^2

5507003　青(红)砖

【名词解释】
黏土是某些铝硅酸矿物长时间风化的产物，具有极强的黏性而得名。将黏土用水调和后制成砖坯，放在砖窑中煅烧(900~1100℃，并且要持续8~15h)便制成砖。黏土中含有铁，烧制过程中完全氧化时生成三氧化二铁呈红色，即最常用的红砖；而如果在烧制过程中加水冷却,使黏土中的铁不完全氧化(Fe_3O_4)则呈青色,即青砖。

【主要用途】

适用于墙体的砌筑和路面的铺设。

【常见类型】(图6-21)

(1)按主要原料分为黏土砖(N)、页岩砖(Y)、煤矸石砖(M)和粉煤灰砖(F)。

(2)根据抗压强度分为MU30、MU25、MU20、MU15、MU10共5个强度等级。

(3)强度、抗风化性能和放射性物质合格的砖,根据尺寸偏差、外观质量、泛霜和石灰爆裂分为优等品(A)、一等品(B)、合格品(C)共3个质量等级。

a)青砖　　　　　　　　　　　　　　b)红砖

图6-21　青(红)砖

【计量单位】千块

第5节　5509　水　　泥

水泥是良好的胶凝材料,常被用于混凝土的拌制。

5509001　32.5级水泥

【名词解释】

32.5级水泥是根据水泥强度等级来划分的一种水泥,指水泥胶砂28d水泥胶砂抗压强度标准值大于等于32.5MPa,但对于低碱度硫铝酸盐水泥,32.5级是指7d水泥胶砂抗压强度标准值大于等于32.5MPa。

32.5R级水泥是指早强型32.5级水泥。

【主要用途】

32.5级水泥广泛应用于浆砌片石,桥梁墩台、基础、隧道浆砌等低强度混凝土,但水泥品种不一样,各技术指标要求不一样,应根据建筑物环境选择相应的水泥品种。

【工程图片】(图6-22)

图 6-22　32.5 级水泥用于浆砌块石

【常见类型】(表 6-25)

32.5 级水泥品种及强度要求　　　　　　　　　　　　　表 6-25

水泥品种	强度要求							
	抗压强度(MPa)				抗折强度(MPa)			
	1d	3d	7d	28d	1d	3d	7d	28d
矿渣、火山灰、粉煤灰、复合硅酸盐水泥 32.5 级		≥10.0		≥32.5		≥2.5		≥5.5
矿渣、火山灰、粉煤灰、复合硅酸盐水泥 32.5R 级		≥15.0		≥32.5		≥3.5		≥5.5
道路硅酸盐水泥 32.5 级		≥16.0		≥32.5		≥3.5		≥6.5
中抗硫酸盐硅酸盐水泥 32.5 级		≥10.0		≥32.5		≥2.5		≥6.0
低热矿渣水泥 32.5 级			≥12.0	≥32.5			≥3.0	≥5.5
白色硅酸盐水泥 32.5 级		≥12.0		≥32.5		≥3.0		≥6.0
彩色硅酸盐水泥 32.5 级		≥10.0		≥32.5		≥2.5		≥5.5
低碱度硫铝酸盐水泥 32.5 级	≥25.0			≥32.5	≥3.5			≥5.0

【命名】(表 6-26)

32.5 级水泥命名规则　　　　　　　　　　　　　表 6-26

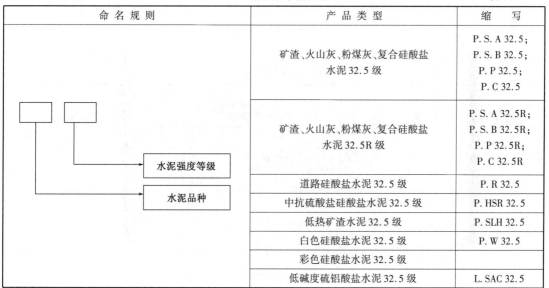

命名规则	产品类型	缩写
	矿渣、火山灰、粉煤灰、复合硅酸盐水泥 32.5 级	P.S.A 32.5；P.S.B 32.5；P.P 32.5；P.C 32.5
	矿渣、火山灰、粉煤灰、复合硅酸盐水泥 32.5R 级	P.S.A 32.5R；P.S.B 32.5R；P.P 32.5R；P.C 32.5R
	道路硅酸盐水泥 32.5 级	P.R 32.5
	中抗硫酸盐硅酸盐水泥 32.5 级	P.HSR 32.5
	低热矿渣水泥 32.5 级	P.SLH 32.5
	白色硅酸盐水泥 32.5 级	P.W 32.5
	彩色硅酸盐水泥 32.5 级	
	低碱度硫铝酸盐水泥 32.5 级	L.SAC 32.5

【计量单位】t

5509002　42.5 级水泥

【名词解释】

42.5 级水泥是根据水泥强度等级来划分的一种水泥,指 28d 水泥胶砂抗压强度标准值大于等于 42.5MPa。但对于 42.5 级快硬硫铝酸盐水泥,是指 28d 水泥胶砂抗压强度标准值大于等于 45.0MPa。对于低碱度硫铝酸盐水泥,是指水泥胶砂 7d 抗压强度标准值大于等于 42.5MPa。

42.5R 级水泥是指早强型 42.5 级水泥。

【主要用途】

42.5 级水泥广泛应用于公路路面、桥梁上部构造、隧道等工业与民用建筑,但水泥品种不一样,各技术指标要求不一样,应根据建筑物环境选择相应的水泥品种。

【工程图片】(图 6-23)

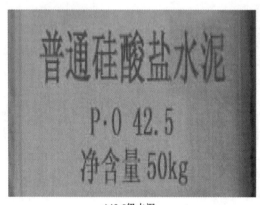 

a) 42.5级水泥　　　　　　　　　b) 42.5级水泥用于箱形梁

图 6-23　42.5 级水泥

【常见类型】(表 6-27)

42.5 级水泥种类及强度要求　　　　　　表 6-27

水 泥 种 类	强 度 要 求						
	抗压强度(MPa)				抗折强度(MPa)		
	28d	1d	3d	7d	28d	1d	3d	7d
硅酸盐水泥 42.5 级		≥17.0		≥42.5		≥3.5		≥6.5
硅酸盐水泥 42.5R 级		≥22.0		≥42.5		≥4.0		≥6.5
普通硅酸盐水泥 42.5 级		≥17.0		≥42.5		≥3.5		≥6.5
普通硅酸盐水泥 42.5R 级		≥22.0		≥42.5		≥4.0		≥6.5
矿渣、火山灰、粉煤灰、复合硅酸盐水泥 42.5 级		≥15.0		≥42.5		≥3.5		≥6.5

续上表

水泥种类	强度要求							
	抗压强度(MPa)				抗折强度(MPa)			
	28d	1d	3d	7d	28d	1d	3d	7d
矿渣、火山灰、粉煤灰、复合硅酸盐水泥42.5R级			≥19.0	≥42.5	≥4.0			≥6.5
道路硅酸盐水泥42.5级			≥21.0	≥42.5	≥4.0			≥7.0
抗硫酸盐硅酸盐水泥42.5级			≥15.0	≥42.5	≥3.0			≥6.5
中热水泥42.5级		≥12.0	≥22.0	≥42.5	≥3.0	≥4.5		≥6.5
低热水泥42.5级			≥13.0	≥42.5			≥3.5	≥6.5
低热矿渣水泥42.5级			≥12.0	≥42.5			≥3.0	≥5.5
白色硅酸盐水泥42.5级			≥17.0	≥42.5	≥3.5			≥6.5
彩色硅酸盐水泥42.5级			≥15.0	≥42.5	≥2.5			≥5.5
快硬硫铝酸盐水泥42.5级	≥30.0		≥42.5	≥45.0	≥6.0	≥6.5		≥7.0
低碱度硫铝酸盐水泥42.5级	≥30.5		≥42.5		≥4.0		≥5.5	

【命名】(表6-28)

42.5级水泥命名规则

表6-28

命名规则	产品类型	缩写
（命名规则图示：水泥强度等级、水泥品种）	硅酸盐水泥42.5级	P.Ⅰ42.5
	硅酸盐水泥42.5R级	P.Ⅱ42.5
	普通硅酸盐水泥42.5级	P.O 42.5
	普通硅酸盐水泥42.5R级	P.O 42.5R
	矿渣、火山灰、粉煤灰、复合硅酸盐水泥42.5级	P.S.A 42.5；P.S.B 42.5；P.P 42.5；P.C 42.5
	矿渣、火山灰、粉煤灰、复合硅酸盐水泥42.5R级	P.S.A 42.5R；P.S.B 42.5R；P.P 42.5R；P.C 42.5R
	道路硅酸盐水泥42.5级	P.R 42.5
	抗硫酸盐硅酸盐水泥42.5级	P.HSR 42.5
	中热水泥42.5级	P.MH 42.5
	低热水泥42.5级	P.LH 42.5
	低热矿渣水泥42.5级	P.SLH 42.5
	白色硅酸盐水泥42.5级	P.W 42.5
	彩色硅酸盐水泥42.5级	
	快硬硫铝酸盐水泥42.5级	R.SAC 42.5
	低碱度硫铝酸盐水泥42.5级	L.SAC 42.5

【计量单位】t

5509003　52.5级水泥

【名词解释】

52.5级水泥是根据水泥强度等级来划分的一种水泥。指28d水泥胶砂抗压强度标准值大于等于52.5MPa,但对于低碱度硫铝酸盐水泥52.5级、快硬硫铝酸盐水泥52.5级是指7d水泥胶砂抗压强度标准值大于等于52.5MPa。

52.5R级水泥是指早强型52.5级水泥

【主要用途】

52.5级水泥广泛应用于公路路面、桥梁上部构造、桥面、隧道C40以上高强度混凝土,但水泥品种不一样,各技术指标要求不一样,应根据建筑物环境选择相应的水泥品种。

【工程图片】(图6-24)

图6-24　52.5级水泥混凝土施工

【常见类型】(表6-29)

52.5级水泥种类及强度要求　　表6-29

水泥种类	强度要求							
	抗压强度(MPa)				抗折强度(MPa)			
	28d	1d	3d	7d	28d	1d	3d	7d
硅酸盐水泥52.5级		≥23.0		≥52.5		≥4.0		≥7.0
硅酸盐水泥52.5R级		≥27.0		≥52.5		≥5.0		≥7.0
普通硅酸盐水泥52.5级		≥23.0		≥52.5		≥4.0		≥7.0
普通硅酸盐水泥52.5R级		≥27.0		≥52.5		≥5.0		≥7.0
矿渣、火山灰、粉煤灰、复合硅酸盐水泥52.5级		≥21.0		≥52.5		≥4.0		≥7.0
矿渣、火山灰、粉煤灰、复合硅酸盐水泥52.5R级		≥23.0	≥42.5			≥4.5	≥6.5	
道路硅酸盐水泥52.5级		≥26.0		≥52.5		≥5.0		≥7.5
白色硅酸盐水泥52.5级		≥22.0		≥52.5		≥4.0		≥7.0
快硬硫铝酸盐水泥52.5级	≥40.0	≥52.5	≥55.0	≥6.5	≥7.0		≥7.5	
低碱度硫铝酸盐水泥52.5级	≥40.0	≥52.5			≥4.5		≥6.0	

【命名】(表6-30)

52.5级水泥命名规则　　　　　　　　　　　　　　　　　　　表6-30

命 名 规 则	产品类型	缩　写
水泥强度等级 水泥品种	硅酸盐水泥52.5级	P.Ⅰ52.5
	硅酸盐水泥52.5R级	P.Ⅱ52.5
	普通硅酸盐水泥52.5级	P.O 52.5
	普通硅酸盐水泥52.5R级	P.O 52.5R
	矿渣、火山灰、粉煤灰、复合硅酸盐水泥52.5级	P.S.A 52.5； P.S.B 52.5； P.P 52.5； P.C 52.5
	矿渣、火山灰、粉煤灰、复合硅酸盐水泥52.5R级	P.S.A 52.5R； P.S.B 52.5R； P.P 52.5R； P.C 52.5R
	道路硅酸盐水泥52.5级	P.R 52.5
	白色硅酸盐水泥52.5级	P.W 52.5
	快硬硫铝酸盐水泥52.5级	R.SAC 52.5
	低碱度硫铝酸盐水泥52.5级	L.SAC 42.5

【计量单位】t

5509004　62.5级水泥

【名词解释】

62.5级水泥是根据水泥强度等级来划分的一种高强度水泥,硅酸盐水泥62.5级是指28d水泥胶砂抗压强度标准值大于等于62.5MPa,快硬硫铝酸盐水泥62.5级是指3d水泥胶砂抗压强度标准值大于等于62.5MPa。

【主要用途】

62.5级水泥用于公路路面、桥梁上部构造、桥面、隧道C55以上高强度混凝土,但水泥品种不一样,各技术指标要求不一样,应根据建筑物环境选择相应的水泥品种。

【工程图片】(图6-25)

【常见类型】

62.5级硅酸盐水泥、快硬硫铝酸盐水泥62.5级、白色硅酸盐水泥62.5级。

【计量单位】t

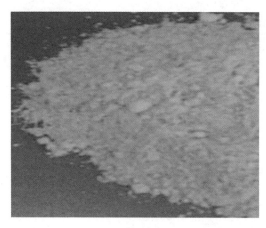

a)62.5级水泥　　　　　　　　　　　　b)62.5级水泥混凝土结构

图 6-25　62.5 级水泥

5509005　白　水　泥

【名词解释】

由白色硅酸盐水泥熟料加入适量石膏,磨细制成的水硬性胶凝材料称为白色硅酸盐水泥,简称白水泥。

【主要用途】

可用于美观设计为白色的桥梁建筑,以及用于墙面基层处理、建筑装饰,可配成彩色灰浆或制造各种彩色和白色混凝土如水磨石、斩假石等。

【技术性质】

白色硅酸盐水泥的技术性质要求有:

(1)细度:白水泥的细度为 0.080mm,方孔筛筛余不得超过 10%。

(2)凝结时间:白水泥的初凝时间不得早于 45min,终凝时间不得迟于 12h。

(3)强度等级:白水泥有 32.5、42.5、52.5、62.5 四个标准强度等级。

(4)白度:按白度将白水泥分为以下几个等级(表 6-31)。

白水泥白度等级　　　　　　　　表 6-31

白度等级	特级	一级	二级	三级
白度(%)	86	84	80	75

(5)质量等级:根据白水泥的白度等级和强度等级将白水泥分为三个质量等级(表 6-32)。

白水泥等级　　　　　　　　表 6-32

白水泥等级	优 等 品	一 等 品		合 格 品	
白度等级	特级	一级	二级	二级	三级
强度等级	62.5,52.5	52.5,42.5	52.5,42.5	32.5	42.5,32.5

【计量单位】t

第6节 5511 混凝土预制件

5511001~5511002 钢筋混凝土电杆

【名词解释】

用混凝土与钢筋或钢丝制成的电杆,主要作用是支持导线、绝缘子及横担。

【主要用途】

用于空中架设电力线路。

【对应编号】(表6-33)

钢筋混凝土电杆编号　　　　　表6-33

名　称	编　号
钢筋混凝土电杆(5m)	5511001
钢筋混凝土电杆(7m)	5511002

【常见类型】

混凝土电杆有普通钢筋混凝土电杆和预应力混凝土电杆两种(图6-26)。电杆的截面形式有方形、八角形、工字形、环形或其他一些异形截面。最常采用的是环形截面和方形截面。电杆长度一般为4.5~15m,常用杆长有5m、7m、8m、10m、12m、15m等规格。环形电杆有锥形杆和等径杆两种,锥形杆上小下大,梢径一般为100~230mm,锥度为1:75;等径杆的直径为300~550mm;两者壁厚均为30~60mm。方形杆梢部一般是120mm×140mm或150mm×150mm。

a)

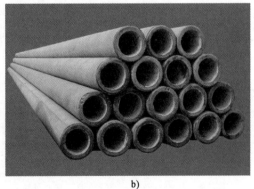
b)

图6-26 钢筋混凝土电杆

电杆按用途主要分为以下几种:

(1)直线杆:直线杆是架空线路直线部分的支撑点;直线杆要承受前后导线的重力和凝结在导线上的冰雪的重力,同时还要承受线路的侧向风力。

(2)耐张杆:耐张杆是架空线路分段结构的支撑点,其作用是在线路出现倒杆事故时,防止导线拖倒更多的电杆,限制事故的范围。耐张杆除承受导线重力和侧向风力外,还要承受邻档导线的拉力差所引起的顺线路方向的拉力,通常在耐张杆的前后方各装一根拉线用来平衡这种拉力。

(3)转角杆:转角杆是架空线路改变方向的支撑点。为了保护电杆承受拉力的平衡,当转角在30°以内时,应在导线合成拉力的相反方向装1根拉线;当转角大于30°时,应装2根拉线,各平衡一组导线的拉力。

(4)终端杆:终端杆是架空线路始端和终端的支撑点。因为电杆单方向承受导线的重力,所以必须在相反方向安装拉线,防止电杆向有导线的一侧倾斜。

(5)分支杆:分支杆是架空线路分接支线的支撑点。在分支线拉力的相反方向应安装拉线,以保持电杆的平衡。

【计量单位】根

5511003 预应力管桩

【名词解释】
预应力管桩是采用预应力施工技术和离心成型法制成的一种空心筒体细长混凝土预制构件,主要由圆筒形桩身、端头板和钢套箍等组成。

【主要用途】
主要用于公路软土地基的处理。

【常见类型】
按工艺可分为后张法预应力管桩和先张法预应力管桩。按混凝土强度等级可分为预应力混凝土管桩(PC 管桩)和预应力混凝土薄壁管桩(PTC 管桩)及高强度预应力混凝土管桩(PHC 管桩)。PC 管桩的混凝土强度等级不得低于 C60,PTC 管桩强度等级不得低于 C60,PHC 管桩的混凝土强度等级不得低于 C80。PHC 管桩和 PC 管桩按桩身混凝土有效预应力值或其抗弯性能分为 A 型、AB 型、B 型、C 型四种。

【命名】(表6-34)

预应力管桩命名规则 表6-34

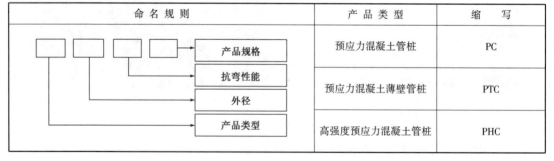

示例:外径600mm、壁厚110mm、长度12m 的 A 型预应力高强混凝土管桩的标记为:PHC 600 A 110-12。

【计量单位】m

5511004～5511012　混凝土排水管

【名词解释】

采用混凝土预先制成的排水管称为预制混凝土排水管,其管壁内不配置钢筋骨架的混凝土圆管,按外压荷载分级分为Ⅰ级和Ⅱ级,按直径分为200mm、300mm等。

【主要用途】

在公路工程中,适用于排水工程,主要承担雨水、污水的排水任务。

【常见类型】

预制混凝土排水管按连接方式主要为刚性接口管,具体分类及各不同接口管的口径范围如图6-27所示。

a)预制混凝土排水管

b)预制混凝土排水管铺设

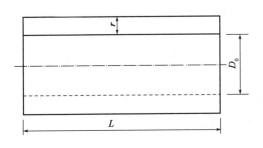

c)刚性接口平口管

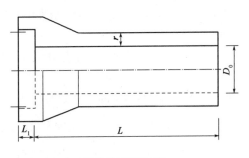

d)刚性接口承插口管

图6-27　混凝土排水管

注:预制混凝土管刚性接口承插口的口径范围:100～600mm;平口的口径范围:200～600mm、200～2400mm。

混凝土排水管规格尺寸见表6-35。

混凝土排水管规格尺寸及外压荷载系列表　　　　表6-35

公称内径 D_0(mm)	有效长度 L(mm)≥	Ⅰ 级 管			Ⅱ 级 管		
		壁厚（kg/mm）≥	破坏荷载（kN/m）	内水压力（MPa）	壁厚（kg/mm）≥	破坏荷载（kN/m）	内水压力（MPa）
100	1000	19	12	0.02	25	19	0.04
150		19	8		25	14	
200		22	8		27	12	
250		25	9		33	15	
300		30	10		40	18	
350		35	12		45	19	
400		40	14		47	19	
450		45	16		50	19	
500		50	17		55	21	
600		60	21		65	24	

注：经供需双方协议，也可生产其他规格尺寸或按工程设计要求的外压荷载的混凝土管。

预制混凝土排水管要求：

（1）混凝土强度等级不得低于C30，用于制作顶管的混凝土强度等级不得低于C40。

（2）外观质量：管子内、外表面应平整，管子应无黏皮、麻面、蜂窝、塌落、露筋、空鼓，局部凹坑深度不应大于5mm。芯模振动工艺脱模时产生的表面拉毛及微小气孔，可不作处理。

（3）混凝土排水管不允许有裂缝。

（4）合缝处不应漏浆。

（5）在进行管内水压力检验时，在规定的检验内水压力下允许有潮片，但其面积不得大于总外表面积的5%，且不得有水珠流淌。壁厚大于等于150mm的雨水管，可不作内水压力检验。

（6）管子外压检验荷载不得低于表中规定的荷载要求。

【命名】

产品按施工方法、名称、外压荷载级别、规格（公称内径×有效长度）、标准编号顺序进行标记。

示例：公称内径为300mm、有效长度为1000mm、开槽施工的Ⅰ级混凝土排水管，标记为：

$$CP Ⅰ 300 \times 1000 \ GB/T 11836$$

其中：　　　CP——预制混凝土排水管缩写；

　　　　　　Ⅰ——外压荷载级别；

　　　　　300——公称内径；

　　　　1000——有效长度；

GB/T 11836——标准编号。

注：顶进施工则在最前加字母 D。

排水管产品类型及缩写见表6-36。

排水管产品类型及缩写 表6-36

代号	产品类型	荷载等级	缩写
1517003	φ200mm以内混凝土排水管	Ⅰ级	CPⅠ 200×1000 GB/T 11836
		Ⅱ级	CPⅡ 200×1000 GB/T 11836
1517004	φ300mm以内混凝土排水管	Ⅰ级	CPⅠ 300×1000 GB/T 11836
		Ⅱ级	CPⅡ 300×1000 GB/T 11836
1517005	φ400mm以内混凝土排水管	Ⅰ级	CPⅠ 400×1000 GB/T 11836
		Ⅱ级	CPⅡ 400×1000 GB/T 11836
1517006	φ500mm以内混凝土排水管	Ⅰ级	CPⅠ 500×1000 GB/T 11836
		Ⅱ级	CPⅡ 500×1000 GB/T 11836
1517007	φ600mm以内混凝土排水管	Ⅰ级	CPⅠ 600×1000 GB/T 11836
		Ⅱ级	CPⅡ 600×1000 GB/T 11836
1517008	φ700mm以内混凝土排水管	Ⅰ级	CPⅠ 700×1000 GB/T 11836
		Ⅱ级	CPⅡ 700×1000 GB/T 11836
1517009	φ800mm以内混凝土排水管	Ⅰ级	CPⅠ 800×1000 GB/T 11836
		Ⅱ级	CPⅡ 800×1000 GB/T 11836
15170010	φ900mm以内混凝土排水管	Ⅰ级	CPⅠ 900×1000 GB/T 11836
		Ⅱ级	CPⅡ 900×1000 GB/T 11836
15170011	φ1000mm以内混凝土排水管	Ⅰ级	CPⅠ 1000×1000 GB/T 11836
		Ⅱ级	CPⅡ 1000×1000 GB/T 11836

【计量单位】 m

第7节 5513 其他

5513001 石膏板

【名词解释】

石膏板是以建筑石膏为主要原料制成的一种材料。穿孔石膏板有贯通于石膏板正面和背面的圆柱形孔眼,在石膏板背面粘贴具有透气性的背覆材料和能吸收入射声能的吸声材料等组合而成。吸声机理是材料内部有大量微小的连通的孔隙,声波沿着这些孔隙可以深入材料内部,与材料发生摩擦作用将声能转化为热能。多孔吸声材料的吸声特性是,随着频率的增高吸声系数逐渐增大。

【主要用途】

装饰隔墙、隔音。

【工程图片】（图6-28、表6-37）

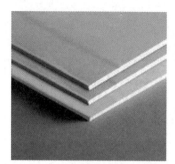

a)纸面石膏板

b)吸音石膏板

c)装饰石膏板

图6-28 石膏板

石膏板特点 表6-37

石膏板种类	特点
纸面石膏板	以石膏料浆为夹芯，两面用纸做护面而成的一种轻质板材
装饰石膏板	以建筑石膏为主要原料，掺加少量纤维材料等制成的有多种图案、花饰的板材

【命名】（表6-38）

石膏板命名规则 表6-38

基板与代号	背覆材料代号	板类代号
装饰石膏板 K	无背覆材料 W	WK、YK
纸面石膏板 C	有背覆材料 Y	WC、YC

示例：有背覆材料、边长600mm、厚度9mm、孔径6mm、孔距18mm的吸声用穿孔纸面石膏板标记为：YC600×9 - φ6/18。

【计量单位】 m^2

5513002　岩棉管壳

【名词解释】
岩棉管壳是一种主要应用于管道的岩棉保温材料。

【主要用途】
岩棉管壳广泛应用于石油、化工、冶金、船舶、纺织等各工业锅炉及设备管道的保温,也用于建筑行业的隔墙、吊顶、内外墙的保温以及各种类型的冷、热管道和隐藏、外露管道的绝热保温。

【主要优点】
(1)岩棉管壳以精选的玄岩为主要原料,经高温熔融成人造无机纤维制成的,具有质轻、导热系数小、吸声性能好、不燃、化学稳定性好等优点。
(2)它是一种新型的保温、隔热、吸声材料。
(3)岩棉管还具有防水、保温、绝热隔冷等性能,有一定的化学稳定性,即使在潮湿情况下长期使用也不会发生潮解。
(4)由于其制品不含氟(F)、氯(Cl),因此岩棉对设备无腐蚀作用,为不燃性材料。

【计量单位】 m^3

第7章 第60类:专用工程材料

【分类说明】

本类所列材料在公路工程建造中属专用材料。

第1节 6001 支 座

支座是连接桥梁上部结构和下部结构的重要结构部件。它能将桥梁上部结构的反力和变形(位移和转角)可靠地传递给桥梁下部结构,从而使结构的实际受力情况与计算的理论图式相符合。

6001001 钢 支 座

【名词解释】

钢支座的底座和支撑部分均由钢板制作,中间由钢球连接。根据需要,分抗震性和减震性钢支座,每种又有单向、双向和固定三种形式。

【主要用途】

用于桥梁将上部结构的支承反力传递到桥梁墩台,同时保证结构在活载、温度变化、混凝土收缩和徐变等因素作用下能自由变形。

【常见类型】

视跨度与荷载的大小,钢支座有平板支座、切线式支座、摇轴支座、辊轴支座等几种形式(图7-1)。

a)平板钢支座   b)切线式钢支座

图7-1 钢支座常见类型

【命名】(表7-1)

钢支座命名规则　　　　　　　　　　　　　　表7-1

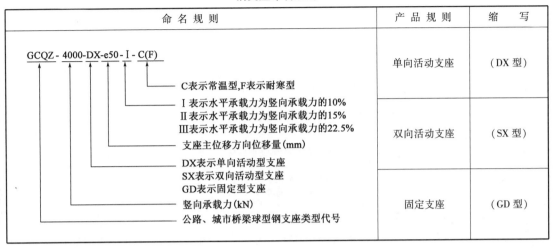

【计量单位】 t

6001002　四氟板式橡胶组合支座

【名词解释】

四氟板式橡胶组合支座是在普通板式橡胶支座上黏附一层聚四氟乙烯板(厚2～4mm)而成。

【主要用途】

适应于较大跨度的简支梁桥、连续梁桥；还可以用作连续梁顶推施工的滑块。

【常见类型】

分为圆形和矩形(图7-2)。

a)$GYZF_4$圆形四氟板式橡胶组合支座

b)$GJZF_4$矩形四氟板式橡胶组合支座

图7-2　四氟板式橡胶组合支座常见类型

【命名】(表 7-2)

四氟板式橡胶组合支座命名规则　　表 7-2

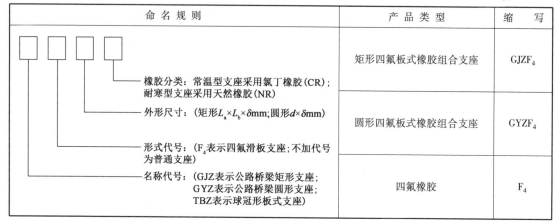

命名规则	产品类型	缩写
橡胶分类：常温型支座采用氯丁橡胶(CR)；耐寒型支座采用天然橡胶(NR) 外形尺寸：(矩形$L_a \times L_b \times \delta$mm；圆形$d \times \delta$mm) 形式代号：($F_4$表示四氟滑板支座；不加代号为普通支座) 名称代号：(GJZ表示公路桥梁矩形支座；GYZ表示公路桥梁圆形支座；TBZ表示球冠形板式支座)	矩形四氟板式橡胶组合支座	$GJZF_4$
	圆形四氟板式橡胶组合支座	$GYZF_4$
	四氟橡胶	F_4

示例：$GYZF_4 300 \times 54 (NR)$表示公路桥梁圆形、直径 300mm、厚度 54mm、带聚四氟乙烯滑块的天然橡胶支座。

【计量单位】dm^3

6001003　板式橡胶支座

【名词解释】

板式橡胶支座由几层橡胶和薄钢片叠合而成。

【主要用途】

适用于中、小跨度桥梁的一种简单的橡胶支座。无加劲层的纯橡胶支座只适用于小跨径桥梁。

【常见类型】

分为矩形板式和圆形板式橡胶支座(图 7-3)。目前我国生产的板式橡胶支座的竖向支承反力为 100~10000kN，可选择氯丁胶、天然胶、三元乙丙胶三种胶种。

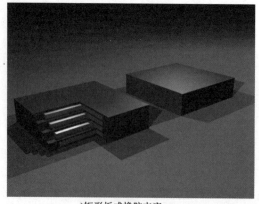
a)矩形板式橡胶支座

b)球冠圆板式橡胶支座

图 7-3　板式橡胶支座常见类型

【材料规格】（表7-3）

板式橡胶支座材料规格　　　　　　　　　　表7-3

按材料分板式橡胶支座种类	适合温度
氯丁橡胶	+60 ~ -25℃
天然橡胶	+60 ~ -40℃
三元乙丙橡胶	+60 ~ -45℃

【命名】（表7-4）

板式橡胶支座命名规则　　　　　　　　　　表7-4

命名规则	产品类型	缩　写
□□□□ └─ 橡胶分类：常温型支座采用氯丁橡胶（CR）；耐寒型支座采用天然橡胶（NR） └── 外形尺寸：（矩形$L_a \times L_b \times \delta$mm；圆形$d \times \delta$mm） └─── 形式代号：（$F_4$表示四氟滑板支座；不加代号为普通支座） └──── 名称代号：（GJZ表示公路桥梁矩形支座；GYZ表示公路桥梁圆形支座；TBZ表示球冠形板式支座）	矩形板式	GJZ
	圆形板式	GYZ
	天然橡胶	NR
	氯丁橡胶	CR

示例：GJZ300×400×47（CR）表示公路桥梁矩形、平面尺寸300mm×400mm、厚度为47mm的氯丁橡胶支座。

【计量单位】 dm^3

6001004 ~ 6001042　球　型　支　座

【名词解释】

桥梁支座的一种，球型支座由下座板、球面四氟板、密封裙、中间座板、平面四氟板、上滑板和上座板组成。

【主要用途】

球型支座是一种新型支座，因其承载能力高、转角大、转动灵活、转动力矩与转角无关等优点，可广泛应用于各种跨度、各种类型的桥梁，特别适用于大跨度桥梁及宽桥、曲线桥、坡道桥等构造复杂的桥梁。

【工程图片】(图 7-4)

图 7-4 球型支座

【材料规格】

支座竖向承载力分 13 级：2000kN、3000kN、4000kN、5000kN、6000kN、7000kN、8000kN、9000kN、10000kN、12500kN、15000kN、17500kN、20000kN；每种又有单向、双向和固定三种形式（表 7-5）。

球型支座材料规格　　　　　　　表 7-5

材料代码	本节材料名称	材料代码	本节材料名称
6001004	球型支座(DX,2000kN)	6001024	球型支座(GD,8000kN)
6001005	球型支座(SX,2000kN)	6001025	球型支座(DX,9000kN)
6001006	球型支座(GD,2000kN)	6001026	球型支座(SX,9000kN)
6001007	球型支座(DX,3000kN)	6001027	球型支座(GD,9000kN)
6001008	球型支座(SX,3000kN)	6001028	球型支座(DX,10000kN)
6001009	球型支座(GD,3000kN)	6001029	球型支座(SX,10000kN)
6001010	球型支座(DX,4000kN)	6001030	球型支座(GD,10000kN)
6001011	球型支座(SX,4000kN)	6001031	球型支座(DX,12500kN)
6001012	球型支座(GD,4000kN)	6001032	球型支座(SX,12500kN)
6001013	球型支座(DX,5000kN)	6001033	球型支座(GD,12500kN)
6001014	球型支座(SX,5000kN)	6001034	球型支座(DX,15000kN)
6001015	球型支座(GD,5000kN)	6001035	球型支座(SX,15000kN)
6001016	球型支座(DX,6000kN)	6001036	球型支座(GD,15000kN)
6001017	球型支座(SX,6000kN)	6001037	球型支座(DX,17500kN)
6001018	球型支座(GD,6000kN)	6001038	球型支座(SX,17500kN)
6001019	球型支座(DX,7000kN)	6001039	球型支座(GD,17500kN)
6001020	球型支座(SX,7000kN)	6001040	球型支座(DX,20000kN)
6001021	球型支座(GX,7000kN)	6001041	球型支座(SX,20000kN)
6001022	球型支座(DX,8000kN)	6001042	球型支座(GD,20000kN)
6001023	球型支座(SX,8000kN)		

【计量单位】个

6001043～6001135 盆式橡胶支座

【名词解释】

盆式橡胶支座是钢构件与橡胶组合而成的新型桥梁支座。是橡胶块紧密地放置在钢盆里的大吨位橡胶支座。由不锈钢滑板、聚四氟乙烯板、盆环、氯丁橡胶块、钢密封圈、钢盆塞及橡胶防水圈等组成。

【主要用途】

当竖向力较大时则应采用盆式橡胶支座,特别适宜在大跨度桥梁上使用。它具有承载能力大、水平位移量大、转动灵活等特点。

【工程图片】(图 7-5、图 7-6)

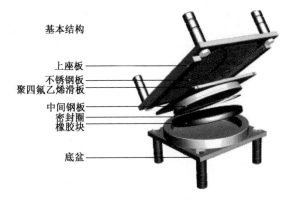

图 7-5 盆式支座结构

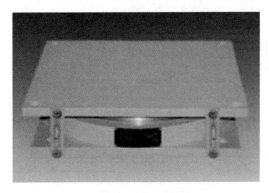

图 7-6 GPZ(Ⅱ)型盆式橡胶支座

【材料规格】

盆式橡胶支座系列的竖向承载力(即支座反力,单位 MN)分31级,即0.8、1、1.25、1.5、2、2.5、3、3.5、4、5、6、7、8、9、10、12.5、15、17.5、20、22.5、25、27.5、30、32.5、35、37.5、40、45、50、55 和 60。每种反力支座又分为单向活动支座、双向活动支座、固定支座(表7-6)。

盆式橡胶支座材料规格 表7-6

材料代码	本节材料名称	说明
6001043	盆式橡胶支座(DX,800kN)	GPZ(Ⅱ)单向
6001044	盆式橡胶支座(SX,800kN)	GPZ(Ⅱ)双向
6001045	盆式橡胶支座(GD,800kN)	GPZ(Ⅱ)固定
6001046	盆式橡胶支座(DX,1000kN)	GPZ(Ⅱ)单向
6001047	盆式橡胶支座(SX,1000kN)	GPZ(Ⅱ)双向
6001048	盆式橡胶支座(GD,1000kN)	GPZ(Ⅱ)固定
6001049	盆式橡胶支座(DX,1250kN)	GPZ(Ⅱ)单向
6001050	盆式橡胶支座(SX,1250kN)	GPZ(Ⅱ)双向
6001051	盆式橡胶支座(GD,1250kN)	GPZ(Ⅱ)固定

续上表

材料代码	本节材料名称	说　明
6001052	盆式橡胶支座(DX,1500kN)	GPZ(Ⅱ)单向
6001053	盆式橡胶支座(SX,1500kN)	GPZ(Ⅱ)双向
6001054	盆式橡胶支座(GD,1500kN)	GPZ(Ⅱ)固定
6001055	盆式橡胶支座(DX,2000kN)	GPZ(Ⅱ)单向
6001056	盆式橡胶支座(SX,2000kN)	GPZ(Ⅱ)双向
6001057	盆式橡胶支座(GD,2000kN)	GPZ(Ⅱ)固定
6001058	盆式橡胶支座(DX,2500kN)	GPZ(Ⅱ)单向
6001059	盆式橡胶支座(SX,2500kN)	GPZ(Ⅱ)双向
6001060	盆式橡胶支座(GD,2500kN)	GPZ(Ⅱ)固定
6001061	盆式橡胶支座(DX,3000kN)	GPZ(Ⅱ)单向
6001062	盆式橡胶支座(SX,3000kN)	GPZ(Ⅱ)双向
6001063	盆式橡胶支座(GD,3000kN)	GPZ(Ⅱ)固定
6001064	盆式橡胶支座(DX,3500kN)	GPZ(Ⅱ)单向
6001065	盆式橡胶支座(SX,3500kN)	GPZ(Ⅱ)双向
6001066	盆式橡胶支座(GD,3500kN)	GPZ(Ⅱ)固定
6001067	盆式橡胶支座(DX,4000kN)	GPZ(Ⅱ)单向
6001068	盆式橡胶支座(SX,4000kN)	GPZ(Ⅱ)双向
6001069	盆式橡胶支座(GD,4000kN)	GPZ(Ⅱ)固定
6001070	盆式橡胶支座(DX,5000kN)	GPZ(Ⅱ)单向
6001071	盆式橡胶支座(SX,5000kN)	GPZ(Ⅱ)双向
6001072	盆式橡胶支座(GD,5000kN)	GPZ(Ⅱ)固定
6001073	盆式橡胶支座(DX,6000kN)	GPZ(Ⅱ)单向
6001074	盆式橡胶支座(SX,6000kN)	GPZ(Ⅱ)双向
6001075	盆式橡胶支座(GD,6000kN)	GPZ(Ⅱ)固定
6001076	盆式橡胶支座(DX,7000kN)	GPZ(Ⅱ)单向
6001077	盆式橡胶支座(SX,7000kN)	GPZ(Ⅱ)双向
6001078	盆式橡胶支座(GD,7000kN)	GPZ(Ⅱ)固定
6001079	盆式橡胶支座(DX,8000kN)	GPZ(Ⅱ)单向
6001080	盆式橡胶支座(SX,8000kN)	GPZ(Ⅱ)双向
6001081	盆式橡胶支座(GD,8000kN)	GPZ(Ⅱ)固定
6001082	盆式橡胶支座(DX,9000kN)	GPZ(Ⅱ)单向
6001083	盆式橡胶支座(SX,9000kN)	GPZ(Ⅱ)双向
6001084	盆式橡胶支座(GD,9000kN)	GPZ(Ⅱ)固定
6001085	盆式橡胶支座(DX,10000kN)	GPZ(Ⅱ)单向
6001086	盆式橡胶支座(SX,10000kN)	GPZ(Ⅱ)双向

续上表

材料代码	本节材料名称	说明
6001087	盆式橡胶支座(GD,10000kN)	GPZ(Ⅱ)固定
6001088	盆式橡胶支座(DX,12500kN)	GPZ(Ⅱ)单向
6001089	盆式橡胶支座(SX,12500kN)	GPZ(Ⅱ)双向
6001090	盆式橡胶支座(GD,12500kN)	GPZ(Ⅱ)固定
6001091	盆式橡胶支座(DX,15000kN)	GPZ(Ⅱ)单向
6001092	盆式橡胶支座(SX,15000kN)	GPZ(Ⅱ)双向
6001093	盆式橡胶支座(GD,15000kN)	GPZ(Ⅱ)固定
6001094	盆式橡胶支座(DX,17500kN)	GPZ(Ⅱ)单向
6001095	盆式橡胶支座(SX,17500kN)	GPZ(Ⅱ)双向
6001096	盆式橡胶支座(GD,17500kN)	GPZ(Ⅱ)固定
6001097	盆式橡胶支座(DX,20000kN)	GPZ(Ⅱ)单向
6001098	盆式橡胶支座(SX,20000kN)	GPZ(Ⅱ)双向
6001099	盆式橡胶支座(GD,20000kN)	GPZ(Ⅱ)固定
6001100	盆式橡胶支座(DX,22500kN)	GPZ(Ⅱ)单向
6001101	盆式橡胶支座(SX,22500kN)	GPZ(Ⅱ)双向
6001102	盆式橡胶支座(GD,22500kN)	GPZ(Ⅱ)固定
6001103	盆式橡胶支座(DX,25000kN)	GPZ(Ⅱ)单向
6001104	盆式橡胶支座(SX,25000kN)	GPZ(Ⅱ)双向
6001105	盆式橡胶支座(GD,25000kN)	GPZ(Ⅱ)固定
6001106	盆式橡胶支座(DX,27500kN)	GPZ(Ⅱ)单向
6001107	盆式橡胶支座(SX,27500kN)	GPZ(Ⅱ)双向
6001108	盆式橡胶支座(GD,27500kN)	GPZ(Ⅱ)固定
6001109	盆式橡胶支座(DX,30000kN)	GPZ(Ⅱ)单向
6001110	盆式橡胶支座(SX,30000kN)	GPZ(Ⅱ)双向
6001111	盆式橡胶支座(GD,30000kN)	GPZ(Ⅱ)固定
6001112	盆式橡胶支座(DX,32500kN)	GPZ(Ⅱ)单向
6001113	盆式橡胶支座(SX,32500kN)	GPZ(Ⅱ)双向
6001114	盆式橡胶支座(GD,32500kN)	GPZ(Ⅱ)固定
6001115	盆式橡胶支座(DX,35000kN)	GPZ(Ⅱ)单向
6001116	盆式橡胶支座(SX,35000kN)	GPZ(Ⅱ)双向
6001117	盆式橡胶支座(GD,35000kN)	GPZ(Ⅱ)固定
6001118	盆式橡胶支座(DX,37500kN)	GPZ(Ⅱ)单向
6001119	盆式橡胶支座(SX,37500kN)	GPZ(Ⅱ)双向
6001120	盆式橡胶支座(GD,37500kN)	GPZ(Ⅱ)固定
6001121	盆式橡胶支座(DX,40000kN)	GPZ(Ⅱ)单向

续上表

材料代码	本节材料名称	说明
6001122	盆式橡胶支座(SX,40000kN)	GPZ(Ⅱ)双向
6001123	盆式橡胶支座(GD,40000kN)	GPZ(Ⅱ)固定
6001124	盆式橡胶支座(DX,45000kN)	GPZ(Ⅱ)单向
6001125	盆式橡胶支座(SX,45000kN)	GPZ(Ⅱ)双向
6001126	盆式橡胶支座(GD,45000kN)	GPZ(Ⅱ)固定
6001127	盆式橡胶支座(DX,50000kN)	GPZ(Ⅱ)单向
6001128	盆式橡胶支座(SX,50000kN)	GPZ(Ⅱ)双向
6001129	盆式橡胶支座(GD,50000kN)	GPZ(Ⅱ)固定
6001130	盆式橡胶支座(DX,55000kN)	GPZ(Ⅱ)单向
6001131	盆式橡胶支座(SX,55000kN)	GPZ(Ⅱ)双向
6001132	盆式橡胶支座(GD,55000kN)	GPZ(Ⅱ)固定
6001133	盆式橡胶支座(DX,60000kN)	GPZ(Ⅱ)单向
6001134	盆式橡胶支座(SX,60000kN)	GPZ(Ⅱ)双向
6001135	盆式橡胶支座(GD,60000kN)	GPZ(Ⅱ)固定

【命名】(表7-7)

盆式橡胶支座命名规则 表7-7

命名规则	产品类型	缩写
GPZ XXX SX DX GD (F) F表示耐寒型,常温型不表示 支座类型 用数字表示竖向承载力单位:kN 支座名称:公路盆式支座	单向活动支座	(DX型)
	双向活动支座	(SX型)
	固定支座	(GD型)

【计量单位】套

6001136　抗　风　支　座

【名词解释】
抗风支座是为了满足桥梁结构抗风的需求而研发的一种新型支座,其主要包括抗风盆式支座、抗风球型支座等类型。

【主要用途】
用于斜拉桥的竖向支座。支座侧向放置,抵御风力给桥梁带来的水平力;相对于普通球型支座,抗风支座的转动半径小,转动更加灵活。

【工程图片】(图7-7)

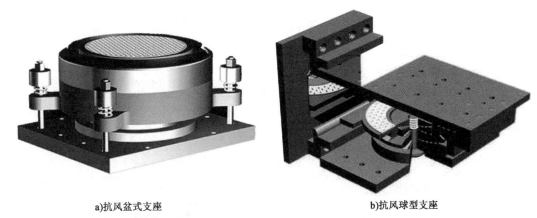

a) 抗风盆式支座　　　　　b) 抗风球型支座

图 7-7　抗风支座

【计量单位】个

第 2 节　6003　伸　缩　缝

伸缩缝指的是为满足桥面变形的要求,通常在两梁段之间、梁段与桥台之间或桥梁的铰接位置上设置的伸缩缝。

6003001～6003009　模数式伸缩装置

【名词解释】
是采用热轧整体成型的异型钢材为主的伸缩装置。

【主要用途】
满足梁体的自由变形。这类伸缩装置利用吸震缓冲性能好又容易做到密封的橡胶材料,与强度高、刚性好的异型钢材组合的,在大位移量情况下能承受车辆荷载。

【工程图片】(图 7-8)

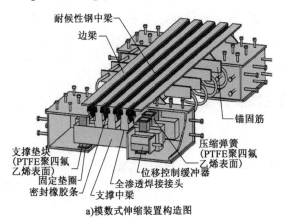

a) 模数式伸缩装置构造图　　　　b) 模数式伸缩装置实体图

图 7-8　模数式伸缩装置

【材料规格】(表 7-8)

模数式伸缩装置材料规格　　　　　　　　　　　表 7-8

材 料 代 码	本节材料名称
6003001	模数式伸缩装置 80 型
6003002	模数式伸缩装置 120 型
6003003	模数式伸缩装置 160 型
6003004	模数式伸缩装置 240 型
6003005	模数式伸缩装置 320 型
6003006	模数式伸缩装置 480 型
6003007	模数式伸缩装置 880 型
6003008	模数式伸缩装置 1200 型
6003009	模数式伸缩装置 1680 型

【命名】(表 7-9)

模数式伸缩装置命名规则　　　　　　　　　　　表 7-9

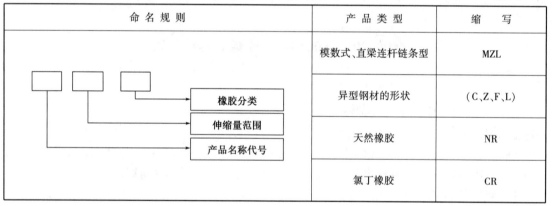

命 名 规 则	产品类型	缩　写
	模数式、直梁连杆链条型	MZL
	异型钢材的形状	(C、Z、F、L)
	天然橡胶	NR
	氯丁橡胶	CR

示例:伸缩装置型号 GQF-C80(CR),其中 GQF 为交通行业标准规定的 C 型、伸缩量为 80mm 的氯丁橡胶型。

【计量单位】m

6003010　板式橡胶伸缩缝

【名词解释】

板式橡胶伸缩缝就是利用橡胶剪切量低的原理设计制造而成的,由橡胶的剪切变形来适应桥面的伸缩位移。

【主要用途】

适用于低等级公路的中、小桥梁。橡胶伸缩缝不宜用于高速公路、一级公路上的桥梁工程。

【常见类型】

在型钢与橡胶条接触面上用胶黏剂黏结,根据伸缩量不同制成两孔或三孔的形式(图7-9)。

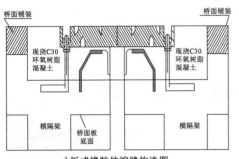
a) 板式橡胶伸缩缝构造图

b) 板式橡胶伸缩缝实体图

图7-9 板式橡胶伸缩缝

【命名】(表7-10)

板式橡胶伸缩缝命名规则　　　　表7-10

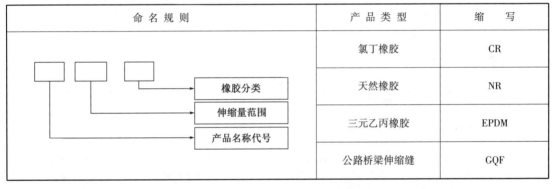

【计量单位】m

第3节　6005　锚具

预应力混凝土中所用的永久性锚固装置,是在后张法结构或构件中,为保持预应力筋的拉力并将其传递到混凝土内部的锚固工具,也称之为预应力锚具。

6005001　弗式锚具

【名词解释】

锚具的一种,现阶段公路建设已很少使用。又称钢质锥形锚具,它由锚环、锚塞及锚具板三部分组成。工作原理是通过张拉预应力钢丝顶压锚塞,把钢丝楔紧在锚圈与锚塞之间,借助摩擦力传递张拉力,利用钢丝回缩力带动锚塞向锚圈内滑行,使钢丝进一步楔紧。

【主要用途】

弗式锚具(GZM)用于桥梁中制作、张拉预应力钢筋,主要用于后张钢丝束的锚固,张拉高强钢丝。

【常见类型】

胶管成孔和波纹管成孔。

【工程图片】(图7-10)

a)钢质锥形锚具　　　　　　　　　　　　b)弗式锚具

图7-10　弗式锚具

【命名】(表7-11)

弗式锚具命名规则　　　　　　　　表7-11

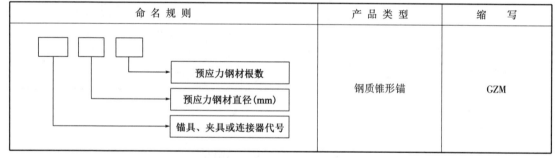

示例:弗式锚具型号 GZ5-12 表示规格 $\phi 5$ 的钢丝 12 根。

【计量单位】 kg

6005002　冷铸镦头锚

【名词解释】

锚具的一种,安装在预应力筋端部且可以在预应力筋的张拉过程中始终对预应力筋保持锚固状态的锚固工具。工作原理与 DM 型锚具相似,冷铸镦头锚与镦头锚所用的位置有所区别,而且冷铸头式锚具用锌合金和环氧树脂钢砂浇灌在两端锚杯内腔内形成的。

【主要用途】

用于桥梁中制作、张拉预应力钢筋。冷铸镦头锚(LZM)用于张拉多股平行钢丝束。

【工程图片】(图7-11、图7-12)

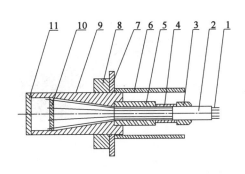

图7-11 冷铸镦头锚构造图
1-钢丝;2-聚乙烯护套;3-前盖;4-连接筒;5-连接筒;6-预留管道;
7-锚下垫板;8-锚圈;9-锚杯;10-分丝板;11-后盖

图7-12 冷铸镦头锚实物图

【计量单位】 kg

6005003　镦　头　锚

【名词解释】
锚具的一种,主要用于锚斜拉索。冷铸镦头锚与墩头锚所用的位置有所区别。可锚固标准强度为1570MPa、1680MPa的$\phi5$、$\phi7$高强度钢丝束。

【主要用途】
镦头锚(DM)用于桥梁中制作、张拉预应力钢筋,后张拉高强钢丝,锚固直线钢丝束,对于弯曲半径较大的曲线钢丝束也可采用。

【常见类型】
DM型镦头锚体系包括四种锚具:A型、B型、C型和K型,钢丝镦头成型可采用LDYBZ2型镦头器。其配套的张拉机具可用YDC系列千斤顶及ZB2×2型电动油泵。

【工程图片】(图7-13、图7-14)

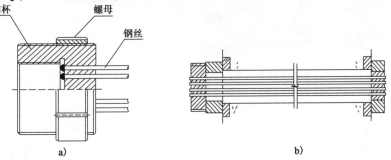

图7-13 镦头锚构造图

图 7-14　镦头锚实物图

【计量单位】kg

6005004～6005021　钢绞线群锚

【名词解释】

专锚钢绞线的锚具,按需选取孔数。安装在预应力筋端部且可以在预应力筋的张拉过程中始终对预应力筋保持锚固状态的锚固工具。由张拉端锚具、固定端锚具、连接器和波纹管组成。

【主要用途】

用于桥梁中制作、张拉预应力钢筋。

【工程图片】(图 7-15)

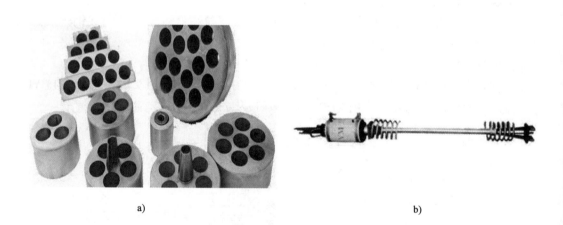

图 7-15　钢绞线群锚

【材料规格】

钢绞线群锚根据孔数分为:1孔、3孔、4孔、5孔、6孔、7孔、8孔、9孔、10孔、12孔、14孔、15孔、16孔、17孔、19孔、22孔、24孔、31孔(表7-12)。

钢绞线群锚材料规格 表7-12

材料代码	材料名称	说明
6005004	钢绞线群锚(1孔)	包括夹边、锚垫板和螺旋筋
6005005	钢绞线群锚(3孔)	包括夹边、锚垫板和螺旋筋
6005006	钢绞线群锚(4孔)	包括夹边、锚垫板和螺旋筋
6005007	钢绞线群锚(5孔)	包括夹边、锚垫板和螺旋筋
6005008	钢绞线群锚(6孔)	包括夹边、锚垫板和螺旋筋
6005009	钢绞线群锚(7孔)	包括夹边、锚垫板和螺旋筋
6005010	钢绞线群锚(8孔)	包括夹边、锚垫板和螺旋筋
6005011	钢绞线群锚(9孔)	包括夹边、锚垫板和螺旋筋
6005012	钢绞线群锚(10孔)	包括夹边、锚垫板和螺旋筋
6005013	钢绞线群锚(12孔)	包括夹边、锚垫板和螺旋筋
6005014	钢绞线群锚(14孔)	包括夹边、锚垫板和螺旋筋
6005015	钢绞线群锚(15孔)	包括夹边、锚垫板和螺旋筋
6005016	钢绞线群锚(16孔)	包括夹边、锚垫板和螺旋筋
6005017	钢绞线群锚(17孔)	包括夹边、锚垫板和螺旋筋
6005018	钢绞线群锚(19孔)	包括夹边、锚垫板和螺旋筋
6005019	钢绞线群锚(22孔)	包括夹边、锚垫板和螺旋筋
6005020	钢绞线群锚(24孔)	包括夹边、锚垫板和螺旋筋
6005021	钢绞线群锚(31孔)	包括夹边、锚垫板和螺旋筋

【命名】(表7-13)

钢绞线群锚的命名规则 表7-13

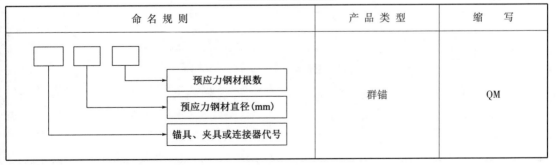

命名规则	产品类型	缩写
预应力钢材根数 预应力钢材直径(mm) 锚具、夹具或连接器代号	群锚	QM

示例:钢绞线群锚型号 QM15-12 表示锚固12根直径15.2mm预应力混凝土用钢绞线的QM型群锚锚具。

【计量单位】套

6005022 精轧螺纹钢锚具

【名词解释】

精轧螺纹钢锚具主要用于 $\phi25mm$、$\phi32mm$ 精轧螺纹钢筋的张拉锚固,包含螺母、垫板、螺旋筋三件套。

【主要用途】

用于预应力钢筋螺栓锚。由于精轧螺纹钢筋刚度大,不易弯曲,仅作为直线预应力筋使用。配用 YDC600 型千斤顶和专用连接头进行张拉。

【常见类型】

精轧螺纹钢锚具根据螺纹钢筋的粗细确定型号,常用的有 JLM-25、JLM-32。螺母、垫板分圆头、平头两种。

【工程图片】(图 7-16、图 7-17)

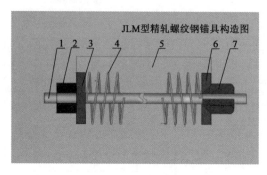

图 7-16 JLN 型精轧螺纹钢锚具构造图
1-钢绞线;2-螺母(平头);3-垫板(平头);4-螺旋筋;
5-混凝土;6-垫板(圆头);7-螺母(圆头)

图 7-17 精轧螺纹钢锚具实物图

【命名】(表 7-14)

精轧螺纹钢锚具命名规则　　　　表 7-14

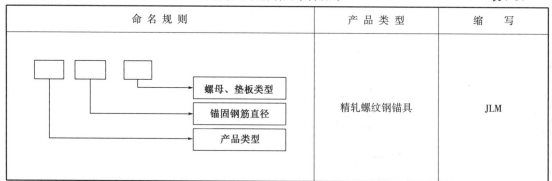

示例:精轧螺纹钢锚具型号 JLM-25 表示锚固直径为 $\phi25$ 的精轧螺纹钢筋。

【计量单位】套

6005023　YGM 锚具

【名词解释】

锚具的一种,YGM 型锚具用于 φ25mm、φ32mm 精轧螺纹钢筋的张拉锚固。

【主要用途】

YGM 型精轧螺纹钢锚具用于匹配箱梁标准块架桥机吊装。适用于钢筋混凝土的预制构件及地锚中。

【工程材料】（图 7-18）

图 7-18　YGM 型精轧螺纹钢锚具

【命名】

命名规则:

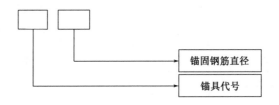

示例:型号 YGM-25 表示 YGM 型锚固直径为 φ25 的精轧螺纹钢筋。

【计量单位】 套

6005024～6005026　钢绞线扁锚

【名词解释】

扁形锚固体系由扁形锚具(扁形工作锚板、工作夹片、扁形锚垫板)、扁形螺旋筋、扁形金属或塑料波纹管、预应力钢绞线组成。应力分布均匀合理,可进一步减薄构件厚度。本锚具可配用 YBZ2×1.5-63 型电动油泵和 QYC270 型千斤顶。

【主要用途】

主要适用于后张空心板梁中。

【常见类型】

预应力系列扁锚主要包括13系列与15系列。适用于$\phi_j12.7$、$\phi_j15.2$钢绞线,使用中克服了群锚体系锚下预应力过于集中、锚具两个方向尺寸均较大的缺点。

【工程材料】(图7-19、图7-20)

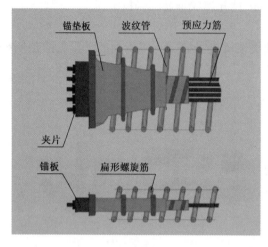

图7-19 扁形张拉端锚具构造图　　图7-20 HM15(13)扁形锚具组件

【材料规格】(表7-15)

钢绞线扁锚材料规格　　　表7-15

材 料 代 码	材 料 名 称
6005024	钢绞线扁锚(3孔)
6005025	钢绞线扁锚(4孔)
6005026	钢绞线扁锚(5孔)

HM15B-3产品类型为HM,直径为$\phi_j15.2$钢绞线扁锚。

【计量单位】套

第4节　6007　安 全 设 施

为保证汽车安全、经济、舒适地行驶以及公路的正常使用,公路工程除要有坚实耐用的路基、路面、桥涵、隧道等主体工程结构物外,还应有必要的安全设施。

6007001　钢 板 标 志

【名词解释】

用钢板做成的标志板面。包括板面、立柱、横梁、法兰盘、垫板及其他金属附件。

【主要用途】

一般为交通标志。

【工程图片】(图 7-21)

a)交通标注牌

b)立柱

c)板面

d)横梁

图 7-21　钢板标志

【相关说明】

钢板标志包括板面、立柱、横梁、法兰盘、垫板及其他金属附件。钢板标志立柱定额工程量按主柱、横梁、法兰盘等的总质量计算;钢板标志面板定额工程量按板面、加固槽钢、抱箍、螺栓、滑块等的总质量计算。

【计量单位】t

6007002　铝合金标志

【名词解释】

用铝合金板做成的标志板面。包括板面、立柱、横梁、法兰盘、垫板及其他金属附件。

【主要用途】

一般为交通标志。

【工程图片】（图7-22）

a)

b)

c)

d)

图7-22　铝合金标志

【相关说明】

铝合金标志包括板面、立柱、横梁、法兰盘、垫板及其他金属附件。铝合金标志立柱定额工程量按立柱、横梁、法兰盘等的总质量升算；铝合金标志面板定额工程量按板面、加固槽钢、螺栓、螺母、垫板、抱箍、滑块等的总质量计算。

【计量单位】t

6007003　反光玻璃珠

【名词解释】

通过将优质、透明度极好的玻璃碎化，后经高温加热将杂质挥发、去除，而后通过球化处理使其成规则的圆球状,用于公路标线反光的产品。

【主要用途】

用于掺入道路标线涂料中,并同步撒布在标线表面,以达到增加标线的夜间反光效果和亮度。

【工程图片】(图 7-23)

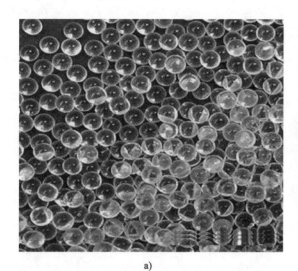
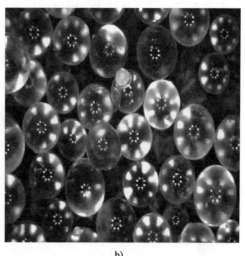

a)　　　　　　　　　　　　　　　　　b)

图 7-23　反光玻璃珠

【计量单位】 kg

6007004　反　光　膜

【名词解释】

是采用特殊的工艺将由玻璃微珠形成的反射层和 PVC、PU、PET、亚克力、PC 等高分子材料相结合而形成的一种新颖的反光材料,应用于道路交通标志。

【主要用途】

因其夜间在灯光照射下远距离的可见性,被道路交通安全行业广泛应用。主要用于指路标志、禁止标志、警告标志和指示标志等。

【常见类型】

(1)反光膜按其逆反射原理,可分为玻璃珠型和微棱镜型。

(2)反光膜按其光度性能、结构和用途,可分为以下 7 种类型:

Ⅰ类——通常为透镜埋入式玻璃珠型结构,称为工程级反光膜,使用寿命一般为 7 年,可用于永久性交通标志和作业区设施;

Ⅱ类——通常为透镜埋入式玻璃珠型结构,称为超工程级反光膜,使用寿命一般为 10 年,可用于永久性交通标志和作业区设施;

Ⅲ类——通常为密封胶囊式玻璃珠型结构,称为高强级反光膜,使用寿命一般为 10 年,可用于永久性交通标志和作业区设施；

Ⅳ类——通常为微棱镜型结构,称为超强级反光膜,使用寿命一般为 10 年,可用于永久性交通标志、作业区设施和轮廓标；

Ⅴ类——通常为微棱镜型结构,称为大角度反光膜,使用寿命一般为 10 年,可用于永久性交通标志、作业区设施和轮廓标；

Ⅵ类——通常为微棱镜型结构,有金属镀层,使用寿命一般为 3 年,可用于轮廓标和交通柱,无金属镀层时也可用于作业区设施和字符较少的交通标志；

Ⅶ类——通常为微棱镜型结构,柔性材质,使用寿命一般为 3 年,可用于临时性交通标志和作业区设施。

【工程图片】（图 7-24）

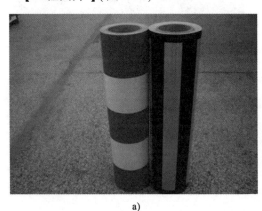
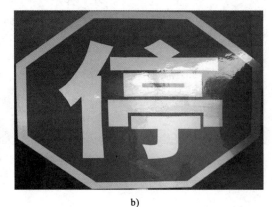

a)　　　　　　　　　　　　　　b)

图 7-24　反光膜

【计量单位】 m^2

6007005　反光突起路钮

【名词解释】

突起路钮,又称为道钉。是固定于路面上起标线作用的突起标记块,可在高速公路或其他道路上用来标记中心线、车道分界线、边缘线；也可用来标记弯道、进出口匝道、导流标线、道路变窄、路面障碍物等危险路段。夜间反光,起到勾勒车道边缘线和诱导交通、增加安全的作用。

【主要用途】

一般配合路面标线使用,或以模拟路面标线的形式使用。

【常见类型】

(1)从材料上划分有:塑料道钉、铸铝道钉及有源道钉(图 7-25)。

(2)从发光方式划分有:镶嵌反光晶格片或者粘贴反光膜,利用反光晶格片或反光膜反光的称为被动发光型道钉。利用控制器,发光管通电使用的称之为主动发光型道钉。

【计量单位】 个

a)塑料道钉

b)铸铝道钉

c)有源道钉

d)道路反光路钮

图 7-25 反光突起路钮

6007006 防 眩 板

【名词解释】
防眩板是高速公路上安装在中央分隔带上,用来隔断对向车灯眩光的交通安全产品。没有统一的样式规定,一是要满足防眩技术条件,二是要考虑耐久性、维修方便性及美观。吹不坏、撞不断、不变色应该是所有合格防眩板基本三要素。

【主要用途】
防眩板多设置于高速公路中央分隔带混凝土护栏上,也有一些高速公路设置在中央开口活动护栏上,是目前解决高速公路上汽车前照灯眩光问题的最好方法,起到防眩、美观的作用。

【常见类型】
从材质上分类:有塑料防眩板、钢制防眩板、玻璃钢防眩板(图7-26)。

从外观上分类：常见的有直板、反 S 形、树叶形、公路景观防眩板、仿浮雕防眩板、芭蕉叶形、人字形等。

从功能上分类：常见的有增强/高强防眩板、自洁防眩板、景观防眩板。

a) 塑料防眩板

b) 钢制防眩板

图 7-26　防眩板

【注意事项】

防眩板通常与中央护栏结合使用，道路中央分隔带上的护栏主要有两种形式，一种是水泥护栏，一种是钢护栏。对于顶部宽度较窄的护栏，如果双向超车道车辆的横向间距过窄，同时弯道多，而且大货车居多的公路，防眩板被车辆碰坏的概率大，建议最好选用弹性材料防眩板。对于中央隔离带为钢护栏或者很宽的水泥护栏，车辆很难碰到防眩板，可以使用硬材质的玻璃钢防眩板。

对于中央隔离带为钢护栏的，建议防眩板支架不要安装在钢护栏上。如果防眩板支架安装在钢护栏上，往往会出现以下问题：①增加了护栏的抗风荷载。②防眩板高低不易调平，影响美观。

【计量单位】块

6007007　栏式反射器

【名词解释】

安装于护栏上（波形梁护栏、混凝土护栏）的反射器，由逆反射材料、支架和连接件组成，其逆反射材料形状为梯形，通过支架固定在护栏与连接螺栓中，安装时，逆反射表面与道路中线垂直。

【主要用途】

交通安全设施，晚上反光，勾勒道路边缘线轮廓，提高夜间行车安全。

【常见类型】

可以根据需要选择材质、反光面和尺寸（图 7-27）。

【计量单位】个

a) 长方形双面反光

b) 梯形单面反光

图 7-27　栏式反射器

6007008　柱式轮廓标

【名词解释】

柱式轮廓标是轮廓标的一种,沿道路两侧边缘设置的、用于指示道路前进方向、具有逆反射性能的交通安全设施。这里特指玻璃钢柱式轮廓标。

【主要用途】

主要用于公路夜间行驶车辆的视线诱导。

【工程图片】(图 7-28)

a)

b)

图 7-28　柱式轮廓标

【注意事项】

由于是连续设置,50m 设置一根的柱式轮廓标又可作为百米桩使用。柱式轮廓标由柱体和反射材料组成。柱体为圆角的三角断面,顶部斜向行车道。轮廓标的柱身为白色,在柱体上部应有250mm长的一圈黑色标记,黑色标记的中间设有180mm×40mm的逆反射材料,逆反射材料不宜脱落。

【计量单位】 根

6007009　防　撞　桶

【名词解释】

防撞桶是用高弹性、高强度的改性塑料制成,桶里面盛满水或者黄沙。其表面贴有反光膜,可以根据需要贴上指示标签,起到警示和隔离作用的道路交通设施。

【主要用途】

防撞桶主要设置在公路及城市道路上容易发生汽车与路中固定设施发生碰撞的部位,如:路的转弯处,路中岗亭、收费站及高架路的进出口,停车场、小区、花园、加油站等,是提示、警示驾驶员的良好标示,一旦车辆发生撞击,起到缓冲、消能、减小破坏作用。

【工程图片】(图7-29)

a)　　　　　　　　　　　　　　　b)

图7-29　防撞桶

【规格要求】

其规格可按用户要求制作。

【计量单位】 个

6007010　震动标线涂料

【名词解释】

震动交通标线,又叫噪声标线,在热熔型的基础上发展而来,是一种立体的标线。它的外形呈凹凸型,基底加突起部分高度为5~7mm,车轮轧在上面会有明显的震荡感,同时发出刺耳的"轰隆"声,能从视觉、触觉、听觉三个方面提醒驾驶员注意交通安全。

【主要用途】

可用作减速、震动、警示、雨线等用途,形式有排骨式、圆点式、雨槽式。目前在高速公路上的减速线、边线中已得到广泛应用。

【特点】

震动标线具有抗污染、白度好、耐碱、耐久、耐磨性好、柔韧性好、耐候性强、震感强烈、雨夜照常反光和提示效果极佳的特点,使用寿命一般可达5~6年以上,且用途相对集中,总体投资不大。可根据地理情况及交通量选择采用。

【计量单位】kg

6007011　双组分标线涂料

【名词解释】

双组分标线涂料是由含有多个官能团的低分子量的丙烯酸聚合物在引发剂、促进剂的作用下,与添加的交联剂上的活性官能团反应,形成网状结构的高分子量聚合物为成膜剂的新型标线涂料。

【主要用途】

主要用于二级及二级以上的高等级公路上,用作引导、警示、禁止标线等。解决了溶剂常温型标线不耐磨、反光效果差,热熔型标线涂料的易污染、重涂性差的难题。

【特点】

(1)对环境友好:双组分标线涂料不含溶剂,挥发物含量低,老线复线无须打磨,属于环境友好型产品。

(2)反光型好:面撒微珠在双组分反应过程中,在分子键力的作用下,使其与标线牢固结合为整体,不易脱落,反光性好。

(3)耐久性好:单个组分的分子量小,在发生聚合反应前有较好的渗透性,在聚合过程中发生聚合化学反应,使标线与地面牢固成为整体。附着力卓越,特殊的施工工艺,保证了0.6mm的漆膜厚度有效地保证了一次施工、使用寿命两年的标线寿命。

(4)抗污性好:成膜后形成的超大分子量漆膜饱满、坚固、耐候性好。试验证明,在高温100℃以下漆膜不随气温变化而变化,抗污性好,被标线行业称为"瓷玉标线"。

【计量单位】kg

6007013　橡胶减速带

【名词解释】

橡胶减速带,材质为橡胶复合材料,外形为坡面,颜色往往黄黑相间,用膨胀螺丝固定到道路路口,是起到车辆减速作用的安全设施。

【主要用途】

主要用于城市路口车道、人行道、建筑物之间的隔离,停车场坡道轻微减速,代替停车场车位标线、道路标线及上下坡等需要车辆减速慢行的路段和容易引发交通事故的路段,是用于减速机动车、非机动车行驶速度的新型交通专用安全设施。

【工程图片】（图7-30）

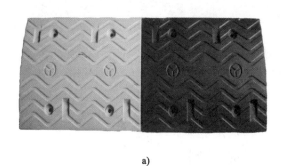
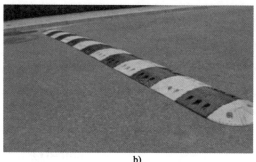

图7-30 橡胶减速带

【规格要求】

减速带单元宽、高方向截面应为近似梯形或弧形。其宽度尺寸应在(300mm±5mm)~(400mm±5mm)范围内，高度尺寸应在(25mm±2mm)~(70mm±2mm)范围内，在公路和城市道路上使用的橡胶减速垄高度与宽度尺寸之比应不大于0.7。

【计量单位】 m

6007014 防 撞 垫

【名词解释】

防撞垫是通过吸收车辆碰撞能量使车辆安全停住或平稳导出，避免驾乘人员受到严重伤害的设施，按功能分为可导向防撞垫和非导向防撞垫。

【主要用途】

主要应用于公路或城市道路的出口三角区、收费岛前端以及隧道洞口等其他障碍物前端，防撞垫的吸能形式有多种，大部分都是靠物理吸能，例如橡胶、砂料等，较为可靠的为钢材的变形吸能。防撞垫是一种有效的设施，它主要是为降低事故的严重程度，而不是减少事故的发生。

【工程图片】（图7-31）

图7-31 防撞垫

【规格要求】

其规格可按用户要求制作。

【计量单位】套

6007015 水　马

【名词解释】

水马是一种用于分割路面或形成阻挡的塑制壳体障碍物,通常是上小下大的结构,上方有孔以注水增重,部分水马还有横向的通孔以便通过杆件连接以形成更长的阻挡链或阻挡墙。

【主要用途】

一般常用在高速公路的出口处作为紧急出口使用,还有各级公路十字路口、收费站、道路、桥梁、高速公路养护,危险地区和道路施工地段等场所作为道路分道、区域隔离、分流、导向作用。

【工程图片】(图7-32)

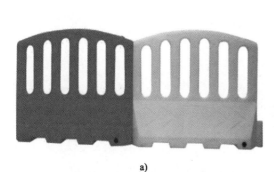
a)

b)

图7-32　水马

【规格要求】

其规格可按用户要求制作。

【计量单位】个

6007017 防　眩　网

【名词解释】

是金属筛网的行业中一个品种,是指金属板材经过特种机械加工处理后,形成网眼状况的张料物体。

【主要用途】

主要用于高速公路夜间行驶车辆的灯光防护,可以有效地保证防眩设施的连续性和横向通视,又可隔离上下行车道,达到防眩和隔离的目的。

【工程图片】（图 7-33）

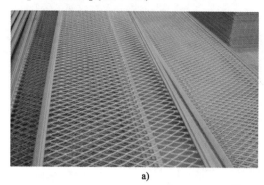
a)

b)

图 7-33　防眩网

【规格要求】

公路防眩网网孔形状为菱形，多使用 3mm×3mm 钢板网，表面进行 PVC 浸塑或镀锌处理。网片尺寸：标准规格 1800mm×2500mm；非标准高度限于 2500mm，长度限于 3000mm。

【特点】

（1）网身轻巧、造型新颖、美观耐用。
（2）可适用于桥梁防抛网。
（3）拆装方便，重复使用性好，可根据需要对围网重新布局。
（4）环保产品，最终可回收利用。

【计量单位】m^2

6007018　玻璃钢防眩板

【名词解释】

玻璃钢防眩板是防眩板材质分类中的一种，是玻璃钢片材在高温、高压下成型。由于防眩板断面结构成反 S 形状，能显著增强抗风强度，后来全国大部分玻璃钢防眩板都采用这种形式。

【主要用途】

其主要用途同防眩网。

【工程图片】（图 7-34）

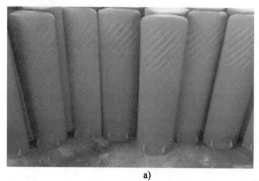
a)

b)

图 7-34　玻璃钢防眩板

【特点】
(1)结构合理:表面为乌光或哑光,不反光,可大大减小对驾驶员的心理影响。
(2)质量轻:它的比重只有钢材的四分之一,运输和施工安装都非常方便。
(3)强度高:与塑料制品相比,其强度是塑料制品的十倍,因此可以抵御各种恶劣天气的影响。因采用玻璃纤维增强,作为护栏受冲击破坏后,不会脆断。
(4)耐腐蚀:这种材料不锈、不霉、不腐,使用中无须维护。
(5)耐老化:经过三十多年的耐老化性能研究,添加了防老剂的玻璃钢制品具有在自然条件下不易老化,不易褪色的特点。
(6)尺寸稳定性好:该制品在高温高压下成形,具有较好的尺寸稳定性和热稳定性,在自然条件下不会变形。
(7)颜色的可设计性:玻璃钢防眩板的颜色一般为绿色、白色、灰色,也可以根据要求设计,与公路周围的景观协调,给驾乘人员以简捷、流畅之感。
(8)经济性好:该产品价格适中,因为使用寿命长,所以免维护。
【计量单位】块

第5节　6009　其他专用材料

为保证公路的正常使用,公路工程除要有主体工程结构物外,还应有必要的其他专用材料。

6009001　轻型井点总管

【名词解释】
轻型井点总管是轻型井点降水(人工降低地下水位的一种方法)系统主要设备组成之一,它是沿基坑四周或一侧将直径较细的井管沉入深于基底的含水层内,所有的井管依次连接在同一管道上称该管道为总管,也称集水总管或者连通管。

【主要用途】
适用于渗透系数为0.1~50m/d的土层中,主要是沿基坑四周先用高压射水将井点管埋入蓄水层内,在井点管的上端通过弯管与总管相连接,借助真空泵的吸力将地下水从井点管内不断抽出,将原地下水位降至基坑底以下。多见于黏土、粉质黏土、粉土的地层;地下水埋藏较深,且需降水深度小于6m(降水深度为:单级井点3~6m,多级井点6~12m)的情况以及其他需及时降低地下水位的工程。

【工程图片】(图7-35)
【种类规格】
为抽排地下水而埋设的总管一般可布置在管沟两侧的地面上,总管管径可根据地下水水量和连接的井管数量而定,一般多采用φ65mm~φ150mm的无缝钢管制作,其上装有与井点管连接的短接头。

【计量单位】m

图 7-35 轻型井点总管施工

【价格说明】

轻型井点总管是一个组合性材料,它的材料单价是由总管、接头短管、弯连管等材料价格综合考虑而来。同时,它的管径、长度大小也影响着材料单价。

6009002 轻型井点管

【名词解释】

轻型井点管是轻型井点降水(人工降低地下水位的一种方法)系统主要设备组成之一,它是沿基坑四周或一侧将直径较细的井管沉入深于基底的含水层内,井管上部与总管连接,这种井管称为轻型井点管,也叫井点管、支管。它同滤水管(过滤管,一般长 1~2m)一起搭接使用,统称为井管。

【主要用途】

适用于渗透系数为 0.1~50m/d 的土层中,主要是沿基坑四周先用高压射水将井点管埋入蓄水层内,在井点管的上端通过弯管与总管相连接,借助真空泵的吸力将地下水从井点管内不断抽出,将原地下水位降至基坑底以下。多见于黏土、粉质黏土、粉土的地层;地下水埋藏较深,且需降水深度小于 6m(降水深度为:单级井点 3~6m,多级井点 6~12m)的情况以及其他需及时降低地下水位的工程。

【工程图片】(图 7-36)

图 7-36　轻型井点管施工

【种类规格】

井点管管径可根据地下水水量和钻孔孔径大小而定，一般多采用 $\phi 38mm \sim \phi 55mm$ 的钢管制作，管长 $5 \sim 7m$，可整根或分节组成，井点管埋设间距宜为 $0.8 \sim 1.6m$。

【计量单位】　m

【价格说明】

轻型井点管是一个组合性材料，它的材料单价是由井点管、滤水管等材料价格的综合考虑而来。同时，它的管径、长度大小也影响着它的材料单价。

6009003　大口径井点总管 $\phi 159mm$

【名词解释】

大口径井点总管是大口径井点降水（也称深井井点降水）系统主要设备组成之一，其作用与轻型井点总管类似。该工法适用降深范围大，一般为 $8 \sim 50m$，当需降低淤泥质土中含水率时，如果降深在 20m 以内，可在大口径井管内放入喷射器，再将井管上口密封，形成真空排水，以缩短达到降水效果的时间。当降水深度超过 20m 时，可将小型深井潜水泵放入井管内抽水（必要时也可将井管上端密封，另加入真空）同样也能达到降水目的。

【主要用途】

适用于各类砂性土、黏土、淤泥质黏性土。当地下水埋藏较深，且需降水深度大于 12m 的情况以及其他需及时降低地下水位的工程。也适用于上述土层中，且最大降水深度可达 50m 左右时；特别在高速公路箱涵这类基础埋深大，地下水位高的施工环境中，具有很强的适用性。

【工程图片】（图 7-37）

a)

b)

图 7-37 大口径井点总管 ϕ159mm 施工

【种类规格】

为抽排地下水而埋设的大口径井点总管，可用钢管、塑料管制成，管径一般为 ϕ159mm。

【计量单位】 m

【价格说明】

它的使用材料、管径、长度大小也影响着它的材料单价。

6009004 大口径井点管 ϕ400mm

【名词解释】

大口径井点管是大口径井点降水（也被称作深井井点降水）系统主要设备组成之一，也是一种水人工降低地下水位的方法，其作用与"轻型井点管"类似。其降深范围大，一般为 8～50m，在同样达到降水效果的前提下，大口径井点的间距较一般井点大，既节省成本、提高工效，又方便管理。

【主要用途】

适用于各类砂性土、黏土、淤泥质黏性土。当地下水埋藏较深，且需降水深度大于 12m 的情况以及其他需及时降低地下水位的工程。也适用于上述土层中，且最大降水深度可达 50m 左右时；特别在高速公路箱涵这类基础埋深大，地下水位高的施工环境中，具有很强的适用性。

【种类规格】

为抽排地下水而埋设的大口径井点管,可用成品钢管,也可用 S6～S7 钢板卷制,在焊接中要进行剖口焊接并进行焊接质量检查以确保质量,管径一般为 $\phi 400mm$。

【计量单位】m

【价格说明】

它的使用材料、管径、长度大小也影响着它的材料单价。

6009005　弧形吸音冲孔板

【名词解释】

用金属或非金属制而成的一种弧形吸音板网。

【主要用途】

一般为高速公路隔音用。

【常见类型】(图 7-38)

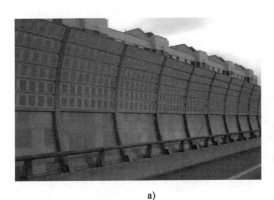

a)

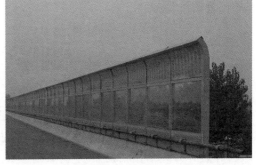

b)

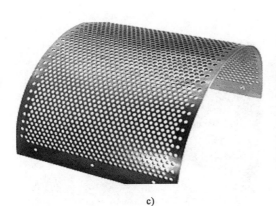

c)

d)

图 7-38

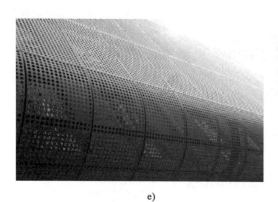

e)　　　　　　　　　　　　　　　　f)

图 7-38　弧形吸音冲孔板

【相关说明】

定义：冲孔网是指在不同材料上打上不同形状的孔，以适应不同的需求。

材质：不锈钢板、低碳钢板、镀锌板、PVC 板、冷轧卷、热轧板、铝板铜板等。

种类：图案冲孔网，成型冲孔网，重型冲孔网，特薄冲孔网，微孔冲孔网，线切冲孔网，激光冲孔网等。

【计量单位】 m^2

6009006　夹胶隔声玻璃板

【名词解释】

两片或数片浮法玻璃中间夹以强韧 PVB 胶膜，经热压机压合并尽可能地排出中间空气，然后放入高压蒸汽斧内利用高温高压将残余的少量空气溶入胶膜而成。当受到撞击时，夹胶玻璃会碎裂开并黏结在胶膜上，不会溅出造成人员伤害，以此来达到防弹防爆的要求。

【主要用途】

一般为高速公路隔音用。

【工程图片】（图 7-39）

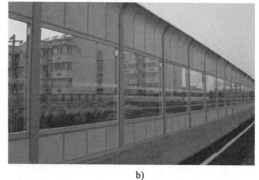

a)　　　　　　　　　　　　　　　　b)

图 7-39

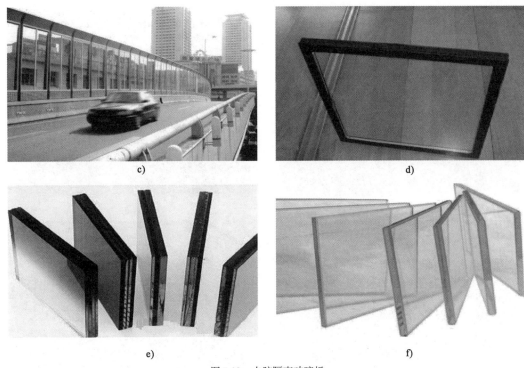

图 7-39 夹胶隔声玻璃板

【计量单位】 m^2

6009007　平直形吸音冲孔板

【名词解释】
用金属或非金属按照一定的孔型和模具进行数控冲床冲制而成的一种吸音板网。
【主要用途】
用于穿越城市地段的高速公路交通设施中的环保噪声治理屏障。
【工程图片】（图 7-40）

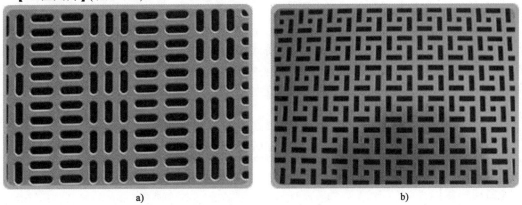

图 7-40

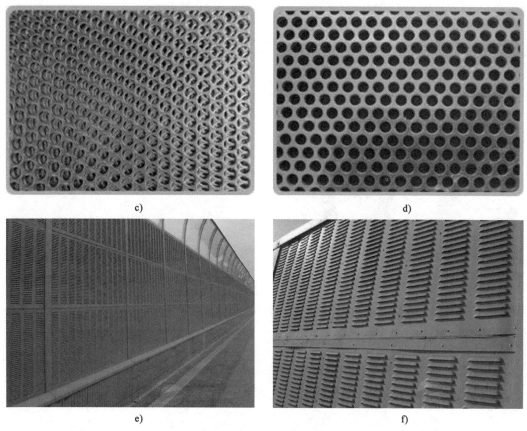

图 7-40 平直形吸音冲孔板

【材质介绍】

吸音板按制作材料可以分为：木质吸音板、矿棉吸音板、布艺吸音板、聚酯纤维吸音板、金属吸音板等产品。其中金属吸音板应用最为广泛。金属吸音板主要是在一金属板体的底面密布凹设诸多锥底具有一椭圆形微细孔的三角锥，又于金属板体的顶面设具成形为微细波浪形表面，且于波浪形表面上对应椭圆形微细孔处上方周围亦凹设成形三角锥；据此，使反射的声波相互碰撞干扰而产生衰减，同时，即使部分声波将穿透三角锥锥底的椭圆形微细孔，也会造成声波穿透损失，以达到更佳的吸音及更快的组设效果。

铝板冲孔网又名圆孔网。

孔型：长孔、圆孔、方孔、三角孔、鱼鳞孔、桥式孔、菱形孔、五角孔、六角孔、八字孔、十字孔、指甲孔、梅花孔、人字孔、工字孔及其他异形孔。

铝板冲孔网（圆孔网）选用优质的铝板作为原料，经过先进的数控机器加工而成。

【计量单位】 m^2

6009008　橡胶瓦斯隔离板

【名词解释】

橡胶瓦斯隔离板是一种新型多用途防水防瓦斯材料。由玻纤布做胎基，再在高温高压下将抗老化、防酸碱的混炼橡胶强压在玻纤上复合制成。

【主要用途】

可用于隧道、煤矿、市政、公路铁路、水利环保及建筑结构地下施工中的防瓦斯气体、防水渗漏的瓦斯隔离层及防水层。

【工程图片】(图7-41)

a)
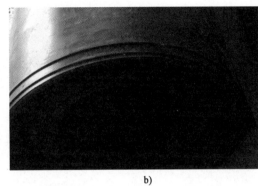
b)

图7-41 橡胶瓦斯隔离板

【施工方法】

橡胶瓦斯隔离板幅宽大,采用热焊接缝,施工简便,进度快,安全性好,减少了胶粘费用和施工费用。在瓦斯隧道中,为了避免瓦斯溢出而设置的瓦斯隔离板,而为了保护瓦斯隔离板不被坚硬的混凝土所刺穿,故在其底部设置瓦斯隔离板垫层。

【材料特点】

橡胶瓦斯隔离板吸水率远远小于PU板材,抗拉强度高。

【计量单位】m^2

第8章 第70类:机电材料及配件

【分类说明】
本章所列材料在公路工程建设中主要用于交通工程及沿线设施。

第1节 7001 电线电缆

电线电缆是用以传输电(磁)能、信息和实现电磁能转换的线材产品,在公路交通工程及沿线设施中起到电力传输的作用。

7001001 电 缆

【名词解释】
由一根或多根相互绝缘的导体外包绝缘和保护层制成,传输电力或信息的导线,每组导线之间相互绝缘,并常围绕着一根中心扭成,整个外面包有高度绝缘的覆盖层,用以传输电(磁)能、信息和实现电(磁)能转换的线材产品。

【主要用途】
电缆具有内通电、外绝缘的特征,是将电力或信息从一处传输到另一处的导线,广泛应用于电力系统、信息传输系统和仪表系统。

【常见类型】
电线电缆产品的种类有成千上万,应用在各行各业中。它们总的用途有两种,一种是传输电流,一种是传输信号。常见电线电缆产品有电力电缆、电器装备用电线电缆、裸电线及裸导体制品、通信电缆及光纤、电磁线(绕组线)五大类。公路工程应用电力电缆、通信电缆和光纤较多。电缆构造形式见图8-1。

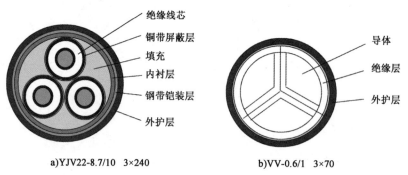

图8-1 电缆构造形式

【命名】(表 8-1)

电 缆 命 名 规 则　　　　　　　　　　　　表 8-1

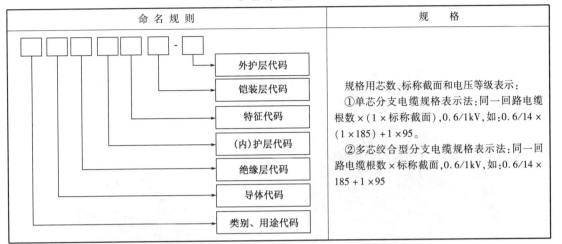

规格用芯数、标称截面和电压等级表示：
① 单芯分支电缆规格表示法：同一回路电缆根数×(1×标称截面)，0.6/1kV，如：0.6/14×(1×185)+1×95。
② 多芯绞合型分支电缆规格表示法：同一回路电缆根数×标称截面，0.6/1kV，如：0.6/14×185+1×95

示例：铝芯交联聚乙烯绝缘钢带铠装聚氯乙烯护套电力电缆，额定电压 8.7/10kV，3 芯，主线芯的标称截面为 35mm²，标记为：YJLV22 - 8.7/10　3×35。

【电线电缆常用代码】

类别代码：TH-(湿热带)，TA-(干热带)，ZR-(阻燃)，NH-(耐火)，WDZ-(低烟无卤、企业标准)；

用途代码：不标为电力电缆，K-控制电缆，P-信号电缆，DJ-计算机电缆，A-安装线，B-绝缘线，C-船用电缆，N-农用电缆，R-软线，U-矿用电缆，Y-移动电缆，JK-绝缘架空电缆，M-煤矿用，H-市内通信电缆，HB-电话线，HE-长途对称通信电缆，HJ-局用电缆，HO-干线同轴电缆，HP-配线电缆，HR-电话软线，NH-农用电话线，HH-海底通信电缆，S-射频同轴电缆，SE-射频对称电缆，HS-数字通信电缆；

导体代码：T-铜导线(常用材料，可省略，裸电线及裸导体制品除外)，L-铝导线，G-钢(铁)，HL-铝合金线；

绝缘层代码：V-聚氯乙烯，Y-聚乙烯，YJ-交联聚乙烯，X-橡皮，Z-纸，F-聚四氟乙烯，B-聚苯烯，YF-泡沫聚乙烯，YP-泡沫/皮聚乙烯，YK-纵孔聚乙烯；

内护层代码：H-(橡套)，HF-非燃性橡胶，LW-皱纹铝套，F-氯丁胶，N-丁腈橡皮(尼龙)护套，P-铜丝编织屏蔽，P2-铜带屏蔽，P22-钢带铠装，GW-皱纹钢管，LW-皱纹铝管，L-铝护层，Q-铅护层，V-聚氯乙烯护层，Y-聚乙烯护层，A-铝—聚乙烯黏结护层，S-钢—聚乙烯黏结护层；

特征代码：统包型不用表示，F-分相铅包分相护套，D-不滴油，CY-充油，P-屏蔽型，Z-直流，B-扁平型，R-柔软，C-重型，Q-轻型，G-高压，H-电焊机用，S-双绞型；C-自承式，T-填充式，G-隔离式(通信电缆)，J-换机用，E-话务员耳机用，Z-综合型(通信电缆)；

铠装层代码：0-无，2-绕包双钢带(24-钢带、粗圆钢丝)，3-细圆钢丝(33-双细圆钢丝)，4-粗圆钢丝(44-双粗圆钢丝)，5-皱纹钢带；

外护层代码：0-无，1-纤维层，2-聚氯乙烯(PVC)护套，3-聚乙烯(PE)护套；

额定电压：以数字表示，kV；

通信电缆规格:表明电缆缆芯中绝缘线组(或线芯)的数目及导体规格等。

【电力电缆】

电力电缆是用来输送和分配大功率电能的导线。无铠装的电缆适用于室内、电缆沟内、电缆桥架内和穿管敷设,但不可承受压力和拉力。钢带铠装电缆适用于直埋敷设,能承受一定的压力,但不能承受拉力。

电缆按绝缘材料的不同,有油浸纸绝缘电力电缆和交联聚乙烯绝缘电力电缆,额定的工作电压一般有 1kV、3kV、6kV、10kV、20kV 和 35kV 共 6 种(图 8-2、表 8-2)。

a)铝芯电力电缆VIV4×300　　　　　　　　b)三芯铝芯高压电缆

图 8-2　电力电缆

常用的电力电缆型号及名称　　　　　　　　　　表 8-2

型　　号		名　　称
铜芯	铝芯	
VV	VLV	聚氯乙烯绝缘聚氯乙烯护套电力电缆
VV-22	VLV22	聚氯乙烯绝缘钢带铠装聚氯乙烯护套电力电缆
ZR-VV	ZR-VLV	阻燃聚氯乙烯绝缘聚氯乙烯护套电力电缆
ZR-VV22	ZR-VLV22	阻燃聚氯乙烯绝缘钢带铠装绝缘聚氯乙烯护套电力电缆
NH-VV	NH-VLV	耐火聚氯乙烯绝缘聚氯乙烯护套电力电缆
NH-VV22	NH-VLV22	耐火聚氯乙烯绝缘钢带铠装绝缘聚氯乙烯护套电力电缆
YJV	YJLV	交联聚乙烯绝缘聚氯乙烯护套电力电缆
YJV22	YJLV22	交联聚乙烯绝缘钢带铠装聚乙烯护套电力电缆

示例:VV-0.6/1　3×150+1×70　GB/T 12706.2—2002　铜芯聚氯乙烯绝缘聚氯乙烯护套电力电缆,额定电压为 0.6/1kV,3+1 芯,主线芯的标称截面为 150mm^2,第四芯截面为 70mm^2。

【通信电缆】

由多根互相绝缘的导线或导体构成缆芯,外部具有密封护套的通信线路。有的在护套外面还装有外护层。有架空、直埋、管道和水底等多种敷设方式。按结构分为对称、同轴和综合电缆;按功能分为野战和永备电缆(地下、海底电缆)(图8-3、表8-3)。通信电缆传输频带较宽,通信容量较大,受外界干扰小,但不易检修。可传输电话、电报、数据和图像等。

a) HYA通信电缆

b) 矿用阻燃通信电缆

图8-3 通信电缆

常用通信电缆名称与型号　　　　　　　　　　表8-3

名　　称	型　　号
市内通信电缆	HYA、HYV、HYAV、HYAC(自承式)、HYAT(冲油)、CPEV、CPEV-S
煤矿专用通信电缆	MHYA(PUYA)、MHYV(PUYV)、MHYAV(PUYAV)、MHYVR(PUYVR)
屏蔽通信电缆	HYVP、HYAP、MHYVP、MHYVP、MHYVRP、RVSP(屏蔽双绞线)
铠装通信电缆	HYA53、MHYA32、MHYV22、MHYAV22、MHYAV32、MHYAT53、HYV22、HYV32、HYA32、HYV53、HYVP22、HYAP22、HYAP32、MHYVP22、MHYVP32、MHYVRP22、MHYVRP32
阻燃通信电缆	ZR-HYA、ZRA-HYA、ZA-HYA、ZRC-HYA、WDZ-HYA、ZR-YJYR

示例:HYFAT23　400×2×0.5　铜芯、泡沫聚烯烃绝缘、填充式、挡潮层聚乙烯护套、双钢带铠装、聚乙烯套、市内通信电缆,包含400对导体标称直径0.5mm对绞组。

【计量单位】 m

7001002　母　　线

【名词解释】
母线指用高导电率的铜(铜排)、铝质材料制成的,用以传输电能,具有汇集和分配电力能力的产品。

【主要用途】
用于变电所中各级电压配电装置的连接,以及变压器等电气设备和相应配电装置的连接线路,是电站或变电站输送电能用的总导线。通过它可以把发电机、变压器或整流器输出的电能输送给各个用户或其他变电所。

【常见类型】
母线按外形和结构,大致分为以下三类(图8-4):
硬母线:包括矩形母线、圆形母线、管形母线等。
软母线:铝绞线、铜绞线、钢芯铝绞线、扩径空心导线等(在公路工程建设中,软母线基本不应用)。

封闭母线:包括共箱母线、分相母线等。

a)矩形母线　　　　　　　　　　　　b)高强度封闭母线

c)软母线　　　　　　　　　　　　　d)母线成品

图8-4　母线

【技术参数】(表8-4)

铜、铝母线的型号、名称及主要技术参数　　表8-4

型　号	名　称	抗拉强度 (N/mm^2) 不小于	伸长率 (%) 不小于	电阻率 (20℃) 不小于(HB)	抗拉强度 (Ω·mm^2/m) 不小于	电阻温度系数 (20℃) (1/℃)
TMR	软铜母线	206	35	—	0.017241	0.00393
TMY	硬铜母线	—	—	65	0.01777	0.00381
LMR	软铝母线	68.6	20	—	0.028264	0.00407

示例:TMY-3×(80×8),TMY指铜质硬母线,3指共三根,(80×8)中80指母线的宽度为80mm,8指母线的厚度8mm。

【计量单位】m

7001003　屏　蔽　线

【名词解释】

外部有导体包裹的导线叫屏蔽线。包裹的导体叫屏蔽层,一般为导电布、编织铜网或铜(铝)铂。

【主要用途】

屏蔽层需要接地,外来的干扰信号可被该层导入大地,避免干扰信号进入内层导体干扰,同时降低传输信号的损耗。

【工程图片】(图8-5)

a)屏蔽线

b)芯屏蔽线

图8-5　屏蔽线

【命名】(表8-5)

屏蔽线命名规则　　　　　　　　　　表8-5

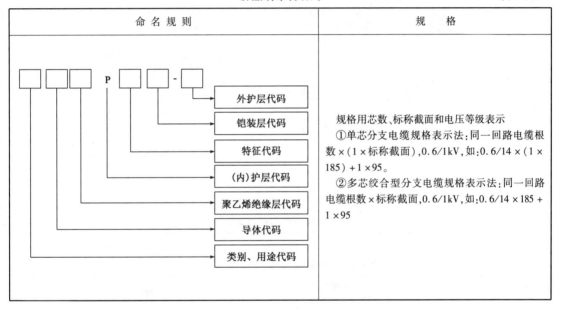

命名规则	规　格
（图示：导体代码、聚乙烯绝缘层代码、（内）护层代码、特征代码、铠装层代码、外护层代码、类别、用途代码）	规格用芯数、标称截面和电压等级表示 ①单芯分支电缆规格表示法：同一回路电缆根数×(1×标称截面)，0.6/1kV，如：0.6/14×(1×185)+1×95。 ②多芯绞合型分支电缆规格表示法：同一回路电缆根数×标称截面，0.6/1kV，如：0.6/14×185+1×95

示例：铜芯聚氯乙烯绝缘聚氯乙烯护套屏蔽软电线电缆，内有2根导线，每根导线由7根直径为0.15mm的铜芯组成，表示为：RVVP2×7/0.15。

【计量单位】m

7001004　电　　线

【名词解释】
电线是用来传输电力的导线，由一根或几根柔软的导线组成，外面包以轻软的护层。

【主要用途】
主要为室内布线使用。

【常见类型】
电线有实心的、绞合的或箔片编织的等各种形式，按绝缘状况分为裸电线和绝缘电线两大类,公路工程定额中主要指绝缘电线(图8-6、表8-6)。

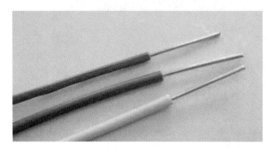

a)单芯硬电线

b)电线成品

c)多芯双绞软电线

d)平行多芯护套电线

图 8-6　电线

常用的电线型号及名称　　　　　　　　　表 8-6

型　号	名　称	用　途
BX(BLX)	铜(铝)芯橡皮绝缘线	适用交流 500V 及以下或直流 1000V 及以下的电气设备及照明装置之用
BXF(BLXF)	铜(铝)芯氯丁橡皮绝缘线	
BXR	铜芯橡皮绝缘软线	
BV(BLV)	铜(铝)芯聚氯乙烯绝缘线	适用于各种交流、直流电器装置,电工仪表、仪器,电信设备,动力及照明线路固定敷设之用
BVV(BLVV)	铜(铝)芯聚氯乙烯绝缘氯乙烯护套圆形电线	
BVVB(BLVVB)	铜(铝)芯聚氯乙烯绝缘氯乙烯护套平形电线	
BVR(BLVR)	铜(铝)芯聚氯乙烯绝缘软线	
BV-105	铜芯耐热 105°C 聚氯乙烯绝缘软线	
RV	铜芯聚氯乙烯绝缘软线	适用于各种交流、直流电器、电工仪表、家用电器、小型电动工具、动力及照明装置的连接
RVB	铜芯聚氯乙烯绝缘平行软线	
RVS	铜芯聚氯乙烯绝缘绞型软线	
RV-105	铜芯耐热 105°C 聚氯乙烯绝缘连接软电线	
RXS	铜芯橡皮绝缘棉纱编织绞型软电线	
RX	铜芯橡皮绝缘棉纱编织圆形软电线	

续上表

型号	名称	用途
BBX	铜芯橡皮绝缘玻璃丝编织电线	适用电压分别有500V及250V两种,用于室内外明装固定敷设或穿管敷设
BBLX	铝芯橡皮绝缘玻璃丝编织电线	

示例:RVVP2×32/0.2,R 指软线;VV 指聚氯乙烯绝缘氯乙烯护套双层护套线;P 指屏蔽;2 指 2 芯多股线;32 指每芯有 32 根铜丝;0.2 指每根铜丝直径为 0.2mm。

【计量单位】m

7001005 裸铝(铜)线

【名词解释】
用纯铝(铜)杆拉丝而成,没有保护层、绝缘层的铝(铜)线为裸铝(铜)线。

【主要用途】
裸铝(铜)线主要用于电气装置的接线、元件的接线及接地线。

【常见类型】
按结构可分为圆单线、扁线和绞线。常见的有铜绞线(TJ)、铝绞线(LJ)(图 8-7)。

a)裸铝线(L)

b)裸铜线(T)

图 8-7 裸铝(铜)线

裸导线的规格分为:$10mm^2$,$16mm^2$,$25mm^2$,$50mm^2$,$70mm^2$,$95mm^2$。
软裸导线的规格分为:$0.012mm^2$,$0.03mm^2$,$0.06mm^2$,$0.12mm^2$,$0.20mm^2$,$0.30mm^2$。

【计量单位】m

7001006 橡 皮 线

【名词解释】
带有可伸缩的氯丁橡皮线绝缘体的电线。

【主要用途】
可作为为桥架安装辅材的接地线。

【工程图片】(图 8-8)

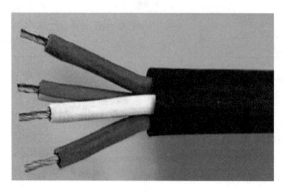
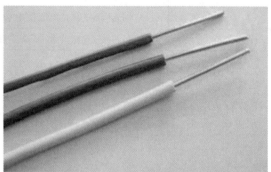

图 8-8 橡皮线

【命名】(表 8-7)

橡皮线命名规则　　　　　　　　　　　　　表 8-7

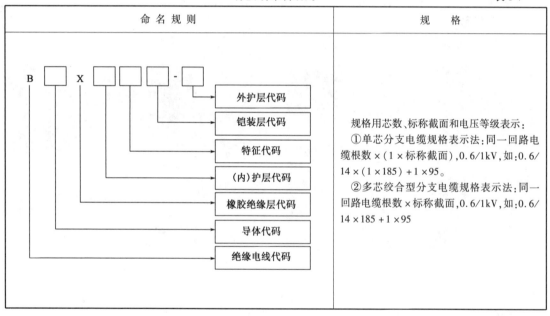

示例：铝芯氯丁橡皮线，额定电压 500V(即 0.5kV)，线径 16mm^2，标记为：BLXF-0.516。

【计量单位】 m

7001007　皮　　线

【名词解释】
带保护外皮的电线。

【主要用途】
布线、接线、辅助电线。

【工程图片】(图8-9)

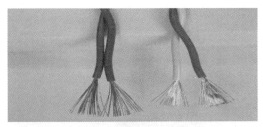
a)软皮线

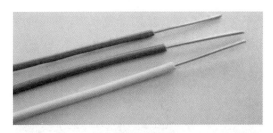
b)单芯硬皮线

图8-9　皮线

【计量单位】m

7001008　绝　缘　软　线

【名词解释】
带绝缘外皮的软电线,采用多股软结构的导体,柔软的绝缘材料。软线可以组合成电缆。耐折,耐弯曲。

【主要用途】
布线、接线、辅助电线。

【工程图片】(图8-10)

图8-10　绝缘软线

【计量单位】m

7001010　70聚乙烯绝缘电力电缆

【名词解释】
电力电缆的一种,可用于架空电缆。

【主要用途】
适用于固定敷设在交流50Hz、额定电压35kV及以下的输配电线路上作输送电能用。

【常见类型】(图 8-11)

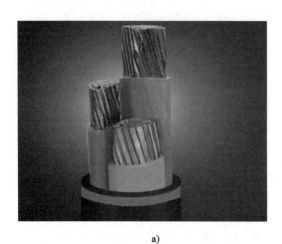
a)

b)

图 8-11 聚乙烯绝缘电力电缆

70 聚乙烯绝缘电力电缆指电缆标称截面积(标称截面积是指该导线的导电能力折合成铝的截面积的数值),其铝芯导线的导电能力相当于 $70mm^2$ 硬铝线。120/20 聚乙烯绝缘电力电缆,指电缆铝芯导线的导电能力相当于 $120mm^2$ 硬铝线导电能力、钢芯导线的导电能力相当于 $20mm^2$ 硬铝线导电能力。

【命名】(表 8-8)

聚乙烯绝缘电力电缆命名规则　　　　表 8-8

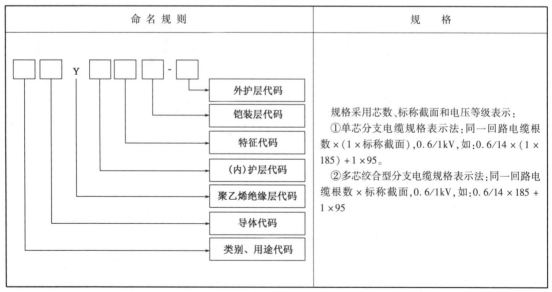

示例:铝芯交联聚乙烯绝缘钢带铠装聚氯乙烯护套电力电缆,额定电压 8.7/10kV,3 芯,主线芯的标称截面为 $35mm^2$,标记为:YJLV22-8.7/10　3×35。

【计量单位】m

7001011　阻 燃 电 缆

【名词解释】

指在规定试验条件下,电缆试样被燃烧,在撤去试验火源后,火焰的蔓延仅在限定范围内,残焰或残灼在限定时间内能自行熄灭的电缆。

【主要用途】

在火灾情况下,阻燃电缆有可能被烧坏而不能运行,但能把燃烧限制在局部范围内,可阻止火势的蔓延,保住其他的各种设备,从而提高电缆线路的防火水平。主要用于电缆敷设密集程度较高的发电站、核电站、地铁、隧道、重要的高层建筑等阻燃要求较高的场合。

【常见类型】

根据电缆阻燃材料的不同,阻燃电缆分为含卤阻燃电缆及无卤低烟阻燃电缆两大类(图8-12)。含卤阻燃电缆的绝缘层、护套、外护层以及辅助材料(包带及填充)全部或部分采用含卤的聚乙烯(PVC)阻燃材料,具有良好的阻燃特性。但燃烧时给周围电气设备以及救援人员造成危害,不利于灭火救援工作,从而导致严重的"二次危害"。无卤低烟阻燃电缆的绝缘层、护套、外护层以及辅助材料(包带及填充)全部或部分采用的是不含卤的交联聚乙烯(XLPE)阻燃材料,具有更好的阻燃特性,在电缆燃烧时没有卤酸气体放出,电缆的发烟量也小。

a)

b)

图8-12　阻燃电缆

阻燃电缆按其保持阻燃效果允许的非金属材料体积,分为 A、B、C 三类。

A 类:试样根数应使每米所含的非金属材料的总体积为 7L。

B 类:试样根数应使每米所含的非金属材料的总体积为 3.5L。

C 类:试样根数应使每米所含的非金属材料的总体积为 1.5L。

A 类阻燃最为严格,B 类阻燃要求较高,均适用于对阻燃要求较为严格的场合;C 类阻燃为一般阻燃,适用于大多数要求阻燃的场合。

【命名】

目前,国内阻燃电缆多采用以下方法标识,电缆型号前冠以"ZR-"表示阻燃,用"ZRA-"表示 A 类阻燃性能,用"ZRB-"表示 B 类阻燃性能。如果没有标注则为 C 类阻燃性能。

【计量单位】 m

7001012　阻燃电线

【名词解释】

具有防火阻燃条件的电线,电线被燃烧后切断电源,火势会被控制在一定范围内不蔓延开来,并且火焰能在一定时间内自行熄灭。

【主要用途】

主要用于电缆敷设密集程度较高的发电站、核电站、地铁、隧道、重要的高层建筑等阻燃要求较高的场合。

【常见类型】(图 8-13)

 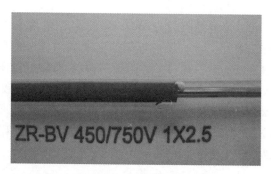

a)阻燃PVC电线(ZR BVR)　　　　　　　b)铜芯聚氯己烯绝缘阻燃电线

图 8-13　阻燃电线

阻燃电线与阻燃电缆一样,分为 A、B、C 三类,以 ZR 代表阻燃。

【计量单位】 m

第2节　7003　光　　缆

通信光缆是高速公路机电系统中视频、数据及语音等信息的传输介质,是高速公路的信息通道。

7003001　光　　缆

【名词解释】

指一定数量的光导光纤(细如头发的玻璃丝)按照一定方式组成缆芯,外包有护套,或者还包覆外护层,用以实现光信号传输的一种通信线路。

【主要用途】

主要用于通信行业,比如电信、移动和联通等运营商,另外广电领域也会用光缆作为广电网络的传输媒介。

【工程图片】(图 8-14)

a)光缆结构示意

b)各种芯数的光缆

c)双护套重铠直埋光缆

d)钢(铝)-聚乙烯黏结护套8字型自承式光缆

图 8-14 光缆

【命名】
命名规则:

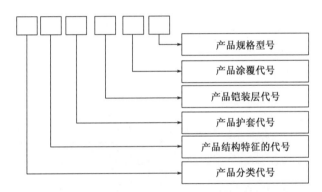

通信用室(野)外光缆、缆芯和光缆内填充结构为油膏填充式结构,铝-聚乙烯黏结护套、铠装层为绕包双钢带,涂覆层为聚乙烯套加覆尼龙套,光纤型号为非色散位移型的光缆,其标记为:GYKGA24-B1。

【规格代号】

1. 光缆的分类及代号(表8-9)

光缆的分类及代号　　　　　　表 8-9

代　号	分　类	代　号	分　类
GY	通信用室(野)外光缆	GS	通信用设备内光缆
GH	通信用海底光缆	GT	通信用特殊光缆
GJ	通信用室(局)内光缆	GW	通信用无金属光缆
GR	通信用软光缆	GM	通信用移动式光缆

注:如果有加强件(加强芯,指护套以内或嵌入护套中用于增强光缆抗拉力的构件),在光缆分类代号之后加注代号。
即,无符号-金属加强构件;G-金属重型加强构件;F-非金属加强构件;H-非金属重型加强构件。

例如:GYKGA:金属加强芯;GYFKGA:非金属加强芯。

2. 缆芯和光缆内填充结构特征的代号(表8-10)

光缆的结构特征应表示出缆芯的主要类型和光缆的派生结构,当光缆形式有几个结构特征需要注明时,可用组合代号表示。

缆芯和光缆内填充结构特征的代号 表8-10

代 号	结构特征	代 号	结构特征
B	扁平形状	C	自承式结构
D	光纤带结构	E	椭圆形状
G	骨架槽结构	J	光纤紧套涂覆结构
KG	油膏填充式结构	R	充气式结构
X	缆束管式(涂覆)结构	Z	阻燃结构

3. 护套的代号(表8-11)

护套的代号 表8-11

代 号	护 套	代 号	护 套
A	铝-聚乙烯黏结护套	G	钢护套
L	铝护套	Q	铅护套
S	钢-聚乙烯黏结护磁	U	聚氨酯护套
V	聚氯乙烯护套	Y	聚乙烯护套
W	夹带平行钢丝的钢-聚乙烯黏结护套		

4. 铠装层(外护层)代号(表8-12)

铠装层(外护层)代号 表8-12

代 号	铠装层	代 号	铠装层
5	皱纹钢带	3	单细圆钢丝
44	双粗圆钢丝	2	绕包双钢带
4	单粗圆钢丝	0	无铠装层
33	双细圆钢丝		

5. 涂覆层代号(表8-13)

涂覆层代号 表8-13

代 号	涂覆层或外套代号	代 号	涂覆层或外套代号
1	纤维外被	4	聚乙烯套加覆尼龙套
2	聚乙烯保护管	5	聚氯乙烯套
3	聚乙烯套		

6. 光缆规格型号(光纤类别)(表8-14)

(1)多模光纤(G.651类,分为A1a、A1b、A1c和A1d四个子类,因不能进行长距离光传

输,几乎被淘汰);
(2)单模光纤。

光缆规格型号(光纤类别)　　　　表8-14

| B1.1(B1) | 非色散位移型 | G.652 | B2 | 色散位移型 | G.653 |
| B1.2 | 截止波长位移型 | G.654 | B4 | 非零色色散位移型 | G.655 |

【计量单位】m

7003002　感温光缆

【名词解释】
即感温电缆,又名线形感温火灾探测器,感温电缆具有沿全线长连续监测保护对象温度的能力。

【主要用途】
感温光纤(缆)适用于恶劣环境的火灾检测,常用于隧道消防保护中的光纤感温探测系统。

【常见类型】
按探测温度分类:适用温度范围有68°、85°、105°、138°。不同温度型的感温电缆颜色不一样,以方便区别。感温光缆及其结构如图8-15所示。

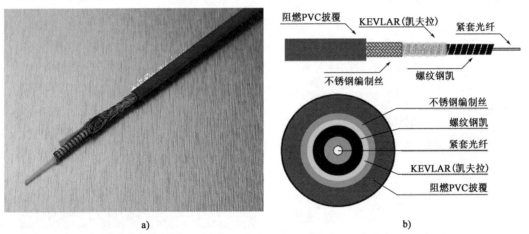

图8-15　感温光缆及其结构

按适应次数分类:不可恢复式感温电缆和可恢复式感温电缆。

不可恢复式感温电缆由两根用热敏材料绝缘的钢丝组成,每根钢丝外面包有一层感温且绝缘的材料。在正常监视状态下,两根钢丝处于绝缘状态,当周边环境温度上升到预定动作温度时,温度敏感材料破裂,两根钢丝产生短路,输入模块检查到短路信号后产生报警,属于"开关量"感温电缆。

可恢复式感温电缆也叫"模拟量感温电缆"。可恢复式感温电缆组成为热敏材料绝缘的钢丝,当现场温度温度变化时,钢丝导线间电阻发生变化,在电阻变化达到设定的报警阈值时,探测器发出火灾报警信号。

【计量单位】m

第3节 7005 其他材料及配件

本节介绍交通工程及沿线设施用电线电缆和光缆以外的其他材料及配件。

7005001 硅 芯 管

【名词解释】

一种带有硅质固体润滑剂的新型复合管道,由高密度聚乙烯(PE-HD)外层和永久性固体硅胶质润滑层内壁(硅芯层)组成,一般带有色条。

【主要用途】

硅芯管密封性能好,耐化学腐蚀,工程造价低,广泛运用于室外通信电缆和光缆的管道系统,公共信息网络、公共传输系统、有线电视网络及高速公路、铁路通信等的光电缆通信网络系统工程的建设中长途光缆的防护。

【常见类型】

产品分类:

1. 按结构划分(图8-16)

——内壁和外壁均是平滑的实壁硅芯管,用拉丁字母 S 表示;

——外壁光滑、内壁纵向带肋的带肋硅芯管,用拉丁字母 R1 表示;

——外壁带肋、内壁光滑的带肋硅芯管,用拉丁字母 R2 表示;

——外壁、内壁均带肋的带肋硅芯管,用拉丁字母 R3 表示。

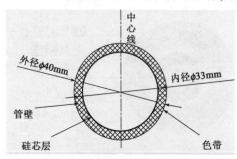
a) 40/33硅芯管横断面示意图

b) 内外壁光滑硅芯管

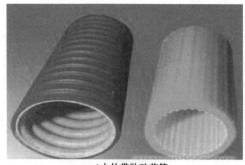
c) 内外带肋硅芯管

d) 盘架上硅芯管

图8-16 硅芯管

2. 按产品颜色划分

——外层为一种颜色不带色条的单色硅芯管；
——外层镶嵌其他颜色色条的彩条硅芯管(表8-15)。
硅芯管规格见表8-16。

识别用硅芯管色条　　　　　　　　　　　表8-15

序号	1	2	3	4	5	6	7	8	9	10	11	12
颜色	蓝	橙	绿	棕	灰	白	红	黑	黄	紫	粉红	青绿
代号	BL	OR	G	BR	GW	W	R	BK	Y	P	PK	AQ

硅芯管规格表　　　　　　　　　　　　表8-16

光缆外径(mm)	11以下	12	12.5	13.5	14	15	16	24	25	26	28	30	36
硅管内径(mm)	24	26/28	26/28	26/28	28/33	33	33	42/50	42/50	50/55	50/55	50/55	50/55
壁厚	最小壁厚为2mm,最大为6mm,最常用的厚度为3.0mm、3.5mm、4.0mm													
长度	50/42硅管的出厂标准盘长为1500m,40/33硅管盘长为2000m,32/26硅管的盘长为3000m。如有特殊需要,可在运输及操作方便的条件下,以任意长度出厂													
颜色	可选择任何一种纯色,也可在一纯色的硅管上,镶嵌其他色彩的纵向条纹													

硅芯管规格40/33,指硅芯管产品外径是40mm,内径是33mm。这种规格型号是高速公路机电标里面通信预埋管道的常规品种。硅芯管应顺序缠绕在盘架上,盘架的结构应满足硅芯管最小弯曲半径的要求,每盘40/33硅芯管出厂长度规定为2000m,也可由供需双方商定,但盘中不应有接头。

【命名】(表8-17)

硅芯管命名规则　　　　　　　　　　　表8-17

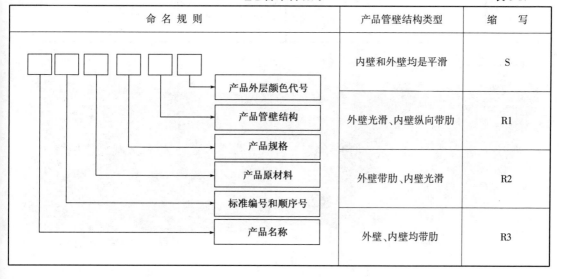

命名规则	产品管壁结构类型	缩写
产品外层颜色代号 产品管壁结构 产品规格 产品原材料 标准编号和顺序号 产品名称	内壁和外壁均是平滑	S
	外壁光滑、内壁纵向带肋	R1
	外壁带肋、内壁光滑	R2
	外壁、内壁均带肋	R3

符合标准 GB/T 24456 的 40/33 内外壁光滑的黑色硅芯管,其标记为:

硅芯管 GB/T 24456 PE-HD 40/33 BK(说明:管壁结构,实壁管 S,通常可省略;R1、R2、R3 带肋管)。

【计量单位】m

7005002　通　信　子　管

【名词解释】

指保护电线、电缆的防护套管,常采用高性能的聚乙烯材料制成,具有抗拉、抗压、抗冲击、耐腐蚀等特性。

【主要用途】

常用于管道的大孔管内穿子管防护,适用于分隔置于同一条大管内的多条线缆,便于穿管及分类,主要用于高速公路工程等光纤电缆的保护。

【常见类型】(表 8-18)

同信子管常见类型　　　　　　　　　　　　　　　表 8-18

名　称	通信 PE 子管	通信纺织子管
材质	选用优质聚乙烯树脂加入必需的助剂,经挤出成型的一种管材	由高分子聚酯面料制成,柔软的带状子管,由纺织布料纺织而成
特点	颜色多样、抗拉、抗压、抗冲击、耐腐蚀,内壁光滑,穿线方便,以盘卷形式供货,管段长、接头少、便于安装	柔韧性好,敷设快捷,施工方便,不可回收,占用空间小,在同一个管道中可以布放更多的缆线,从而节省管道资源。缺点是怕紫外线,只适合在地下管道、桥梁或室内应用
规格	直径有 20、25、33、40mm,管材长度一般为 100m、200m、300m,也可根据用户实际要求定制。常用外径33mm,壁厚3mm	根据每带包含的孔数分为 1 孔、2 孔和 3 孔,分别可穿放 1、2、3 条光缆 根据大小分为三种:大型,适用于直径在 36mm 以下的各种缆线,特别是电缆。直径在 36mm 以上的电缆通常不用纺织子管,而采取裸铺的方式;中型,适应各类光缆敷设的需要,目前大芯数光缆(216 或 288 芯)的直径约 20.5mm。小型,适用于小芯数光缆,如 24 芯以下光缆,其直径通常在 12mm 以下

【工程图片】(图 8-17)

 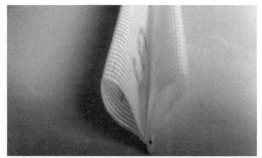

a)通信PE子管　　　　　　　　　　　b)通信纺织子管

图　8-17

c) 通信纺织子管应用示意

d) 盘卷形式PE通信子管

图 8-17 通信子管

【计量单位】 m

7005003 光缆护套

【名词解释】

保护光缆的护套。为了便于光缆铺设和运输,一般光缆出厂时,每轴可以卷 2～3km,在长距离铺设光缆时,需要将不同轴的光缆进行接续,接续时,两轴光缆在其内进行熔接接续的护套称为光缆护套。

【主要用途】

在气流法施工中,用于光缆铺设和运输。气流法指用气体把光纤吹到已铺好的管子里,节省管道资源,加快施工。

【常见类型】

主要为聚乙烯护套,缆芯直接与护套紧密接触。加工工艺简单,成本低,常用于普通敷设场合,有光纤护套 PE 子管和光纤护套硅胶管(图 8-18)。

图 8-18 光纤护套硅胶管

【计量单位】 m

7005004 光缆接头盒

【名词解释】

光缆接头盒是通俗称呼,学名为光缆接续盒,又称光缆接续包、光缆接头包和炮筒。属于机械压力密封接头系统,是相邻光缆间提供光学、密封和机械强度连续性的接续保护装置。

【主要用途】

主要适用于各种结构光缆的架空、管道、直埋等敷设方式之直通和分支连接,用于两根或多根光缆之间的保护性连接、光纤分配,广泛用于通信、网络系统,CATV 有线电视、光缆网络系统等。

【常见类型】(图 8-19)

a)卧式光缆接头盒　　　　　　　　　b)立式光缆接头盒

图 8-19　光缆接头盒

按外形结构可分为帽式光缆接头盒和卧式光缆接头盒两种;根据光缆敷设方式有架空、管道(隧道)和直埋等类型;按光缆连接方式分为直通接续和分歧接续两种;按密封方式有热收缩密封型和机械密封型。

【命名】

光缆接头盒命名规则:

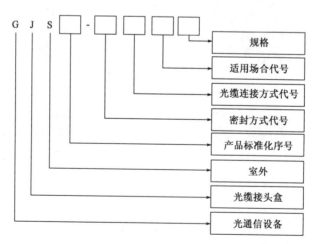

示例:用机械密封方式密封的 24 芯架空光缆的三分歧光缆接头盒,表示为 GJSxx-JF3K24。

【计量单位】　套

7005005　光缆终端盒（48芯以内）

【名词解释】

也叫光缆盘纤盒，属光纤传输通信网络中终端配线的辅助设备，是在光缆敷设的终端保护光缆和尾纤熔接的盒子，适用于室内光缆的直接和分支接续。

【主要用途】

光缆终端盒主要用于光缆的直通连接和分支接续及光缆终端的固定，起到尾纤盘储和保护接头的作用。

【常见类型】（图8-20）

a) 光缆终端盒　　　　　　　　　　b) 48芯光缆终端盒

图8-20　光缆终端盒

光缆终端盒按光缆连接方式，分为直通型和分歧型。按是否可以装配适配器分类，分为可装配适配器型和不可装配适配器型。按外壳材料分类，分为塑料外壳和金属外壳。光纤终端盒主要分为：6口、8口光纤终端盒、12口光纤终端。

常见规格、型号有：2进8出ST-SC-FC、4进12出ST-SC-FC、4进24出ST-SC-FC、6进48出ST-SC-FC（ST、SC、FC为光纤插头种类）。

【计量单位】个

7005006　光纤插头

【名词解释】

光纤的末端装置，是将两根光纤永久地或可分离开地联结在一起，并有保护部件的接续部分。

【主要用途】

用于光纤与连接器的接续。

【常见类型】（图8-21）

各种光纤接口类型：FC圆形带螺纹（配线架上用得最多）、ST卡接式圆形、SC卡接式方形（路由器交换机上用得最多）、PC微球面研磨抛光、APC呈8°角度并做微球面研磨抛光、MT-RJ方形一头双纤收发一体等。

图 8-21 常见光纤插头

【命名】

光纤插头命名规则：

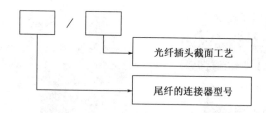

示例：PC 光纤插头、FC 光纤连接器组合，其标记为 FC/PC。

"/"前面部分表示尾纤的连接器型号，"/"后面部分表示光纤接头截面工艺，即研磨方式。

【计量单位】 对

7005007 光纤连接器

【名词解释】

用于连接两根光纤或光缆形成连续光通路的可以重复使用的无源器件，光纤间可重复插拔的连接器件，也称光纤活动接头。

【主要用途】

广泛应用在光纤传输线路、光纤配线架和光纤测试仪器、仪表中。

【常见类型】

光纤连接器按传输媒介的不同可分为常见的硅基光纤的单模和多模连接器，还有其他如以塑胶等为传输媒介的光纤连接器；按连接头结构形式可分为：FC、SC、ST、LC、D4、DIN、MU、MT 等各种形式（图 8-22）。

(1) FC 型光纤连接器：外部加强方式是采用金属套，紧固方式为螺丝扣。一般在 ODF 侧采用（配线架上用得最多）。

(2) SC 型光纤连接器：连接 GBIC 光模块的连接器，它的外壳呈矩形，紧固方式是采用插拔销闩式，不须旋转（路由器交换机上用得最多）。

(3) ST 型光纤连接器：常用于光纤配线架，外壳呈圆形，紧固方式为螺丝扣。对于 10Base-F 连接来说，连接器通常是 ST 类型（常用于光纤配线架）。

(4) LC 型光纤连接器：连接 SFP 模块的连接器，它采用操作方便的模块化插孔（RJ）闩锁机理制成(路由器常用)。

(5)MT-RJ:收发一体的方形光纤连接器,一头双纤收发一体。

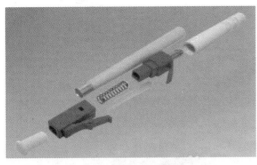
a)LC型光纤连接器

b)FC型光纤连接器

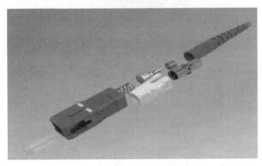
c)SC型光纤连接器

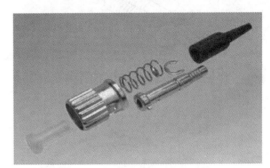
d)ST型光纤连接器

图 8-22　光纤连接器

【计量单位】套

7005008　尾　　纤

【名词解释】
又称尾线,只有一端有连接头,而另一端是一根光缆纤芯的断头,通过熔接与其他光缆纤芯相连,常出现在光纤终端盒内,用于连接光缆与光纤收发器(之间还用到耦合器、跳线等)。

【主要用途】
可应用于光纤通信系统、光纤接入网、光纤数据传输、光纤CATV、局域网(LAN)、测试设备、光纤传感器、串口服务器等,用于连接光缆与光纤接口。

【常见类型】
尾纤分为多模尾纤和单模尾纤。多模尾纤为橙色,波长为850nm,传输距离为5km,用于短距离互联。单模尾纤为黄色,波长有两种,1310nm和1550nm,传输距离分别为10km和40km。

传输系统常用的尾纤有 SC/PC、FC/PC、LC/PC、E2000/APC、ST/PC 五种接口(图8-23)。

【计量单位】根

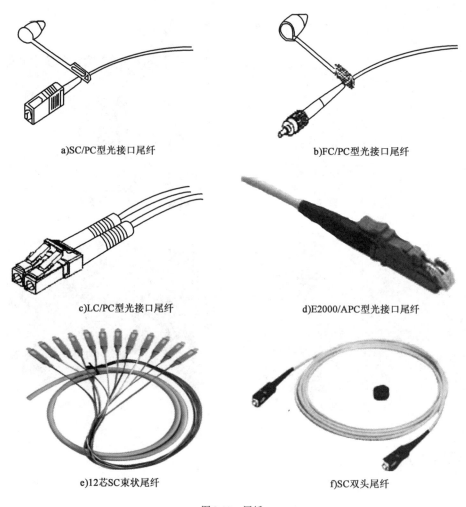

图 8-23　尾纤

7005009　户外终端盒(热塑头)

【名词解释】

又称电缆附件(或电缆头),电缆热缩附件是用各类热缩管、应力管、分支套等部件及与其配套使用的填充胶、密封胶在现场加热收缩包敷安装在电缆上的终端头和接头。

【主要用途】

电缆终端头集防水、应力控制、屏蔽、绝缘于一体,解决了电缆连接处的绝缘和密封问题,提高了电缆的使用寿命和安全性,能在各种恶劣的环境条件下长期使用,广泛应用于电力、石油化工、冶金、铁路港口和建筑等各个领域。

【常见类型】

按安装材料分为热缩电缆终端头和冷缩电缆终端头;按工作电压分为 1kV 电缆头、10kV 电缆头、27.5kV 电缆头、35kV 电缆头、66kV 电缆头、110kV 电缆头、138kV 电缆头、220kV 电缆头,10kV 以上电压均为供电部门使用;按芯数分为单芯终端头、两芯终端头、三芯终端头、四芯终端头(又分为四等芯和 3+1)、五芯终端头(又分为五等芯、3+2 和 4+1);按使用条件分为户内电缆终端头和户外电缆终端头(图 8-24)。户外的有防雨伞裙,可以挡雨,增加绝缘间隙;户内的没有防雨伞裙,其他与户外完全是一样的。户内的电缆终端头不能用于户外,因为无防水伞裙,雨天绝缘不够;户外的电缆终端头可以用于户内。

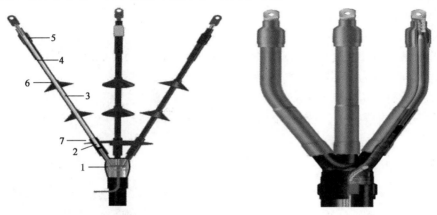

a)户外热缩电缆终端头　　　　b)户内热缩电缆终端头

图 8-24　电缆终端头

1-热缩支套;2-应力管;3-绝缘管;4-密封管;5-标记管;6-单孔雨裙;7-三孔雨裙

常用产品名称、代号:W-户外电缆终端头;N-户内电缆终端头;J-电缆接头;Y-交联聚乙烯电缆;Z-油浸纸绝缘电缆;S-热收缩型电缆附件。

【命名】

电缆终端头命名规则:

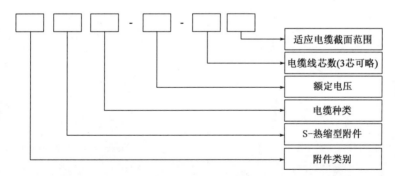

示例:10kV 油浸纸绝缘电缆 120mm² 的户内热缩终端头表示为:NSZ-10/3×120;35kV 单芯交联聚乙烯电缆 120mm² 的户外热缩终端头表示为:WSY-35/1×120。

【计量单位】套

7005010　电缆中间接头

【名词解释】

电缆之间进行连接的接头。电缆铺设好后,为了使其成为一个连续的线路,各段线必须连接为一个整体,这些电缆线路中间部位的连接点就称为电缆中间接头。

【主要用途】

电缆中间接头用于电缆连接、锁紧和固定进出线,使电缆保持密封,线路通畅,并保证电缆接头处的绝缘等级,使其安全可靠地运行。

【常见类型】

电缆接头的分类(图8-25):

按安装场所可分为户内式和户外式两种。

按制作安装材料又可分为热缩式(最常用的一种)、干包式、环氧树脂浇注式及冷缩式。

按线芯材料可分为铜芯电力电缆头和铝芯电力电缆头。

按接头材质分为塑料电缆接头和金属电缆接头。金属电缆接头又分为多孔金属电缆防水接头、防折弯金属电缆接头、双锁紧金属电缆防水接头、塑料软管电缆接头、金属软管电缆接头等。

a)热缩式户外电缆中间接头

b)热缩式电缆中间接头配件

c)冷缩式户内、户外电缆中间接头

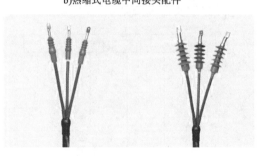

d)预制式户内、户外电缆中间接头

图8-25 电缆中间接头

【计量单位】套

7005011　铜接线端子

【名词解释】

既保证导电效果和美观,又方便导线终端连接的铜质接头。在电气电路中为了保证接线可靠和接线方便,在导线的末端用专用的压线钳将压铜接线端子与导线相连。

【主要用途】

适用于配电装置中各种电线、电力电缆与电气设备的连接。

【常见类型】

常用的铜接线端子型号有 DT 型、OT 型和 UT 型,可用在接线箱、配电盘、配电箱、防爆开关等需要接线的地方(图 8-26)。其规格是根据所接线的粗细来决定的。

a)铜接线端子

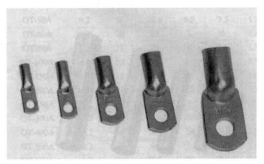

b)DT型堵油式铜接线端子

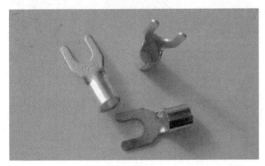

c)UT型铜接线端子

d)OT型开口铜接线端子

图 8-26 铜接线端子

【命名】(表 8-19)

铜接线端子命名规则　　　　　　　　表 8-19

命名规则	产品类型	缩　写
□□□-□ 螺钉孔径无 接线平方 产品材质 产品型号	堵油式	DT
	开口型	OT
	U 形开口插入式	UT

示例:堵油式铜接线端子,夹 2.5 平方的线,螺丝是 5mm,标记为:DT2.5-5。

【计量单位】个

7005012 线　　槽

【名词解释】

又名走线槽、配线槽、行线槽（因地方而异），将电源线、数据线等线材规范地置于线槽内的电工用具，有塑料材质和金属材质之分，可以避免线材杂乱敷设。

【主要用途】

将线材规范地整理固定。

【常见类型】

线槽可以分为：绝缘配线槽、拨开式配线槽、迷你型配线槽、分隔型配线槽、室内装潢配线槽、一体式绝缘配线槽、电话配线槽、日式电话配线槽、明线配线槽、圆形配线管、展览会用隔板配线槽、圆形地板配线槽、软式圆形地板配线槽、盖式配线槽等（图8-27）。

a)金属线槽1

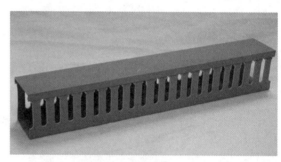

b)金属线槽2

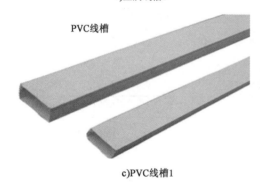

c)PVC线槽1

d)PVC线槽2

图8-27　线槽

根据材质的不同，线槽划分多种，常用的有环保 PVC 线槽、无卤 PPO 线槽、无卤 PC/ABS 线槽、钢铝等金属线槽等。

PVC 线槽的品种规格很多，型号有：PVC-20 系列、PVC-25 系列、PVC-25F 系列、PVC-30 系列、PVC-40 系列、PVC-40Q 系列等；规格有：20mm×12mm，25mm×12.5mm，25mm×25mm，30mm×15mm，40mm×20mm，14mm×24mm，18mm×38mm 等。

【计量单位】m

7005013 桥　　架

【名词解释】

支撑和放电缆的支架,由直线段、弯通、三通、四通组件以及托臂(臂式支架)、吊架等构成具有密接支撑电缆的刚性结构系统的全称。

【主要用途】

适用于电压10kV以下的电力电缆以及控制电缆、照明配线等室内、室外架空电缆沟、隧道的敷设。

【常见类型】(图8-28)

按材料分:钢质电缆桥架(不锈钢)、铝合金电缆桥架、玻璃钢电缆桥架、防火阻燃桥架(阻燃板无机、阻燃板加钢质外壳、钢质加防火涂料)。

按形式分:槽式、托盘式、梯级式、网格式、组合式等。

按表面处理分:冷镀锌及锌镍合金、喷塑、喷漆、热镀锌、热喷锌。

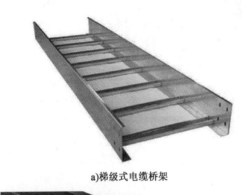
a)梯级式电缆桥架

b)托盘式电缆桥架

c)槽式电缆桥架

d)大跨距电缆桥架

图8-28　桥架

【计量单位】 m

7005014 支　撑　架

【名词解释】

固定在墙体上用来支撑各类物件的构件。

【主要用途】
固定作用,固定桥架、电缆等。
【常见类型】
支撑架制造原料有角铁、工程塑料、玻璃钢复合材料等三种。按照不同的安装方式,其名称有所不同。
(1)水平吊装支架,一般叫作吊装支架(图 8-29)。安装方式为:2 吊杆 +1 横担,吊杆垂直于水平面,吊杆顶端与膨胀螺栓或其他固定件连接固定,吊杆低端连接横担,横担平行于桥架底面,将桥架的质量通过横担和吊杆过渡到支撑物。
(2)托臂安装支架,一般也用作水平桥架的支架。托臂与桥架同样处于水平位置,用螺栓固定在墙壁、梁或柱上,桥架再与托臂连接固定。
(3)垂直安装支架,这种支架用于竖直、垂直桥架的安装,一般应用在竖井中较多。支架固定在竖井墙壁上,桥架的质量主要集中在桥架和支架的连接面上。

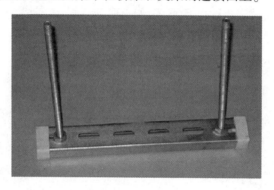

图 8-29 吊装支架

【计量单位】kg

7005015 玻璃钢管箱

【名词解释】
用玻璃钢制作的管箱,其顶部为活动盖板,将其支于桥梁或其他构造物上(长度可以拼接),用以穿越保护各类弱电线材。
【主要用途】
适用于高速公路和铁路、港口、机场等工程建设领域的电力、通信电缆露天敷设时的线缆保护。公路上常将管箱用三角钢托架固定安装在大桥的两侧。
【常见类型】
玻璃钢管箱由管箱体、管箱盖、连接件构成,是电缆的保护槽制品。玻璃钢管箱是管箱的一种,管箱按材质可分为钢管箱、玻璃钢管箱、聚氨酯管箱等(图 8-30)。
管箱型号根据国家标准设计为:宽度 × 高度 = 340mm × 230mm、310mm × 190mm、370mm × 240mm,产品长度可以根据需要调节,通用型为 6000mm 和 4000mm,箱盖与箱体螺栓固定,其他规格由客户确定。公路工程常用规格为宽度×高度×厚度=310mm×190mm×5mm(一般长度均为4m)。

图8-30 玻璃钢管箱

【计量单位】m

7005016 套　　管

【名词解释】
即电缆热缩套管,又名热收缩保护套管,为电线、电缆和电线端子提供绝缘保护。

【主要用途】
主要用于热缩电缆附件的终端连接,公路工程定额中用于控制电缆头制作。

【常见类型】(图8-31)
热缩套管是一种热收缩包装材料,遇热即收缩,选合适的热缩管,套在电线接头上,用热风枪加热,热缩管收缩,就把接头套牢了。

a)绝缘软套管　　　　　　　　　　b)热缩电缆套管

图8-31 套管

【计量单位】个

7005017 配　线　箱

【名词解释】
用于光缆与光通信设备的配线连接,通过配线箱内的适配器,用光跳线引出光信号,实现光配线功能。

【主要用途】

用于配线间和设备间光缆的端接、使用和管理。

【常见类型】

配线箱有室内挂墙式分纤盒/箱、室外挂墙式分纤盒/箱(光缆交接箱)之分(图8-32)。

a)配线箱　　　　　　　　　　b)音频配线箱

图8-32　配线箱

【计量单位】套

7005018　接　线　箱

【名词解释】

接驳线路的控制箱,作为线路过渡连接、线路跳接、跨接用的箱体,里面安装有接线端子。

【主要用途】

用于防水、检修等。

【常见类型】(图8-33)

接线箱有明装和暗装两种。箱体安装在墙里的一般都是暗装的,在墙面只能看到箱的门;明装是指整个箱体都是外露的,只有箱体后面一面是贴着墙的。接线箱半周长指接线箱的宽度加高度。

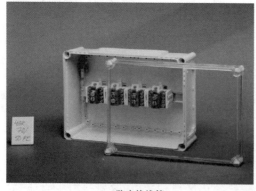 

a)防水接线箱　　　　　　　　　　b)防爆接线箱

图8-33　接线箱

【计量单位】个

7005019　升降传动装置

【名词解释】

升降传动的设备,公路工程定额中指升降式灯架的升降传动装置,通过电动机、(电磁制动式)蜗轮蜗杆减速器、安全联轴器、主钢丝绳、副钢丝绳、分绳器及动滑轮组等部件驱动灯盘的升降。

【主要用途】

用于升降式中、高杆灯(高杆灯一般指20m及以上灯杆),以防止尘土、雨水的浸入,保证灯泡的使用寿命,也方便供电检修。

【常见类型】(图8-34)

升降式高杆灯设手动和电动两种升降控制方式,使灯盘可以安全可靠地降到离地面2.5m处,方便维护工作。

升降式灯架装置,采用由若干节段用桁架方式制成的方形钢管或者圆形钢管构成可伸缩叠合式结构。在每节段上固定设有定滑轮,钢丝绳依次串绕过每个定滑轮并与钢丝绳卷筒缠牢固定,钢丝绳卷筒由电机驱动作同向,同速转动拉动钢丝绳或放松钢丝绳提升或收缩叠合灯架装置。可根据环境作全沉式或半沉式设置,白天收缩隐蔽,不影响景观,晚上升出至预定高度对周围提供照明。维护和检修可在地面操作,既方便又安全。

单升降系统高杆灯

图8-34　升降转动装置

【计量单位】 套

7005020　电缆走线架

【名词解释】

用于绑扎光、电缆用的铁架,是电缆桥架的一种形式,机房专门用来走线的设备。

【主要用途】

主要用于基站内外各类线缆的铺设,起到布线管理作用,使光缆、电线、电缆等架设标准化,又有支撑全部缆线质量的功能。适用于水平、垂直及多层分离布放线场合。

【常见类型】

电缆走线架(图 8-35)分室内走架线和室外走线架两种。室内走线架主要采用优质钢材或铝合金材料,经过抗氧化喷塑或镀锌烤漆等表面处理方式。室外走线架主要采用钢材料经过热镀锌处理。室内走线架可以选择铝合金走线架或钢走线架。

a)室内走线架

b)铝合金走线架

c)扁钢走线架

d)多孔U形形钢走线架

图 8-35　电缆走线架

【计量单位】 m

7005022　电缆托架 60cm

【名词解释】

电缆支撑架的一种,主要用于托住电线,适用于主干电缆线路,采用金属绑带紧固电缆,电缆支架可以是单层,也可以做成二层或三层重叠,让电缆分束敷设。

【主要用途】

解决不同用途电缆的分层敷设,解决电缆与管线、高达设备之间的碰撞,能够起到保护电缆,防止事故的作用。

【常见类型】

电缆托架(图 8-36)120cm 和 60cm 分别指托架的长度为 120cm 和 60cm。

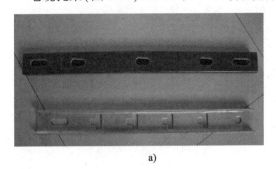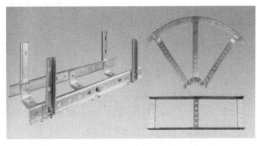

a) b)

图 8-36 电缆托架

【计量单位】根

7005023　电缆托架穿钉

【名词解释】

属于钉子的一种,区别于一般钉子的是穿钉中间有孔,用来穿绳子之类的。穿钉也是由金属制成。装钉之前,先在需要装钉的物品上打孔,然后再把金属穿钉从孔中穿出,将物品固定。

【主要用途】

广泛运用于电信、移动、联通、铁通、广电、市政通信窨井地下电缆配套设施,电缆放线架、电缆托架、支架;塑料电缆托板、人孔拉力环、大、中、小号积水罐、七字穿钉、鱼尾穿钉等一系列人孔井通信地下电线、电缆辅助配套设施。

【工程图片】(图 8-37)

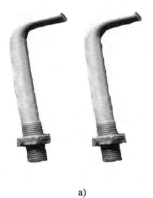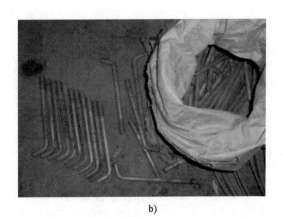

a) b)

图 8-37 电缆托架穿钉

【安装要求】

电缆支架穿钉的规格、位置应符合设计规定,穿钉与墙体应保持垂直。上、下穿钉应在同一垂直线上,允许垂直偏差不大于5mm,间距偏差应小于1cm。相邻两组穿钉间距偏差应小于2cm。穿钉露出墙应适度为5~7cm,穿钉螺母应齐全有效。

【计量单位】 副

7005024 管 箍

【名词解释】

管箍是用来连接两根管子的一段短管,也叫外接头,管道连接中常用的一种配件。

【主要用途】

广泛应用于民用建筑、工业、农业等领域。

【工程图片】 (图8-38)

【常见类型】

按照材料分类有:碳钢、不锈钢、合金钢、PVC、塑料等。按其制造工艺来分可分为锻制和铸造两种。锻制是指用钢锭或圆棒加热锻打成型后,上车床加工螺纹后而成。铸造是指将钢锭熔化后倒入一个固定的管箍的模型后,待其冷却后而成。

a)不锈钢管箍

b)PVC管箍

图8-38 管箍

【计量单位】 个

7005025 积 水 罐

【名词解释】

安装在通信管道人(手)孔和通道地面的一种附属设备,外貌像一个圆柱形带盖子的水桶,体积却比水桶小了许多,盖子上有一些小孔,可以挡住杂物让水顺利流进积水罐。

【主要用途】

积水罐就是起到集水和便于抽水的作用,保障通信管道和通道内的干燥。可以将管道、通道内的渗水和积水积存在罐内,在遇到下雨或者渗漏的水比较多的时候,可以将抽水机的管子放进积水罐内方便地把水集中抽出去。这样可以避免光、电缆被水浸泡,保护光、电缆的传输正常运行。另外在抽水时还可以保护基础不会被磕碰。

【常见类型】

积水罐一般为铸铁制成,内径不宜过小,要求坚固耐用。除了铸铁积水罐,还有塑料积水罐(图8-39)。塑料积水罐分为大号、中号、小号三种规格。

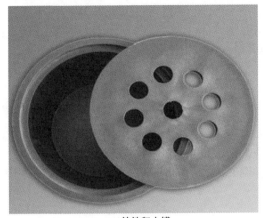 

a) 铸铁积水罐　　　　　　　　b) 塑料积水罐

图 8-39　积水罐

【计量单位】套

7005026　拉　力　环

【名词解释】

一种椭圆形钢环,可以牢固焊接在底座钢板上,然后用膨胀螺栓固定在建筑物外墙上,进而达到架设通信电缆的目的。

【主要用途】

通信管道工程配套产品,一般与积水罐、托架、托板、穿钉等配套使用。

【常见类型】(图 8-40)

a)　　　　　　　　　　　　　b)

图 8-40　拉力环

【安装要求】

拉力环装埋在管道入口的墙壁上,主要作为布放电缆时拴固滑轮之用,当施工布放电缆时,避免损伤或拉裂管道孔口。拉力环的安装位置应符合设计规定,一般情况下应与管道底保持20cm以上的间距,露出墙面部分应为8~10cm,安装必须牢固。

【计量单位】个

7005027　人孔口圈(车行道)

【名词解释】

一种常带有盖的孔道,人可以由此孔进出排道、锅炉、下水管或类似设施。人孔多用于敷设地下通信电缆或光缆线较多的地方。

【主要用途】

方便检修和检查设备内部空间,以及安装和拆卸设备内部装置,保护穿过孔的人或物,也起加强作用。

【常见类型】(图8-41)

整套人孔口圈包含1个口圈、1个内盖和1个外盖。根据负荷不同,分为车行道和人行道两种。车行道人孔口圈一般为铸铁井盖,铸铁外盖机械强度不低于1200kg/cm^2,口圈直径为66cm,铁盖与口圈之间的间隙≤3mm,铁盖的边缘应高于口圈1~3mm。

a)连盖圆形人孔口圈

b)人孔口圈

图8-41　人孔口圈(车行道)

【安装要求】

人孔口圈安装:要求人孔口圈完整、无损伤,圈、盖吻合,口圈顶部高程应符合设计要求,允许正偏差应不大于2cm,位置正确。稳固口圈的混凝土(或缘石)应符合设计规定,自口圈外缘应向地表做相应的泛水。

【计量单位】套

7005028　手孔口圈

【名词解释】

手孔口圈即缩小的人孔口圈,其安设是为了安装、拆卸、清洗和检修设备内部装置。

【主要用途】
为水电暖通等室外管线敷设、阀门开关等设备安装、拆卸和检修设备内部装置提供方便。

【常见类型】
手孔由一个短筒节,盖上一块盲板构成。手孔直径一般为 150～250mm,应使工人戴上手套并使握住工具的手能方便地通过,标准化手孔的公称直径有 DN150、DN250 两种。当设备公称直径大于或等于1000mm时,宜设置人孔。手孔口圈见图8-42。

a)

b)

图 8-42　手孔口圈

【计量单位】套

7005029　空　气　开　关

【名词解释】
空气开关,又名空气断路器,是断路器的一种。当电路中工作电流超过额定电流、短路、失压等情况下,自动切断电路。

【主要用途】
空气开关是低压配电网络和电力拖动系统中非常重要的一种电器,它集控制和多种保护功能于一身。除能完成接触和分断电路外,尚能对电路或电气设备发生的短路、严重过载及欠电压等进行保护,同时也可以用于不频繁地启动电动机。

【常见类型】
空气开关是指以空气绝缘的断路器,包括万能式断路器(框架断路器)、塑壳断路器、小型断路器(微断)(图8-43)。

空气开关型号表示,C 是普通照明用,D 是动力设备用(例如电机)。

目前家庭使用 DZ 系列的空气开关,常见的有以下型号/规格:C16、C25、C32、C40、C60、C80、C100、C120 等规格,其中 C 表示脱扣电流,即起跳电流,例如 C16 表示起跳电流为 16 安。

工业上常见的型号有动力电路用 DW 和 DZ 型,分 20、32、50、63、80、100、125、160、250、400、600、800、1000…(单位 A)。

常用的空气开关有 1P、2P、3P、4P 这四种(表8-20)。宜选带漏电保护的空气开关。

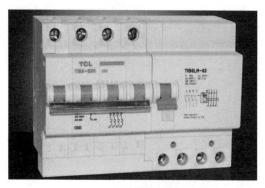
a) 微断空气开关

b) 框架式空气开关

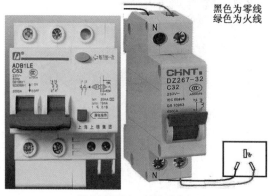
c) 漏电保护器与2P微断空气开关

d) 塑壳空气开关

图 8-43　空气开关

常用的空气开关类型　　　　　　　　　　　表 8-20

类　型	宽度(mm)	作　用
1P	18	控制一相(火)线,一根线进出电流
2P	36	控制一相线与零线,两根线进出电流
3P	54	控制三相380伏,三根线进出电流
4P	72	控制三相四线(380伏带零线),四根线进出电流

【计量单位】个

7005030　24V 电源

【名词解释】

24V 电源是高频逆变开关电源中的一个种类,通过电路控制开关管进行高速的道通与截止,将直流电转化为高频率的交流电提供给变压器进行变压,从而产生所需要的一组或多组24V 电压。

【主要用途】

可用于所有额定电压低于24V的用电设备。

【常见类型】（图8-44）

24V电源大体可以分为隔离和非隔离两种,隔离型的必定有开关变压器,而非隔离的未必一定有。

隔离电源是使用变压器将220V电压通过变压器将电压降到较低的电压,然后再整流成直流电输出供计算机使用。因为变压器的主线圈承受220V电压,次级线圈只承受输出的低交流电压,并且主次线圈之间并不直接连接,所以称为隔离电源。

非隔离电源是用220V直接输入到电子电路,在通过电子元件降压输出,输入输出是通过电子元件直接连接的,所以称为非隔离电源;两者从表面上看就是有无变压器的区别。

a) 交流24V开关电源　　　　b) 直流24V开关电源

图8-44　24V电源

【计量单位】个